LES AUTEURS GRECS

EXPLIQUÉS D'APRÈS UNE MÉTHODE NOUVELLE

PAR DEUX TRADUCTIONS FRANÇAISES

L'UNE LITTÉRALE ET JUXTALINÉAIRE PRÉSENTANT LE MOT A MOT FRANÇAIS
EN REGARD DES MOTS GRECS CORRESPONDANTS
L'AUTRE CORRECTE ET FIDÈLE PRÉCÉDÉE DU TEXTE GREC

avec des sommaires et des notes

PAR UNE SOCIÉTÉ DE PROFESSEURS

ET D'HELLÉNISTES

SOPHOCLE

ÉLECTRE

EXPLIQUÉE ET ANNOTÉE
PAR M. BENLOEW

ET TRADUITE EN FRANÇAIS
PAR M. BELLAGUET
Ancien professeur de Rhétorique

PARIS
LIBRAIRIE DE L. HACHETTE
RUE PIERRE-SARRAZIN, N° 12

LES
AUTEURS GRECS

EXPLIQUÉS D'APRÈS UNE MÉTHODE NOUVELLE

PAR DEUX TRADUCTIONS FRANÇAISES

Cet ouvrage a été expliqué et annoté par M. Benlœw, et traduit en français par M. Bellaguet, ancien professeur de rhétorique, chef d'institution à Paris.

Paris. — Typographie de Firmin Didot Frères, rue Jacob, 56.

LES

AUTEURS GRECS

EXPLIQUÉS D'APRÈS UNE MÉTHODE NOUVELLE

PAR DEUX TRADUCTIONS FRANÇAISES

L'UNE LITTÉRALE ET JUXTALINÉAIRE PRÉSENTANT LE MOT A MOT FRANÇAIS
EN REGARD DES MOTS GRECS CORRESPONDANTS
L'AUTRE CORRECTE ET FIDÈLE PRÉCÉDÉE DU TEXTE GREC

avec des sommaires et des notes

PAR UNE SOCIÉTÉ DE PROFESSEURS

ET D'HELLÉNISTES

SOPHOCLE

ÉLECTRE

PARIS

LIBRAIRIE DE L. HACHETTE

RUE PIERRE-SARRAZIN, N° 12

1845

AVIS.

On a réuni par des traits, dans la traduction juxtalinéaire, les mots français qui traduisent un seul mot grec.

On a imprimé en *italique* les mots qu'il était nécessaire d'ajouter pour rendre intelligible la phrase française, et qui n'avaient pas leur équivalent dans le grec.

Enfin, les mots placés entre parenthèses, dans le français, doivent être toujours considérés comme une seconde explication, plus intelligible que la version littérale.

ARGUMENT ANALYTIQUE.

Agamemnon, à son retour de Troie, avait trouvé la mort, dans son palais, sous les coups d'une épouse infidèle. Pendant l'exécution de ce crime, Électre, sa fille, enleva secrètement Oreste encore enfant, et le confia aux mains d'un esclave fidèle, qui l'emmena dans la Phocide, où il fut élevé. Depuis ce temps, Clytemnestre et Égisthe, son amant et son complice, la poursuivaient de leur haine; et traitée en esclave dans le palais de son père, abreuvée d'humiliations et d'outrages, la malheureuse Électre appelait de ses vœux ce frère qu'elle avait sauvé, et qui, du fond de son exil, lui promettait de revenir un jour pour punir les coupables. Mais la vengeance est bien lente à s'accomplir. Tout espoir semble même détruit par l'arrivée de deux Phocéens, qui annoncent qu'Oreste a péri aux jeux Pythiques en tombant de son char. Électre se livre alors à sa douleur et au plus violent désespoir. Cependant ce frère, objet de tant de vœux et de regrets, a consulté l'oracle d'Apollon, et docile aux ordres du dieu, il est revenu à Argos, accompagné de Pylade, son ami. Ce sont eux qui ont répandu ce faux bruit pour surprendre les meurtriers et accomplir plus sûrement leur vengeance. Bientôt Électre désabusée reconnaît son libérateur et son frère, et tandis qu'Égisthe accourt pour contempler les restes de celui qu'il croit mort, c'est le cadavre de Clytemnestre qu'il trouve sous le voile qui semblait couvrir le fils d'Agamemnon.

Tel est le sujet de cette tragédie, une des belles conceptions de Sophocle. La scène de la reconnaissance du frère et de la sœur et le dénoûment sont peut-être ce qu'il y a de plus touchant et de plus tragique au théâtre.

ΗΛΕΚΤΡΑ.

ΤΑ ΤΟΥ ΔΡΑΜΑΤΟΣ ΠΡΟΣΩΠΑ.

ΠΑΙΔΑΓΩΓΟΣ.
ΟΡΕΣΤΗΣ.
ΗΛΕΚΤΡΑ.
ΧΟΡΟΣ ἐξ ἐπιχωρίων παρθένων.
ΧΡΥΣΟΘΕΜΙΣ.
ΚΛΥΤΑΙΜΝΗΣΤΡΑ.
ΑΙΓΙΣΘΟΣ.
ΠΥΛΑΔΗΣ. Κωφὸν πρόσωπον.

ΠΑΙΔΑΓΩΓΟΣ.

Ὦ τοῦ στρατηγήσαντος ἐν Τροίᾳ ποτὲ
Ἀγαμέμνονος παῖ, νῦν ἐκεῖν' ἔξεστί σοι
παρόντι λεύσσειν, ὧν πρόθυμος ἦσθ' ἀεί.
Τὸ γὰρ παλαιὸν Ἄργος[1], οὑπόθεις, τόδε
τῆς οἰστροπλῆγος[2] ἄλσος Ἰνάχου κόρης·
αὕτη δ', Ὀρέστα, τοῦ λυκοκτόνου θεοῦ[3]
ἀγορὰ Λύκειος[4]· οὑξ ἀριστερᾶς δ' ὅδε,
Ἥρας ὁ κλεινὸς ναός· οἷ δ' ἱκάνομεν,

LE GOUVERNEUR. Fils d'Agamemnon, de ce roi qui jadis commanda devant Troie, tu peux aujourd'hui voir de tes propres yeux ces lieux si longtemps désirés. Voici l'antique Argos, objet de tous tes vœux; voici le bois de la fille d'Inachus, devenue furieuse par la piqûre du taon : cette place, cher Oreste, c'est la place Lycienne, consacrée au dieu destructeur des loups; à ta gauche, c'est le temple célèbre de Junon : oui, c'est ici le terme de notre voyage, c'est l'o-

ÉLECTRE.

PERSONNAGES DE LA PIÈCE.

LE GOUVERNEUR D'ORESTE.
ORESTE.
ÉLECTRE.
LE CHOEUR, composé de jeunes filles de Mycènes.
CHRYSOTHÉMIS.
CLYTEMNESTRE.
ÉGISTHE.
PYLADE, personnage muet.

La scène se passe sur une place publique de Mycènes, devant le palais d'Agamemnon

ΠΑΙΔΑΓΩΓΟΣ.	LE GOUVERNEUR.
Ὦ παῖ	O fils
Ἀγαμέμνονος	d'Agamemnon
τοῦ στρατηγήσαντός ποτε	qui a été-chef-d'armée jadis
ἐν Τροίᾳ,	devant Troie,
νῦν ἔξεστι	maintenant il est permis
σοὶ παρόντι	à toi étant présent
λεύσσειν ἐκεῖνα	de voir ces choses
ὧν ἦσθα πρόθυμος ἀεί.	dont tu étais désireux toujours.
Τὸ γὰρ παλαιὸν Ἄργος	Car l'antique Argos
ὃ ἐπόθεις,	que tu désirais,
τόδε,	le voici,
ἄλσος κόρης	endroit-consacré à la fille
τῆς οἰστροπλῆγος	piquée-par-le-taon,
Ἰνάχου·	*fille* d'Inachos;
αὕτη δὲ, Ὀρέστα,	et voici, Oreste,
ἀγορὰ Λύκειος	la place Lycienne
θεοῦ τοῦ λυκοκτόνου·	du dieu qui-tue-les-loups;
ὅδε ἐξ ἀριστερᾶς	ce *temple* à gauche
ὁ κλεινὸς ναὸς Ἥρας·	*est* le temple célèbre de Junon :

φάσκειν Μυκήνας τὰς πολυχρύσους ὁρᾷν,
πολύφθορόν[1] τε δῶμα Πελοπιδῶν τόδε,
ὅθεν σε πατρὸς ἐκ φόνων ἐγώ ποτε,
πρὸς σῆς ὁμαίμου καὶ κασιγνήτης λαβὼν
ἤνεγκα [2], κἀξέσωσα, κἀξεθρεψάμην
τοσόνδ' ἐς ἥϐης, πατρὶ τιμωρὸν φόνου.
Νῦν οὖν, Ὀρέστα, καὶ σὺ, φίλτατε ξένων
Πυλάδη, τί χρὴ δρᾷν, ἐν τάχει βουλευτέον·
ὡς ἡμὶν ἤδη λαμπρὸν ἡλίου σέλας
ἑῷα κινεῖ φθέγματ' ὀρνίθων σαφῆ [3],
μέλαινά τ' ἄστρων ἐκλέλοιπεν εὐφρόνη [4].
Πρὶν οὖν τιν' ἀνδρῶν ἐξοδοιπορεῖν στέγης,
ξυνάπτετον λόγοισιν· ὡς καθέσταμεν,
ἵν' οὐκ ἔτ' ὀκνεῖν καιρὸς, ἀλλ' ἔργων ἀκμή.

ΟΡΕΣΤΗΣ.

Ὦ φίλτατ' ἀνδρῶν προσπόλων, ὥς μοι σαφῆ

pulente Mycènes qui est devant tes yeux : voici le palais meurtrier des Pélopides, d'où jadis, te prenant des mains de ta sœur après le meurtre de ton père, je t'emportai, je te sauvai, et je t'élevai jusqu'à l'âge où tu es, pour venger sa mort. Maintenant, Oreste, et toi, Pylade, le plus cher de nos amis, il faut délibérer au plus tôt sur ce que nous avons à faire; car déjà la brillante clarté du soleil éveille le chant matinal des oiseaux, et la nuit obscure a disparu avec ses astres. Ainsi, avant que personne ne sorte du palais, il faut vous concerter ensemble; dans les circonstances où nous sommes, il n'est plus temps de différer, c'est le moment d'agir.

ORESTE. O le plus cher des serviteurs, que je reconnais à ces

οἶ δὲ ἱκάνομεν,	mais où nous sommes arrivés,
φάσκειν ὁρᾶν	*tu peux* dire voir (crois voir)
Μυκήνας τὰς πολυχρύσους,	Mycène *ayant*-beaucoup-d'or,
δῶμά τε πολύφθορον	et la maison pleine-de-carnage
Πελοπιδῶν τόδε,	des Pélopides, *la* voici,
ὅθεν ἐγὼ ἤνεγκα σέ ποτε	d'où moi j'ai porté toi un jour
καὶ ἐξέσωσα	et *t*'ai sauvé
ἐκ φόνων πατρὸς,	hors du massacre de *ton* père,
καὶ ἐξεθρεψάμην	et *t*'ai élevé
ἐς τοσόνδε ἥβης	jusqu'à ce *degré* de virilité
πατρὶ	*pour être à ton* père
τιμωρὸν φόνου,	*un* vengeur du meurtre,
λαβὼν	*t*'ayant reçu
πρὸς σῆς ὁμαίμου	de ta très-proche-parente
καὶ κασιγνήτης.	et sœur-germaine.
Νῦν οὖν, Ὀρέστα,	Maintenant donc, Oreste,
καὶ σὺ, Πυλάδη,	et toi, Pylade,
φίλτατε ξένων,	le plus-cher des hôtes,
βουλευτέον ἐν τάχει,	il faut délibérer avec promptitude
τί χρὴ δρᾶν·	ce qu'il faut faire ;
ὡς σέλας λαμπρὸν ἡλίου	car *la* splendeur éclatante du soleil
κινεῖ ἤδη ἡμῖν	excite déjà *près de* nous
φθέγματα ἑῷα ὀρνίθων	les voix matinales des oiseaux
σαφῆ,	*qui sont* distinctes
εὐφρόνη τε	et la bienveillante *nuit*
μέλαινα ἄστρων	*toute* noire d'astres
ἐκλέλοιπεν.	a disparu.
Πρὶν οὖν	Avant donc
τινὰ ἀνδρῶν	que quelqu'un des hommes
ἐξοδοιπορεῖν στέγης,	sorte du toit (de la maison),
ξυνάπτετον λόγοισιν,	unissez-*vous* dans *vos* discours,
ὡς καθέσταμεν,	car nous nous tenons
ἵνα οὐκ ἔτι καιρὸς	*là* où il n'est plus temps
ὀκνεῖν,	d'hésiter,
ἀλλὰ ἀκμὴ	mais *c'est* le tranchant
ἔργων.	des actions (nécessité d'agir).
ΟΡΕΣΤΗΣ. Ὦ φίλτατε	ORESTE. O le plus cher
ἀνδρῶν προσπόλων,	des hommes serviteurs,
ὡς φαίνεις μοι	comme tu montres à moi
σημεῖα σαφῆ	des signes manifestes

σημεῖα φαίνεις ἐσθλὸς εἰς ἡμᾶς γεγώς·
ὥσπερ γὰρ ἵππος εὐγενής, κἂν ᾖ γέρων,
ἐν τοῖσι δεινοῖς θυμὸν οὐκ ἀπώλεσεν,
ἀλλ' ὀρθὸν οὖς ἵστησιν[1]· ὡσαύτως δὲ σὺ
ἡμᾶς τ' ὀτρύνεις, καὐτὸς ἐν πρώτοις ἕπει.
Τοιγὰρ τὰ μὲν δόξαντα δηλώσω· σὺ δὲ,
ὀξεῖαν ἀκοὴν τοῖς ἐμοῖς λόγοις διδοὺς,
εἰ μή τι καιροῦ τυγχάνω, μεθάρμοσον.
Ἐγὼ γὰρ ἡνίχ' ἱκόμην τὸ Πυθικὸν
μαντεῖον, ὡς μάθοιμ' ὅτῳ τρόπῳ πατρὶ
δίκας ἀροίμην[2] τῶν φονευσάντων πάρα,
χρῇ μοι τοιαῦθ' ὁ Φοῖβος, ὧν πεύσει τάχα·
ἄσκευον αὐτὸν[3] ἀσπίδων τε καὶ στρατοῦ,
δόλοισι κλέψαι χειρὸς ἐνδίκους σφαγάς[4].
Ὅτ' οὖν τοιόνδε χρησμὸν εἰσηκούσαμεν
σὺ μὲν μολὼν, ὅταν σε καιρὸς εἰσάγῃ,

marques certaines ta constante fidélité envers moi ! Semblable à un généreux coursier dont les années n'ont point refroidi l'ardeur, mais qui dresse encore l'oreille à l'approche du danger, tu nous animes par tes paroles, et tu es le premier à marcher avec nous. Je vais donc te découvrir mes projets : prête-moi une oreille attentive, et si je m'égare, éclaire-moi. Lorsque j'allai consulter l'oracle de Delphes, pour savoir les moyens de punir les meurtriers de mon père, Apollon me fit la réponse que tu vas entendre : « Seul, sans armes, sans soldats, c'est par la ruse que ton bras doit accomplir en secret une juste vengeance. » Va donc, sous les auspices de cet oracle, saisis le moment favorable, pénètre dans ce palais, observe ce qui

γεγὼς	ayant été
ἐσθλὸς	bon (que tu as été bon)
εἰς ἡμᾶς·	envers nous;
ὥςπερ γὰρ ἵππος εὐγενὴς,	car comme un cheval bien-né,
καὶ ἐὰν ᾖ γέρων,	même s'il est vieux,
οὐκ ἀπώλεσε θυμὸν	ne perd pas *le* courage
ἐν τοῖσι δεινοῖς,	dans les *circonstances* périlleuses,
ἀλλὰ ἵστησιν	mais lève (dresse)
οὖς ὀρθόν·	l'oreille *toute*-droite;
ὡςαύτως δὲ σὺ	de même aussi toi
ὀτρύνεις τε ἡμᾶς,	et tu excites nous,
καὶ ἕπει αὐτὸς	et tu suis (marches) toi-même
ἐν πρώτοις.	parmi les premiers.
Τοιγὰρ δηλώσω	C'est pourquoi je *te* révèlerai
τὰ μὲν	d'un côté les choses
δόξαντα·	qui *m*'ont semblé-bonnes;
σὺ δὲ διδοὺς	de l'autre côté toi donnant
ἀκοὴν ὀξεῖαν	*une* ouïe (oreille) aiguisée (attentive)
τοῖς ἐμοῖς λόγοις,	à mes paroles,
μεθάρμοσον,	dispose-autrement,
εἰ μὴ τυγχάνω	si je n'atteins pas
καιροῦ τι.	l'opportun en quelque chose.
Ἡνίκα γὰρ ἐγὼ ἱκόμην	Car moi quand je suis venu
τὸ μαντεῖον Πυθικὸν,	à l'oracle Pythien,
ὡς μάθοιμι	afin que j'apprisse
ὅτῳ τρόπῳ ἀροίμην	de quelle manière je lèverais
δίκας πατρὸς	la vengeance de *mon* père (je le vengerais)
παρὰ τῶν φονευσάντων,	de ceux qui-*l*'ont-tué.
ὁ Φοῖβος χρῇ μοι	Apollon répond à moi
τοιαῦτα,	de telles choses,
ὧν πεύσει τάχα·	que tu apprendras aussitôt:
αὐτὸν ἄσκευον	moi-même *n'ayant*-point-l'appareil
ἀσπίδων τε καὶ στρατοῦ,	et des boucliers et d'une armée,
κλέψαι χειρὸς	faire-clandestinement de *ma* main
δόλοις	par-des-ruses
σφαγὰς ἐνδίκους.	un massacre juste.
Ὅτι οὖν εἰςηκούσαμεν	Parce que donc nous avons entendu
τοιόνδε χρησμὸν,	un pareil oracle,
σὺ μὲν μολὼν	toi d'un côté étant allé
ἔσω τῶνδε δόμων,	en dedans de ces demeures,

δόμων ἔσω τῶνδ', ἴσθι πᾶν τὸ δρώμενον,
ὅπως ἂν εἰδὼς ἡμὶν ἀγγείλῃς σαφῆ·
οὐ γάρ σε μὴ γήρᾳ τε καὶ χρόνῳ μακρῷ
γνῶσ', οὐδ' ὑποπτεύσουσιν ὧδ' ἠνθισμένον[1].
Λόγῳ δὲ χρῶ τοιῷδ', ὅτι ξένος μὲν εἶ
Φωκεύς, παρ' ἀνδρὸς Φανοτέως [2] ἥκων· ὁ γὰρ
μέγιστος αὐτοῖς τυγχάνει δορυξένων.
Ἄγγελλε δ' ὅρκον προστιθεὶς ὁθούνεκα
τέθνηκ' Ὀρέστης ἐξ ἀναγκαίας τύχης,
ἄθλοισι Πυθικοῖσιν [3] ἐκ τροχηλάτων
δίφρων κυλισθείς· ὧδ' ὁ μῦθος ἑστάτω.
Ἡμεῖς δὲ πατρὸς τύμβον, ὡς ἐφίετο,
λοιβαῖσι πρῶτον καὶ καρατόμοις [4] χλιδαῖς
στέψαντες, εἶτ' ἄψορρον ἥξομεν πάλιν,
τύπωμα [5] χαλκόπλευρον ἠρμένοι χεροῖν,

s'y passe, et viens nous en faire un rapport fidèle. Changé par les années et par une si longue absence, ils ne pourront te reconnaître, et couronné de fleurs comme tu l'es, ils te verront sans défiance. Dis-leur que tu es de la Phocide, envoyé par Phanotée : c'est le plus cher de leurs alliés. Annonce leur avec serment qu'Oreste a péri d'une mort violente en tombant de son char aux jeux Pythiques : tel doit être ton langage. Pour nous, fidèles à l'ordre d'Apollon, nous irons d'abord verser des libations sur le tombeau de mon père, et lui offrir la dépouille de nos cheveux ; nous reviendrons ensuite chargés de l'urne d'airain que nous avons, comme tu le sais, cachée

ὅταν καιρὸς	quand le moment-opportun
εἰςάγῃ σε,	introduira toi,
ἴσθι πᾶν τὸ δρώμενον,	sache tout-ce-qui-se-fait,
ὅπως ἂν ἀγγείλῃς ἡμῖν	afin que tu annonces à nous
σαφῆ, εἰδώς·	des choses certaines, *les* sachant ;
οὐ γὰρ	car il *n'est pas à craindre*
μή γνῶσί σε	qu'ils reconnaissent toi
γήρᾳ τε	et à cause de *ta* vieillesse
καὶ χρόνῳ μακρῷ,	et du temps long,
οὐδὲ ὑποπτεύσουσιν	et ils ne *te* soupçonneront pas
ὧδε ἠνθισμένον.	*étant* ainsi orné-de-fleurs.
Χρῶ δὲ	Sers-toi donc
λόγῳ τοιῷδε·	du discours suivant :
ὅτι εἶ μὲν	que tu es d'un côté
ξένος Φωκεύς,	un étranger phocéen,
ἥκων παρὰ ἀνδρὸς	venant de la part d'un homme
Φανοτέως·	*appelé* Phanotée;
ὁ γὰρ τυγχάνει αὐτοῖς	car lui se trouve-être à eux
μέγιστος	le plus grand
δορυξένων.	des hôtes-unis-par-la-lance (alliés).
Ἄγγελλε δὲ	Mais annonce
προςτιθεὶς ὅρκῳ	*y* ajoutant par serment
ὁθούνεκα Ὀρέστης τέθνηκεν	qu'Oreste est mort
ἐκ τύχης ἀναγκαίας	d'une destinée violente
ἄθλοισι Πυθικοῖσι	*dans* les combats Pythiques
κυλισθεὶς	ayant roulé
ἐκ δίφρων	hors d'un char
τροχηλάτων.	poussé-par-des-roues.
Ὁ μῦθος ἑστάτω ὧδε.	Que le discours se tienne ainsi.
Ἡμεῖς δὲ στέψαντες πρῶτον	Mais nous ayant couronné d'abord
λοιβαῖσι	de libations
καὶ χλιδαῖς	et de parures
καρατόμοις	séparées-de-la-tête (boucles de che-
τύμβον πατρὸς,	la tombe de *mon* père, [veux)
ὡς ἐφίετο,	comme il (Apollon) *l*'a ordonné,
εἶτα ἥξομεν	ensuite nous viendrons
ἄψορρον πάλιν,	en arrière de nouveau,
ἠρμένοι χεροῖν	ayant soulevé de *nos* mains
τύπωμα χαλκόπλευρον	une urne aux-flancs-d'airain
ὃ καὶ σὺ οἶσθα	laquelle aussi toi tu sais

ὃ καὶ σὺ θάμνοις οἶσθά που κεκρυμμένον,
ὅπως, λόγῳ κλέπτοντες, ἡδεῖαν φάτιν
φέροιμεν αὐτοῖς, τοὐμὸν ὡς ἔῤῥει δέμας
φλογιστὸν ἤδη καὶ κατηνθρακωμένον.
Τί γάρ με λυπεῖ τοῦθ', ὅταν, λόγῳ θανὼν,
ἔργοισι σωθῶ, κἀξενέγκωμαι κλέος;
Δοκῶ μὲν οὐδὲν ῥῆμα σὺν κέρδει κακόν [1].
Ἤδη γὰρ εἶδον πολλάκις καὶ τοὺς σοφοὺς
λόγῳ μάτην θνήσκοντας· εἶθ', ὅταν δόμους
ἔλθωσιν αὖθις, ἐκτετίμηνται πλέον [2]·
ὡς κἄμ' ἐπαυχῶ τῆσδε τῆς φήμης ἄπο
δεδορκότ' [3] ἐχθροῖς, ἄστρον ὥς, λάμψειν ἔτι.
Ἀλλ', ὦ πατρῴα γῆ θεοί τ' ἐγχώριοι,
δέξασθέ μ' εὐτυχοῦντα ταῖσδε ταῖς ὁδοῖς,
σύ τ', ὦ πατρῷον δῶμα [4] (σοῦ γὰρ ἔρχομαι
δίκῃ καθαρτὴς, πρὸς θεῶν ὡρμημένος),
καὶ μή μ' ἄτιμον τῆσδ' ἀποστείλητε γῆς,

près d'ici dans des buissons. Alors, abusant nos ennemis par un récit trompeur, nous leur porterons une agréable nouvelle; nous leur dirons que mon corps, consumé par la flamme, a été réduit en cendres. Que m'importe de passer pour mort, lorsqu'en réalité je suis vivant, et que mes actions me couvrent de gloire? Il n'est point de parole de mauvais augure, lorsqu'elle apporte le succès. On a vu plus d'une fois les sages eux-mêmes répandre ainsi le bruit de leur mort, et ensuite, rentrés dans leur patrie, reparaître avec plus de gloire. Et moi aussi, j'espère qu'à la faveur de ce bruit salutaire j'apparaîtrai bientôt plein de vie aux yeux de mes ennemis, comme un astre étincelant. O ma patrie, dieux de Mycènes, accordez-moi un heureux retour; et toi, palais de mon père, reçois-moi : les dieux vengeurs m'envoient pour te purifier; ne permettez pas que je quitte

ποῦ	probablement
κεκρυμμένον θάμνοις,	cachée dans les broussailles,
ὅπως κλέπτοντες	afin que volant (trompant)
λόγῳ	par *notre* discours
φέροιμεν αὐτοῖς	nous apportions à eux
φάτιν ἡδεῖαν	la nouvelle agréable
ὡς τὸ ἐμὸν δέμας	que mon corps
ἔρρει ἤδη φλογιστὸν,	s'en est allé déjà brûlé,
καὶ κατηνθρακωμένον.	et réduit-en-charbons.
Τί γὰρ τοῦτο λυπεῖ με,	Car en quoi ceci afflige-t-il moi,
ὅταν θανὼν λόγῳ	si étant mort en parole
σωθῶ ἔργοισι	je suis sauvé en réalité
καὶ ἐξενέγκωμαι κλέος;	et *que* je remporte la gloire?
Δοκῶ μὲν	Je crois en vérité
οὐδὲν ῥῆμα σὺν κέρδει	aucune parole avec profit (profitable).
κακόν.	n'*être* mauvaise.
Εἶδον γὰρ ἤδη πολλάκις	Car j'ai vu déjà souvent
καὶ τοὺς σοφοὺς θνήσκοντας	même les sages mourant
λόγῳ μάτην·	en parole faussement;
εἶτα ἐκτετίμηνται πλέον,	puis ils ont été honorés davantage,
ὅταν ἔλθωσιν αὖθις	quand ils sont venus de nouveau
δόμους·	à *leurs* demeures;
ὡς ἐπαυχῶ	comme j'espère-avec-confiance
καὶ ἐμὲ	moi aussi
λάμψειν ἔτι ἐχθροῖς	devoir briller encore à *mes* ennemis
δεδορκότα ὡς ἄστρον	ayant-le-regard comme un astre
ἀπὸ τῆσδε τῆς φήμης.	après ce bruit.
Ἀλλὰ, ὦ γῆ πατρῴα	Mais, o terre paternelle
θεοί τε ἐγχώριοι,	et *vous* dieux Indigètes,
δέξασθέ με εὐτυχοῦντα	accueillez-moi étant-heureux
ταῖσδε ταῖς ὁδοῖς,	*dans* ces chemins,
σύ τε, ὦ δῶμα πατρῷον·	toi aussi, ô palais paternel;
(ἔρχομαι γὰρ	(car j'arrive
καθαρτής σου	purificateur de toi (purifiant toi)
δίκῃ,	par la vengeance,
ὡρμημένος πρὸς θεῶν)	étant poussé par les dieux)
καὶ μὴ ἀποστείλητέ με	et ne renvoyez pas moi
τῆσδε γῆς ἄτιμον,	de ce pays déshonoré
ἀλλὰ	mais
ἀρχέπλουτον	*en* légitime-possesseur-des-richesses

ἀλλ' ἀρχέπλουτον καὶ καταστάτην δόμων.
Εἴρηκα μέν νυν ταῦτα· σοὶ δ' ἤδη, γέρον,
τὸ σὸν μελέσθω βάντι φρουρῆσαι χρέος.
Νῶ δ' ἔξιμεν· καιρὸς[1] γάρ, ὅσπερ ἀνδράσι
μέγιστος ἔργου παντός ἐστ' ἐπιστάτης.

ΗΛΕΚΤΡΑ.

Ἰώ μοί μοι δύστηνος.

ΠΑΙΔΑΓΩΓΟΣ.

Καὶ μὴν θυρῶν[2] ἔδοξα προσπόλων τινὸς
ὑποστενούσης ἔνδον αἰσθέσθαι, τέκνον.

ΟΡΕΣΤΗΣ.

Ἆρ' ἐστὶν ἡ δύστηνος Ἠλέκτρα; Θέλεις
μείνωμεν αὐτοῦ, κἀνακούσωμεν[3] γόων;

ΠΑΙΔΑΓΩΓΟΣ.

Ἥκιστα. Μηδὲν, πρόσθεν ἢ τὰ Λοξίου,
πειρώμεθ' ἔρδειν, κἀπὸ τῶνδ' ἀρχηγετεῖν,
πατρὸς χέοντες λουτρά. Ταῦτα γὰρ φέρει
νίκην τ' ἐφ' ἡμῖν καὶ κράτος τῶν δρωμένων.

ΗΛΕΚΤΡΑ.

Ὦ φάος ἁγνὸν, καὶ γῆς
ἰσόμοιρος ἀὴρ[4], ὥς μοι

ce pays sans honneur; mais plutôt faites que l'héritier légitime rende à ce palais son ancienne gloire. C'en est assez : toi, vieillard, vas accomplir ton message. Pour nous, partons. Voici l'occasion, c'est elle qui décide de toutes les actions des hommes.

ÉLECTRE. Hélas! hélas! infortunée!

LE GOUVERNEUR. Mon fils, je crois avoir entendu gémir une esclave dans l'intérieur du palais.

ORESTE. Ne serait-ce point la malheureuse Électre? Veux-tu que nous restions ici pour entendre ses plaintes?

LE GOUVERNEUR. Non : n'entreprenons rien, avant d'avoir obéi à l'oracle, et commençons par faire des libations sur le tombeau de ton père. Voilà ce qui doit assurer notre victoire et le succès de notre entreprise.

ELECTRE. Lumière sacrée, ciel qui environnes la terre, que de

καὶ καταστάτην	et *en* restaurateur
δόμων.	de *mes* demeures.
Εἴρηκα μέν νυν ταῦτα ·	J'ai dit d'un côté donc ces choses;
μελέσθω δὲ	de l'autre côté qu'il-soit-à-soin
ἤδη	maintenant
σοὶ, γέρον,	pour toi, vieillard,
βάντι	étant allé,
φρουρῆσαι χρέος τὸ σόν.	de surveiller l'affaire tienne.
Νὼ δὲ ἔξιμεν ·	Mais nous-deux nous sortirons ;
καιρὸς γὰρ,	car *c'est* l'occasion,
ὅςπερ ἐστὶν ἐπιστάτης	qui est le président
μέγιστος	le plus grand (préside en souverain)
παντὸς ἔργου	de (à) toute œuvre
ἀνδράσιν.	pour les hommes.
ΗΛΕΚΤΡΑ.	**ÉLECTRE.**
Ἰώ μοί μοι δύστηνος.	Hélas, *que je suis* malheureuse!
ΠΑΙΔΑΓΩΓΟΣ. Καὶ μὴν	**LE GOUVERNEUR.** Et certes
ἔδοξα αἰσθέσθαι	j'ai cru entendre
θυρῶν	de la porte
τινὸς προςπόλων	quelqu'une des servantes
ὑποστενούσης ἔνδον.	gémissant en-dedans.
ΟΡΕΣΤΗΣ. Ἆρά ἐστιν	**ORESTE.** Est-ce que c'est
ἡ δύστηνος Ἠλέκτρα;	l'infortunée Électre?
Θέλεις μείνωμεν αὐτοῦ	Veux-tu *que* nous restions ici
καὶ ἀνακούσωμεν	et *que* nous écoutions
γόων;	*ses* gémissements.
ΠΑΙΔΑΓΩΓΟΣ. Ἥκιστα.	**LE GOUVERNEUR.** Point du tout.
Πειρώμεθα ἔρδειν μηδὲν	N'essayons de faire rien
πρόσθεν ἢ τὰ Λοξίου	avant les choses d'Apollon,
καὶ ἀρχηγετεῖν ἀπὸ τῶνδε	et *avant* de commencer par celles-ci
χέοντες λουτρὰ	versant des libations
πατρός.	pour *ton* père.
Ταῦτα γὰρ φέρει ἐπὶ ἡμῖν	Car ces choses amènent à nous
νίκην τε	et la victoire
καὶ κράτος	et la force
τῶν δρωμένων.	dans les choses qui-se-font.
ΗΛΕΚΤΡΑ.	**ÉLECTRE.**
Ὦ φάος ἁγνὸν	O lumière pure
καὶ ἀὴρ	et air
ἰσόμοιρος	répandu-en-parties-égales

πολλὰς μὲν θρήνων ᾠδὰς,
πολλὰς δ' ἀντήρεις ᾔσθου
στέρνων πληγὰς αἱμασσομένων,
ὁπόταν δνοφερὰ νὺξ ὑπολειφθῇ·
τὰ δὲ παννυχίδων, ἤδη[1] στυγεραὶ
ξυνίσασ' εὐναὶ μογερῶν οἴκων.
ὅσα τὸν δύστηνον ἐμὸν θρηνῶ
πατέρ', ὃν κατὰ μὲν βάρβαρον αἶαν
φοίνιος Ἄρης οὐκ ἐξένισεν[2],
μήτηρ δ' ἡ 'μὴ χὡ κοινολεχὴς
Αἴγισθος, ὅπως δρῦν ὑλοτόμοι,
σχίζουσι κάρα φονίῳ πελέκει.
Κοὐδεὶς τούτων οἶκτος ἀπ' ἄλλης
ἢ 'μοῦ φέρεται, σοῦ, πάτερ, οὕτως
αἰκῶς οἰκτρῶς τε θανόντος.
Ἀλλ' οὐ μὲν δὴ λήξω θρήνων,
στυγερῶν τε γόων, ἔστ' ἂν
λεύσσω παμφεγγεῖς ἄστρων
ῥιπὰς, λεύσσω δὲ τόδ' ἦμαρ,

fois, témoins de mes gémissements, vous m'avez entendue frapper ma poitrine ensanglantée, dès que la nuit sombre a disparu! Mais pendant la longueur des nuits, ma triste couche sait seule, dans cet odieux séjour, les larmes que je répands sur mon malheureux père, que, sur une terre étrangère, les fureurs de Mars ont épargné, tandis que ma mère et son adultère amant l'ont frappé d'une hache homicide, comme le chêne qui tombe sous les coups du bûcheron. Et ta fille, ô mon père, est la seule qui pleure une mort si indigne et si déplorable. Non, je ne cesserai pas de gémir et de verser des pleurs amers, tant que je verrai les feux brillants des étoiles, tant que je verrai la clarté du jour. Sans cesse mes accents douloureux, comme

γῆς,	sur la terre,
ὡς ᾔσθου μοι	que tu as entendu à moi
πολλὰς μὲν ᾠδὰς	d'un côté beaucoup de chants
θρήνων,	de larmes,
πολλὰς δὲ πληγὰς	de l'autre côté beaucoup de coups
ἀντήρεις	frappés-contre
στέρνων αἱμασσομένων,	*ma* poitrine qui s'ensanglantait,
ὁπόταν νὺξ δνοφερὰ	quand la nuit ténébreuse
ὑπολειφθῇ·	a disparue!
εὐναὶ δὲ στυγεραὶ	mais les lits odieux
οἴκων μογερῶν	des demeures malheureuses
ξυνίσασιν ἤδη	connaissent déjà
τὰ	les choses (les douleurs)
παννυχίδων,	des veilles-qui-durent-toute-la-nuit;
ὅσα θρηνῶ	*ils savent* combien je pleure
πατέρα ἐμὸν,	le père mien,
τὸν δύστηνον,	l'infortuné
ὃν Ἄρης μὲν φοίνιος	que d'un côté Mars teint-de-sang
οὐκ ἐξένισε	n'a pas accueilli
κατὰ αἶαν βάρβαρον,	sur une terre barbare,
μήτηρ δὲ ἡ ἐμὴ	mais la mère mienne
καὶ Αἴγισθος	et Égisthe
ὁ κοινολεχὴς	qui-partage-*son*-lit,
σχίζουσι κάρα	fendent *sa* tête
πελέκει φονίῳ,	d'une hache meurtrière,
ὅπως ὑλοτόμοι	comme des bûcherons *fendent*
δρῦν.	un chêne.
Καὶ οὐδεὶς οἶκτος τούτων	Et aucune plainte sur ces choses
φέρεται	n'est proférée
ἀπὸ ἄλλης ἢ ἐμοῦ,	par une autre que par moi,
σοῦ, πάτερ, θανόντος	toi, *mon* père, étant mort
οὕτως αἰκῶς	si honteusement
οἰκτρῶς τε.	et déplorablement.
Ἀλλὰ μὲν δὴ	Mais certes en vérité
οὐ λήξω θρήνων	je ne cesserai pas *mes* gémissements
στυγερῶν τε γόων	et *mes* tristes lamentations
ἔστ' ἂν λεύσσω	tant que je verrai
ῥιπὰς ἄστρων	les jets (rayons) des astres
παμφεγγεῖς,	qui-éclairent-tout,
λεύσσω δὲ τόδε ἦμαρ,	et *que* je verrai ce jour,

μὴ οὐ [1], τεκνολέτειρ' ὥς τις ἀηδὼν,
ἐπὶ κωκυτῷ, τῶνδε πατρῴων
πρὸ θυρῶν, ἠχὼ πᾶσι προφωνεῖν.
Ὦ δῶμ' Ἀΐδου καὶ Περσεφόνης,
ὦ χθόνι' Ἑρμῆ, καὶ πότνι' Ἀρὰ,
σεμναί τε θεῶν
παῖδες Ἐρινύες, αἳ τοὺς
ἀδίκως θνήσκοντας ὁρᾶτε,
τοὺς τάς τ' εὐνὰς ὑποκλεπτομένους [2],
ἔλθετ', ἀρήξατε, τίσασθε πατρὸς
φόνον ἡμετέρου,
καί μοι τὸν ἐμὸν πέμψατ' ἀδελφόν.
Μούνη γὰρ ἄγειν [3] οὐκ ἔτι σωκῶ
λύπης ἀντίῤῥοπον ἄχθος.

ΧΟΡΟΣ.

(Στροφὴ α'.)

Ὦ παῖ, παῖ δυστανοτάτας
Ἠλέκτρα ματρὸς, τίν' ἀεὶ τάκεις
ὧδ' ἀκόρεστον οἰμωγὰν [4],
τὸν πάλαι ἐκ δολερᾶς ἀθεωτάτας
ματρὸς ἁλόντ' ἀπάταις Ἀγαμέμνονα,

ceux de la plaintive Philomèle, retentiront devant les portes du palais de mon père. Séjour de Pluton et de Proserpine, Mercure, conducteur des mânes, auguste déesse des imprécations, et vous, filles des dieux, redoutables Euménides, vous dont le meurtrier et l'adultère ne peuvent fuir les regards, venez, secourez-moi, vengez la mort de mon père, et envoyez-moi mon frère chéri. Je ne puis plus porter seule le poids des douleurs qui m'accablent.

LE CHOEUR. Fille d'une mère dénaturée, Électre, pourquoi te consumer ainsi en plaintes éternelles sur la mort d'Agamemnon, enveloppé jadis dans les pièges d'une épouse impie, et livré à une main

μὴ οὐ προφωνεῖν πᾶσιν
πρὸ τῶνδε θυρῶν
πατρῴων
ἠχὼ ἐπὶ κωκυτῷ,
ὥς τις ἀηδὼν
τεκνολέτειρα.
Ὦ δῶμα Ἀΐδου
καὶ Περσεφόνης,
ὦ Ἑρμῆ χθόνιε,
καὶ Ἀρὰ πότνια,
Ἐρινύες τε,
σεμναὶ παῖδες θεῶν
αἳ ὁρᾶτε
τοὺς θνήσκοντας
ἀδίκως,
τοὺς ὑποκλεπτομένους
τὰς εὐνάς,
ἔλθετε, ἀρήξατε,
τίσασθε φόνον
ἡμετέρου πατρός,
καὶ πέμψατέ μοι
ἀδελφὸν τὸν ἐμόν.
Οὐ γὰρ σωκῶ ἔτι
ἄγειν μούνη
ἄχθος
ἀντίῤῥοπον
λύπης.

de façon à ne pas proférer pour tous
devant ces portes
paternelles
un son avec lamentation,
comme un rossignol
qui a perdu-*ses*-enfants.
O demeure de Pluton
et de Proserpine,
ô Mercure infernal,
et *toi* malédiction auguste,
et *vous* Euménides,
vénérables enfants des dieux,
qui voyez
ceux qui meurent
injustement,
ceux qui dérobent
les couches,
venez, secourez-*nous*,
vengez le meurtre
de notre père,
et envoyez-moi
le frère mien.
Car je ne puis plus
porter seule
le fardeau
penchant-de-l'autre-côté
de la douleur.

Στροφὴ α'.

Strovhe I.

ΧΟΡΟΣ.
Ἠλέκτρα,
ὦ παῖ, παῖ
ματρὸς δυστανοτάτας,
τίνα οἰμωγὰν ἀκόρεστον
τάκεις ὧδε
ἀεί,
Ἀγαμέμνονα
τὸν ἁλόντα πάλαι
ἐκ ματρὸς δολερᾶς
ἀθεωτάτας

LE CHOEUR.
Électre,
ô fille, fille
de la mère la plus malheureuse,
quelle lamentation insatiable
fais-tu couler (profères-tu) ainsi
toujours,
Agamemnon
qui a été pris jadis
par *ta* mère rusée
très-impie

κακᾷ τε χειρὶ πρόδοτον; ὡς ὁ τάδε πορὼν
ὄλοιτ', εἴ μοι θέμις τάδ' αὐδᾶν.

ΗΛΕΚΤΡΑ.

Γενέθλα γενναίων τοκέων,
ἥκετ' ἐμῶν καμάτων παραμύθιον.
Οἶδά τε καὶ ξυνίημι τάδ', οὔ τί με
φυγγάνει, οὐδ' ἐθέλω προλιπεῖν τόδε,
μὴ οὐ τὸν ἐμὸν στοναχεῖν πατέρ' ἄθλιον.
Ἀλλ', ὦ παντοίας φιλότητος ἀμειβόμεναι χάριν,
ἐᾶτέ μ' ὧδ' ἀλύειν[1]·
αἰαῖ, ἱκνοῦμαι.

ΧΟΡΟΣ.

(Ἀντιστροφὴ α'.)

Ἀλλ' οὔτοι τόν γ' ἐξ Ἀΐδα
παγκοίνου λίμνας πατέρ' ἀνστάσεις[2],
οὔτε γόοις, οὔτε λιταῖς.
Ἀλλ' ἀπὸ τῶν μετρίων ἐπ' ἀμήχανον
ἄλγος, ἀεὶ στενάχουσα, διόλλυσαι[3],
οἷς ἀνάλυσίς ἐστιν οὐδεμία κακῶν.
Τί μοι τῶν δυσφόρων ἐφίει;

criminelle? Ah! s'il m'est permis de former ce vœu, périsse l'auteur de ce forfait!

ÉLECTRE. Nobles filles de Mycènes, vous venez pour me consoler dans ma peine; je le sais, je le vois, je connais votre tendresse. Mais je ne veux pas cesser de pleurer mon malheureux père. Au nom de cette amitié dont vous me donnez tant de marques, je vous en supplie, laissez-moi, ah! laissez-moi tout entière à mon désespoir.

LE CHOEUR. Ni tes gémissements, ni tes prières ne rappelleront ton père des sombres bords où tout mortel doit descendre. Cependant tu t'abandonnes à une douleur sans mesure, et tu te consumes en éternels regrets, au milieu de maux sans remède. Pourquoi appeler de tes vœux la souffrance?

ἀπάταις,	par des tromperies,
πρόδοτόν τε	et qui-a-été-trahi
χειρὶ κακᾷ;	par une main infâme ?
ὡς ὄλοιτο	puisse-t-il périr
ὁ πορὼν τάδε,	*celui* qui a procuré ces *maux*,
εἰ θέμις μοι	*s'il est* permis à moi
αὐδᾷν τάδε.	de dire ces choses !
ΗΛΕΚΤΡΑ. Γένεθλα	**ÉLECTRE.** Rejetons
τοκέων γενναίων,	de parents généreux,
ἥκετε	vous êtes venues
παραμύθιον	*comme* une consolation
καμάτων ἐμῶν.	des peines miennes.
Οἶδά τε καὶ ξυνίημι τάδε,	Et je sais et je sens ces choses,
οὔ φυγγάνει μέ τι,	*cela* n'échappe à moi en rien,
οὐδὲ ἐθέλω	mais je ne veux pas
προλιπεῖν τόδε,	abandonner ceci,
μὴ οὐ στοναχεῖν	de façon à ne pas gémir
πατέρα τὸν ἐμὸν	sur le père mien
ἄθλιον.	infortuné.
Ἀλλὰ, ὦ ἀμειβόμεναι	Mais, ô vous qui échangez *avec moi*
χάριν φιλότητος παντοίας,	la complaisance d'une amitié variée,
ἐᾶτέ με	laissez-moi
ἀλύειν ὧδε·	errer ainsi ;
αἰαῖ, ἱκνοῦμαι.	hélas, je *vous en* supplie.
Ἀντιστροφὴ α'.	*Antistrophe I.*
ΧΟΡΟΣ.	LE CHOEUR.
Ἀλλὰ οὔ τοι	Mais certainement non
ἀναστάσεις	tu ne feras-pas-ressortir
τόν γε πατέρα	*ton* père en vérité
ἐκ λίμνας παγκοίνου Ἀΐδα,	du port commun-à-tous de Pluton,
οὔτε γόοις,	ni par des gémissements,
οὔτε λιταῖς.	ni par des prières.
Ἀλλὰ διόλλυσαι	Mais tu te consumes
στενάχουσα ἀεὶ	gémissant toujours
ἀπὸ τῶν μετρίων	*en allant* de *douleurs* mesurées
ἐπὶ ἄλγος ἀμήχανον,	à une douleur immense,
ἐν οἷς ἐστὶν	dans lesquelles choses il n'est
οὐδεμία ἀνάλυσις κακῶν.	aucun soulagement de *tes* maux.
Τί ἐφίει μοι	Pourquoi désires-tu à moi
τῶν δυςφόρων	des choses intolérables ?

ΗΛΕΚΤΡΑ.

Νήπιος, ὅστις τῶν οἰκτρῶς
οἰχομένων γονέων ἐπιλάθεται.
Ἀλλ' ἐμέ γ' ἁ στονόεσσ' ἄραρεν [1] φρένας,
ἃ Ἴτυν, αἰὲν Ἴτυν ὀλοφύρεται,
ὄρνις ἀτυζομένα, Διὸς ἄγγελος [2].
Ἰώ· παντλάμων Νιόβα, σὲ δ' ἔγωγε νέμω θεὸν,
ἅτ' ἐν τάφῳ πετραίῳ [3]
αἰεὶ δακρύεις.

ΧΟΡΟΣ.

(Στροφὴ β'.)

Οὔτοι σοὶ μούνᾳ, τέκνον,
ἄχος ἐφάνη βροτῶν,
πρὸς ὅ τι σὺ τῶν ἔνδον εἶ περισσὰ,
οἷς ὁμόθεν εἶ καὶ γονᾷ ξύναιμος,
οἵα Χρυσόθεμις ζώει καὶ Ἰφιάνασσα [4],
κρυπτᾷ τ' ἀχέων [5] ἐν ἥβᾳ,
ὄλβιος, ὃν ἁ κλεινὰ
γᾶ ποτε Μυκηναίων
δέξεται εὐπατρίδαν, Διὸς εὔφρονι

ÉLECTRE. Insensé, qui peut oublier la mort cruelle de ceux dont il reçut le jour! Mon cœur se plaît aux gémissements de l'oiseau plaintif, messager de Jupiter, qui pleure sans cesse Itys, son cher Itys. O la plus infortunée des mères, Niobé, je t'honore comme une déesse, toi qui, sous la pierre qui te sert de tombeau, verses des larmes qui ne tarissent jamais!

LE CHOEUR. Ma fille, tu n'es pas la seule sur qui pèse ce malheur; que n'as-tu autant de résignation que ceux qui te sont unis par le sang! Vois dans ce palais tes sœurs, Iphianasse et Chrysothémis, et celui qui maintenant cache sa jeunesse et sa douleur, mais qu'un jour l'illustre Mycènes verra rentrer avec gloire dans les droits de sa

ΗΛΕΚΤΡΑ. Νήπιος
ὅστις ἐπιλάθεται
γονέων τῶν οἰχομένων
οἰκτρῶς.
Ἀλλὰ ἁ στονόεσσα
ἄραρεν ἐμέ γε
φρένας,
ἃ ὀλοφύρεται Ἴτυν,
αἰὲν Ἴτυν,
ὄρνις ἀτυζομένα,
ἄγγελος Διός.
Ἰὼ, Νιόβα παντλάμων,
ἔγωγε δὲ νέμω
σὲ θεὸν,
ἅτε δακρύεις αἰεὶ
ἐν τάφῳ πετραίῳ.

ÉLECTRE. Insensé
celui qui oublie
ses parents morts
misérablement !
Mais lui qui gémit
a gagné moi certes
quant au cœur,
lui qui pleure Itys,
toujours Itys,
l'oiseau effrayé (craintif)
messager de Jupiter.
Hélas, Niobé qui-endures-tout,
moi certes je pense
toi *être* une déesse,
toi qui pleures toujours
dans un tombeau de-pierre.

Στροφὴ β'.

Strophe II.

ΧΟΡΟΣ.
Τέκνον,
ἄχος τοι
οὐκ ἐφάνη
σοὶ μούνᾳ
βροτῶν,
πρὸς ὅ τι
σὺ εἶ περισσὰ
τῶν ἔνδον
οἷς εἶ
ὁμόθεν
καὶ ξύναιμος γονᾷ,
οἵα Χρυσόθεμις ζώει
καὶ Ἰφιάνασσα,
ἔν τε ἥβᾳ
κρυπτᾷ ἀχέων,
ὄλβιος,
ὃν γῆ ἡ κλεινὴ
Μυκηναίων
δέξεταί ποτε
εὐπατρίδαν,
μολόντα

LE CHOEUR.
Mon enfant,
la douleur certes
ne s'est pas montrée
à toi seule
parmi les mortels,
la douleur par laquelle
tu es supérieure
à ceux *qui sont* dans *le palais*
avec lesquels tu es
du-même-endroit (de la même famille)
et du-même-sang par la naissance,
telle Chrysothémis vit
et Iphianasse,
et dans une jeunesse
voilée de douleurs,
heureux *lui*,
que la terre célèbre
des Mycéniens
accueillera un jour
lui qui est sorti d'un-noble-père
étant venu (venant)

βήματι μολόντα τάνδε γᾶν Ὀρέσταν.

ΗΛΕΚΤΡΑ.

Ὅν ἔγωγ' ἀκάματα
προσμένουσ', ἄτεκνος,
τάλαιν', ἀνύμφευτος, αἰὲν οἰχνῶ,
δάκρυσι μυδαλέα, τὸν ἀνήνυτον
οἶτον[1] ἔχουσα κακῶν· ὁ δὲ λάθεται
ὧν τ' ἔπαθ', ὧν τ' ἐδάη[2]. Τί γὰρ οὐκ ἐμοὶ
ἔρχεται ἀγγελίας ἀπατώμενον;
ἀεὶ μὲν γὰρ ποθεῖ·
ποθῶν δ', οὐκ ἀξιοῖ φανῆναι.

ΧΟΡΟΣ.

(Ἀντιστροφὴ β'.)

Θάρσει μοι, θάρσει, τέκνον.
Ἔστι μέγας οὐρανῷ
Ζεὺς, ὃς ἐφορᾷ πάντα καὶ κρατύνει,
ᾧ τὸν ὑπεραλγῆ χόλον νέμουσα,
μήθ' οἷς ἐχθαίρεις ὑπεράχθεο, μήτ' ἐπιλάθου.
Χρόνος γὰρ εὐμαρὴς θεός.

naissance, ramené dans cette contrée par la protection de Jupiter, Oreste enfin!....

ÉLECTRE. Oreste que j'attends sans cesse, malheureuse, sans enfants, sans époux, toujours baignée de larmes, accablée d'éternelles douleurs, Oreste oublie mes bienfaits et mes messages. Combien de fois ne m'a-t-il pas donné d'espérances trompeuses! Il est, si je l'en crois, impatient de revenir, et malgré son impatience, il ne se hâte pas de paraître.

LE CHOEUR. Espère, ma fille, espère. Il est au ciel un dieu puissant, Jupiter qui voit et qui gouverne tout. Confie-lui le soin de ta vengeance, et, sans oublier ta haine pour tes ennemis, sache en modérer les transports. Le temps est un dieu dont on peut tout obtenir.

τάνδε γᾶν	dans ce pays
βήματι εὔφρονι	sous la conduite bienveillante
Διός,	de Jupiter,
Ὀρέσταν.	Oreste.
ΗΛΕΚΤΡΑ. Ὅν	ÉLECTRE. Lequel
ἐγὼ προσμένουσα	moi attendant
ἀκάματα	sans-relâche
ἄτεκνος,	*moi qui suis* sans-enfants,
ἀνύμφευτος,	sans-mari,
τάλαινα,	infortunée,
οἰχνῶ αἰὲν	je vais toujours
μυδαλέα δάκρυσιν,	humectée de larmes,
ἔχουσα τὸν οἶτον κακῶν	ayant ce sort de maux
ἀνήνυτον·	qui-ne-finit-pas;
ὁ δὲ λάθεται	mais lui il oublie
ὧν τε ἔπαθεν,	et les choses qu'il a éprouvées,
ὧν τε ἐδάη.	et les choses dont il a été informé.
Τί γὰρ ἀγγελίας	Car quoi *en fait* de messages
οὐκ ἔρχεταί μοι	ne vient pas à moi
ἀπατώμενον;	qui *ne* se trompe?
ἀεὶ μὲν γὰρ ποθεῖ,	car d'un côté toujours il désire,
ποθῶν δὲ	mais en désirant
οὐκ ἀξιοῖ φανῆναι.	il ne daigne pas paraître.

Ἀντιστροφὴ β'.	*Antistrophe II.*
ΧΟΡΟΣ.	LE CHOEUR.
Τέκνον,	*Mon* enfant,
θάρσει μοι,	prends-moi-courage,
θάρσει.	prends-courage.
Ἔστι Ζεὺς μέγας	Il est un Jupiter grand
οὐρανῷ,	au ciel,
ὃς ἐφορᾷ	qui surveille
καὶ κρατύνει πάντα,	et gouverne toutes les choses,
ᾧ νέμουσα	à qui assignant
χόλον τὸν ὑπεραλγῆ,	la colère trop-violente,
μήτε ὑπεράχθεο	ne sois-*ni*-trop-irritée
οἷς ἐχθαίρεις,	contre *ceux* que tu hais,
μήτε ἐπιλάθου.	ni ne *les* oublie.
Χρόνος γὰρ	Car le temps
θεὸς εὐμαρής.	*est* un dieu facile.

Οὔτε γὰρ ὁ τὰν Κρίσαν [1]
βούνομον ἔχων ἀκτὰν
παῖς Ἀγαμεμνονίδας ἀπερίτροπος [2],
οὔθ' ὁ παρὰ τὸν Ἀχέροντα θεὸς ἀνάσσων.

ΗΛΕΚΤΡΑ.

Ἀλλ' ἐμὲ μὲν ὁ πολὺς
ἀπολέλοιπεν ἤδη
βίοτος ἀνέλπιστος, οὐδ' ἔτ' ἀρκῶ,
ἅτις ἄνευ τοκέων κατατάκομαι,
ἇς φίλος οὔ τις ἀνὴρ ὑπερίσταται·
ἀλλ', ἁπερεί τις ἔποικος, ἀναξία
οἰκονομῶ [3] θαλάμους πατρὸς, ὧδε μὲν
ἀεικεῖ σὺν στολᾷ,
κεναῖς δ' ἀμφίσταμαι τραπέζαις.

ΧΟΡΟΣ.

(Στροφὴ γ'.)

Οἰκτρὰ μὲν νόστοις αὐδὰ,
οἰκτρὰ δ' ἐν κοίταις πατρῴαις,
ὅτε οἱ παγχάλκων ἀνταία
γενύων ὡρμάθη πλαγά [4].

Ce fils d'Agamemnon qui habite les rivages fertiles de Crisa, et le Dieu qui règne sur l'Achéron ne t'ont pas abandonnée pour toujours.

ÉLECTRE. Cependant la plus grande partie de ma vie s'est déjà écoulée dans le désespoir, et mon courage est épuisé : sans parents, je me consume dans les regrets, et je n'ai pas un époux qui me défende, que dis-je? traitée dans le palais de mon père comme une étrangère qu'on méprise, et couverte de ces indignes vêtements, je reçois à peine une chétive nourriture.

LE CHOEUR. Cris lamentables au retour d'Agamemnon! Cris lamentables près du lit du festin, lorsque la hache frappa ton père de coups redoublés! La perfidie prépara le crime, l'amour l'exécuta :

Οὔτε γὰρ παῖς
Ἀγαμεμνονίδας
ὁ ἔχων τὰν Κρῖσαν,
ἀκτὰν βούνομον,
ἀπερίτροπος
οὔτε θεὸς
ὁ ἀνάσσων
παρὰ τὸν Ἀχέροντα.
ΗΛΕΚΤΡΑ. Ἀλλὰ
ὁ μὲν πολὺς βίοτος
ἀπολέλοιπεν
ἐμὲ ἤδη
ἀνέλπιστος,
οὐδὲ ἀρκῶ ἔτι,
ἅτις κατατάκομαι
ἄνευ τοκέων,
ἇς οὐχ ὑπερίσταται
τὶς φίλος ἀνήρ·
ἀλλὰ οἰκονομῶ
θαλάμους πατρὸς
ἀναξία
ἀπερεί τις ἔποικος,
ὧδε μὲν
σὺν στολᾷ ἀεικεῖ,
ἀμφίσταμαι δὲ
τραπέζαις κεναῖς.

Car ni le-jeune-homme
fils d'Agamemnon
qui a (habite) Crisa,
la côte où-paissent-des-bœufs,
n'est sans-retourner,
ni le dieu
qui règne
près de l'Achéron.
ÉLECTRE. Mais
la *plus* grande *partie de la* vie
a quitté
moi déjà
sans-espoir,
et je n'*y* résiste plus,
moi, qui me consume
sans parents,
moi que ne protége pas
un cher mari;
mais *qui* administre
les chambres de *mon* père
étant-sans-considération
comme quelque nouvelle-venue,
ainsi d'un côté
avec un habillement honteux,
de l'autre côté je me tiens-autour
de tables vides.

Στροφὴ γ'.

ΧΟΡΟΣ.
Αὐδὰ
οἰκτρὰ μὲν
νόστοις,
οἰκτρὰ δὲ
ἐν κοίταις πατρῴαις,
ὅτε πλαγὰ
ἀνταία
γενύων
παγχάλκων
ὡρμάθη οἱ.
Δόλος ἦν

Strophe III.

LE CHOEUR.
Ce fut une voix
triste d'un côté
à l'occasion du retour,
triste de l'autre côté
sur le lit-de-table paternel,
quand le coup
porté-par-devant
des-haches
toutes-d'airain
fut lancé contre lui.
La ruse fut

Δόλος ἦν ὁ φράσας, Ἔρος ὁ κτείνας,
δεινὰν δεινῶς προφυτεύσαντες
μορφάν, εἴτ' οὖν θεὸς, εἴτε βροτῶν
ἦν ὁ ταῦτα πράσσων.

ΗΛΕΚΤΡΑ.

Ὦ πασᾶν κείνα πλέον ἁμέρα
ἐλθοῦσ' ἐχθίστα[1] δή μοι·
ὦ νὺξ, ὦ δείπνων ἀῤῥήτων
ἔκπαγλ' ἄχθη·
τοὺς[2] ἐμὸς ἴδε πατὴρ
θανάτους αἰκεῖς διδύμαιν χειροῖν,
αἳ τὸν ἐμὸν εἷλον βίον
πρόδοτον, αἵ μ' ἀπώλεσαν·
οἷς θεὸς ὁ μέγας Ὀλύμπιος
ποίνιμα πάθεα παθεῖν πόροι·
μηδέ ποτ' ἀγλαΐας ἀποναίατο,
τοιάδ' ἀνύσαντες ἔργα.

ΧΟΡΟΣ.

(Ἀντιστροφὴ γ'.)

Φράζου μὴ πόρσω φωνεῖν.
Οὐ γνώμαν ἴσχεις ἐξ οἵων

horrible conception, soit qu'un Dieu, soit qu'un mortel en ait été l'auteur!

ÉLECTRE. O le plus odieux de tous les jours de ma vie! Nuit désastreuse! O festin exécrable, où mon père fut indignement égorgé par deux assassins qui m'ont frappée du même coup, qui m'ont trahie, qui m'ont arraché la vie! Puisse le maître de l'Olympe leur envoyer un juste châtiment! puissent-ils, après un tel forfait, ne plus goûter un instant de bonheur!

LE CHOEUR. Songe à te modérer. Ne vois-tu pas, de quel rang dé-

ὁ φράσας,	celle-qui-conseilla,
Ἔρος ὁ κτείνας,	l'amour *celui* qui-tua,
προφυτεύσαντες	engendrant *tous deux*
δεινῶς	d'une manière horrible
μορφὰν δεινάν,	la forme horrible *du crime*,
εἴτε οὖν	soit que
ὁ πράσσων ταῦτα	*celui* qui-faisait ces choses
ἦν θεὸς,	fût un dieu,
εἴτε βροτῶν.	ou *quelqu'un* des mortels.
ΗΛΕΚΤΡΑ.	ÉLECTRE.
Ὦ κείνα ἀμέρα	O jour
ἐλθοῦσά μοι	venu à moi
ἐχθίστα δὴ	le plus odieux certes
πλέον πασᾶν.	et plus-*odieux* que tous !
Ὦ νὺξ,	O nuit,
ὦ ἄχθη ἔκπαγλα	ô douleurs effroyables
δείπνων ἀρρήτων·	des repas abominables !
τοὺς πατὴρ ἐμὸς	lesquels le père mien
ἴδεν	vit
θανάτους αἰκεῖς	*étant* le meurtre infâme
χεροῖν διδύμαιν,	*commis* par des mains doubles,
αἳ εἷλον	qui ont pris
βίον τὸν ἐμὸν	la vie mienne
πρόδοτον,	*ainsi* trahie,
αἳ ἀπώλεσάν με,	*et* qui ont perdu moi ;
οἷς	auxquels (Égisthe et Clytemnestre)
ὁ μέγας θεὸς Ὀλύμπιος	le grand dieu Olympien
πόροι πάθεα	puisse-t-il procurer des souffrances
ποίνιμα	vengeresses
παθεῖν·	à souffrir !
μηδὲ ἀποναίατο ποτὲ	puissent-ils ne jouir jamais
ἀγλαΐας	du bonheur
ἀνύσαντες	*ceux* qui ont accompli
τοιάδε ἔργα.	de pareilles actions!

Ἀντιστροφὴ γ΄.	*Antistrophe III.*
ΧΟΡΟΣ.	LE CHOEUR.
Φράζου	Pense
μὴ φωνεῖν πόρσω·	*qu'il* ne *faut* pas parler au-delà ;
οὐκ ἴσχεις γνώμαν,	n'as-tu pas une idée,

τὰ παρόντ' οἰκείας εἰς ἄτας
ἐμπίπτεις οὕτως αἰκῶς;
πολὺ γάρ τι κακῶν ὑπερεκτήσω,
σᾷ δυσθύμῳ τίκτουσ' αἰεὶ
ψυχᾷ πολέμους. Τὰ δὲ [1], τοῖς δυνατοῖς
οὐκ ἐριστὰ πλάθειν.

ΗΛΕΚΤΡΑ.

Δεινοῖς ἠναγκάσθην, δεινοῖς.
Ἔξοιδ', οὐ λάθει μ' ὀργά·
ἀλλ' ἐν γὰρ δεινοῖς οὐ σχήσω
ταύτας ἄτας [2],
ὄφρα με βίος ἔχῃ.
Τίνι [3] γάρ ποτ' ἄν, ὦ φιλία γενέθλα,
πρόσφορον ἀκούσαιμ' ἔπος;
τίνι φρονοῦντι καίρια;
Ἄνετέ μ', ἄνετε, παράγοροι·
τάδε γὰρ ἄλυτα κεκλήσεται·
οὐδέ ποτ' ἐκ καμάτων ἀποπαύσομαι
ἀνάριθμος[4] ὧδε θρήνων.

ΧΟΡΟΣ.

(Ἐπῳδός.)

Ἀλλ' οὖν εὐνοίᾳ γ' αὐδῶ,
μάτηρ ὡσεί τις πιστὰ,
μὴ τίκτειν σ' ἄταν ἄταις.

chue, à quel indigne abaissement tu t'es toi-même réduite? Tu as mis le comble à tes maux, et ton humeur inflexible ne fait qu'enfanter de nouveaux combats. Il n'est pas prudent de lutter contre de plus puissants que soi.

ÉLECTRE. L'excès de mes maux l'emporte. Je le sais, je connais mes fureurs. Mais, quel que soit mon malheur, tant que je vivrai, je ne cesserai point mes imprécations. Et de qui, chères compagnes, pourrais-je entendre des paroles conformes à ma situation? Quel cœur peut se pénétrer de ma peine? Cessez, cessez de me consoler. Mon deuil n'aura point de terme, et mes gémissements seront éternels comme mes douleurs.

LE CHOEUR. L'amitié seule me fait parler; ainsi qu'une tendre mère, je crains de te voir aggraver tes maux.

ἐξ οἵων	par-suite-de quelles choses
ἐμπίπτεις τὰ παρόντα	tu tombes présentement
οὕτως ἀϊκῶς	ainsi honteusement
εἰς ἄτας οἰκείας;	dans des malheurs causés-par-toi?
ὑπερεκτήσω γὰρ	car tu as acquis-en-sus
πολύ τι κακῶν	un grand *nombre* de maux
τίκτουσα αἰεὶ	engendrant toujours
πολέμους	des luttes
ψυχᾷ σᾷ δυςθύμῳ.	par l'âme tienne chagrine.
Τάδε οὐκ ἐριστὰ	Ces choses ne sont pas à-débattre
τοῖς δυνατοῖς	avec les puissants
πλάθειν	*de manière* à *les* aborder *à ce sujet*.
ΗΛΕΚΤΡΑ. Ἠναγκάσθην	ÉLECTRE. J'*y* ai été forcé
δεινοῖς, δεινοῖς.	par des choses terribles, terribles.
Ἔξοιδα,	Je *le* sais,
ὀργὰ οὐ λάθει με·	*ma* violence n'échappe pas à moi :
ἀλλὰ γὰρ οὐ σχήσω	mais pour cela je ne contiendrai pas
ταύτας ἄτας	ces lamentations
ἐν δεινοῖς,	dans *mes* malheurs,
ὄφρα βίος ἔχῃ με.	tant que la vie possède moi.
Ὦ γενέθλα φιλία, τίνι γὰρ	O rejetons chéris, à qui donc
ἀκούσαιμι ἄν ποτε	entendrai-je *dire* jamais
ἔπος πρόςφορον,	une parole agréable,
τίνι φρονοῦντι	à qui pensant (s'il pense)
καίρια;	des choses conformes-à-la situation?
Ἄνετε, ἄνετέ με,	Laissez, laissez-moi,
παράγοροι.	vous-qui-voulez-*me*-consoler.
Τάδε γὰρ κεκλήσεται	Car ces choses seront appelées
ἄλυτα,	insolubles,
οὐδὲ ἀποπαύσομαί ποτε	et je ne cesserai même jamais
ἐκ καμάτων,	*mes* lamentations,
ὧδε ἀνάριθμος	*étant* ainsi sans-nombre (sans bornes)
θρήνων.	dans *mes* larmes.
ΧΟΡΟΣ. Ἐπῳδός.	LE CHOEUR. *Epode*.
Ἀλλὰ οὖν αὐδῶ	Mais cependant je dis
εὐνοίᾳ γε,	avec bienveillance au moins,
ὡςεί τις μάτηρ	comme une mère
πιστά,	fidèle,
σὲ μὴ τίκτειν	toi ne pas (devoir) engendrer
ἄταν ἄταις.	le mal par des maux.

ΗΛΕΚΤΡΑ.

Καὶ τί μέτρον κακότητος ἔφυ; φέρε,
πῶς ἐπὶ τοῖς φθιμένοις ἀμελεῖν καλόν;
ἐν τίνι τοῦτ' ἔβλαστ' ἀνθρώπων;
μήτ' εἴην ἔντιμος τούτοις,
μήτ', εἴ τῳ πρόσκειμαι χρηστῷ [1],
ξυνναίοιμ' εὔκηλος, γονέων
ἐκτίμους ἴσχουσα πτέρυγας [2]
ὀξυτόνων γόων.
Εἰ γὰρ ὁ μὲν θανὼν
γᾶ τε καὶ οὐδὲν ὢν [3]
κείσεται τάλας,
οἱ δὲ μὴ πάλιν
δώσουσ' ἀντιφόνους δίκας,
ἔρροι τ' ἂν αἰδὼς, ἁπάντων τ'
εὐσέβεια θνατῶν.

ΧΟΡΟΣ.

Ἐγὼ μὲν, ὦ παῖ, καὶ τὸ σὸν σπεύδουσ' ἅμα,
καὶ τοὐμὸν αὐτῆς, ἦλθον· εἰ δὲ μὴ καλῶς
λέγω, σὺ νίκα. Σοὶ γὰρ ἑψόμεσθ' ἅμα.

ÉLECTRE. Et comment modérer mon désespoir? Parle, est-il beau d'oublier les morts? Chez quels hommes trouve-t-on cette indifférence? Puissé-je n'être pas estimée d'eux! Puissé-je aussi ne pas goûter en paix le bonheur, si jamais, infidèle à la mémoire d'un père, j'étouffe mes plaintes et mes sanglots! Oui, si celui qui est mort n'est plus hélas! que poussière et néant, si la juste vengeance ne frappe point ses meurtriers, périssent la vertu et la pitié parmi les mortels!

LE CHOEUR. Ma fille, c'est ton intérêt et le mien qui m'amène auprès de toi; si tu n'approuves pas mes conseils, parle, nous suivrons les tiens.

ΗΛΕΚΤΡΑ. Καὶ	ÉLECTRE. Et
τί μέτρον ἔφυ	quelle mesure était
κακότητος;	de la méchanceté?
Φέρε,	Eh bien (dites)
πῶς καλὸν	comment *est-il* beau
ἀμελεῖν	de négliger
ἐπὶ τοῖς φθιμένοις;	*ceux* qui-sont-morts?
ἐν τίνι ἀνθρώπων	dans lequel parmi les hommes
ἔβλαστε τοῦτο;	a germé cela (cette pensée)?
μήτε εἴην	Puissé-je n'être pas
ἔντιμος τούτοις,	honorée par ceux-là,
μήτε,	et *puissé-je* ne pas,
εἰ πρόςκειμαί	si je suis-placée-auprès
τῳ χρηστῷ,	de quelque bien,
ξυνναίοιμι εὔκηλος,	habiter-avec *lui* en-sûreté,
ἴσχουσα	*moi* qui aurais retenu
πτέρυγας	les ailes
γόων ὀξυτόνων	des lamentations aux-sons-aigus
ἐκτίμους γονέων.	qui honorent *les* parents!
Εἰ γὰρ	Car si
ὁ μὲν κείσεται	lui d'un côté est-étendu
ὢν θανὼν,	étant mort,
γᾶ τε καὶ οὐδὲν,	et terre et rien,
τάλας,	l'infortuné,
οἱ δὲ	*et si* eux de l'autre côté
μὴ δώσουσι	ne donnent (subissent) pas
πάλιν	en-retour
δίκας ἀντιφόνους,	des peines compensant-le-meurtre,
ἔῤῥοι ἂν αἰδώς τε	puisse-périr et la pudeur
εὐσέβειά τε	et la piété
ἁπάντων θνατῶν.	de tous les mortels!
ΧΟΡΟΣ. Ὦ παῖ,	LE CHOEUR. O enfant,
ἐγὼ μὲν ἦλθον	moi d'un côté je suis venue
σπεύδουσα ἅμα	ayant-soin à la fois
καὶ τὸ σὸν	et de ton *affaire*
καὶ τὸ ἐμὸν αὐτῆς·	et de la mienne de *moi*-même;
εἰ δὲ λέγω μὴ καλῶς,	mais si je ne parle point bien,
νίκα σύ.	sois-victorieuse, toi.
Σοὶ γὰρ	Car *c'est* toi
ἑψόμεσθα ἅμα.	*que* nous suivrons ensemble.

ΗΛΕΚΤΡΑ.

Αἰσχύνομαι μὲν, ὦ γυναῖκες, εἰ δοκῶ
πολλοῖσι θρήνοις δυσφορεῖν ὑμῖν ἄγαν·
ἀλλ' ἡ βία γὰρ ταῦτ' ἀναγκάζει με δρᾶν,
ξύγγνωτε. Πῶς γὰρ, ἥτις εὐγενὴς γυνὴ,
πατρῷ' ὁρῶσα πήματ', οὐ δρῴη τάδ' ἄν;
ἃ 'γὼ κατ' ἦμαρ καὶ κατ' εὐφρόνην ἀεὶ
θάλλοντα μᾶλλον ἢ καταφθίνονθ' ὁρῶ.
ᾟ πρῶτα μὲν τὰ μητρὸς[1], ἥ μ' ἐγείνατο,
ἔχθιστα συμβέβηκεν· εἶτα δώμασιν
ἐν τοῖς ἐμαυτῆς, τοῖς φονεῦσι τοῦ πατρὸς
ξύνειμι, κἀκ τῶνδ' ἄρχομαι, κἀκ τῶνδέ μοι
λαβεῖν θ' ὁμοίως καὶ τὸ τητᾶσθαι πέλει.
Ἔπειτα ποίας ἡμέρας δοκεῖς μ' ἄγειν,
ὅταν θρόνοις Αἴγισθον ἐνθακοῦντ' ἴδω
τοῖσιν πατρῴοις; εἰσίδω δ' ἐσθήματα
φοροῦντ' ἐκείνῳ ταὐτὰ[2], καὶ παρεστίους
σπένδοντα λοιβὰς, ἔνθ' ἐκεῖνον ὤλεσεν;

ÉLECTRE. Je rougis, chères compagnes, de m'abandonner à une douleur qui vous paraît immodérée; mais pardonnez, la nécessité m'y contraint. Et quelle femme bien née ne pleurerait comme moi, en songeant aux malheurs d'un père, et en voyant que chaque jour, chaque nuit, ils s'accroissent, au lieu de diminuer? D'abord celle qui m'a donné le jour, ma mère est devenue ma plus cruelle ennemie; ensuite, dans mon propre palais, j'habite avec les assassins de mon père, je suis sous leur dépendance; ce sont eux qui m'accordent ou qui me refusent le nécessaire. Quels tristes jours pensez-vous que je traîne, quand je vois Égisthe assis au trône de mon père, revêtu des mêmes ornements, répandre des libations près du foyer domestique, à la place où il l'a égorgé? lorsqu'enfin, pour comble d'outrages, je

ΗΛΕΚΤΡΑ. Ὦ γυναῖκες,
αἰσχύνομαι μὲν,
εἰ δοκῶ ὑμῖν ἄγαν δυςφορεῖν
πολλοῖσι
θρήνοις·
ἀλλὰ γὰρ ξύγγνωτε,
ἡ γὰρ βία ἐξαναγκάζει με
δρᾷν ταῦτα.
Πῶς γὰρ
ἥτις γυνὴ εὐγενὴς,
ὁρῶσα πήματα πατρῷα,
οὐ δρῴη ἂν τάδε;
ἃ ἐγὼ ὁρῶ ἀεὶ,
θάλλοντα
ἢ καταφθίνοντα
κατὰ ἦμαρ
καὶ κατὰ εὐφρόνην;
ᾗ συμβέβηκε
πρῶτα μὲν
τὰ ἔχθιστα μητρὸς
ἣ ἐγείνατό με·
εἶτα ξύνειμι
τοῖς φονεῦσι τοῦ πατρὸς
δώμασιν ἐν τοῖς ἐμαυτῆς,
καὶ ἄρχομαι ἐκ τῶνδε,
καὶ πέλει μοι ἐκ τούτων
ὁμοίως τε λαβεῖν
καὶ τὸ τητᾶσθαι.
Ἔπειτα ποίας ἡμέρας
δοκεῖς με ἄγειν,
ὅταν ἴδω Αἴγισθον
ἐνθακοῦντα
θρόνοισι τοῖς πατρῴοις
εἰςίδω δὲ
φοροῦντα
τὰ αὐτὰ ἐσθήματα
κείνῳ,
καὶ σπένδοντα
λοιβὰς παρεστίους
ἔνθα ὤλεσεν ἐκεῖνον;

ÉLECTRE. O femmes,
j'ai-honte en-vérité,
si je parais à vous être trop abattue
à cause de *mes* nombreuses
lamentations :
mais cependant soyez-indulgentes,
car la violence force moi
de faire ces choses.
Car comment
celle qui *est* une femme bien-née,
en voyant les malheurs paternels,
ne ferait-elle pas ces choses?
lesquels moi je vois toujours
plutôt florissant
que s'amoindrissant
et le jour
et la nuit?
moi à qui sont arrivés
en premier-lieu d'un côté
les *crimes* odieux de la mère
qui a engendré moi;
puis *qui* suis-avec
les meurtriers de *mon* père
dans les demeures de moi-même,
et *qui* suis-gouvernée par ceux-ci
et il est *destiné* à moi par ceux-ci,
à la fois *le* recevoir
et le être-privée.
Puis quelles journées
penses-tu moi passer,
quand je vois Égisthe
assis-dans
les siéges paternels?
quand je vois de l'autre côté
lui portant
les mêmes vêtements
que lui (que mon père),
et versant
les libations qu'on fait près-du-foyer
là où il tua lui?

ἴδω δὲ τούτων τὴν τελευταίαν ὕβριν,
τὸν αὐτοέντην ἡμὶν ἐν κοίτῃ πατρὸς
ξὺν τῇ ταλαίνῃ μητρί; μητέρ' εἰ χρεὼν
ταύτην προσαυδᾷν τῷδε συγκοιμωμένην;
Ἡ δ' ὧδε τλήμων [1], ὥστε τῷ μιάστορι
ξύνεστ', Ἐρινὺν οὔ τιν' ἐκφοβουμένη·
ἀλλ', ὥσπερ ἐγγελῶσα τοῖς ποιουμένοις,
εὑροῦσ' [2] ἐκείνην ἡμέραν, ἐν ᾗ τότε
πατέρα τὸν ἀμὸν ἐκ δόλου κατέκτανε,
ταύτῃ χοροὺς ἵστησι, καὶ μηλοσφαγεῖ
θεοῖσιν ἔμμην' ἱερὰ [3] τοῖς σωτηρίοις.
Ἐγὼ δ' ὁρῶσ' ἡ δύσμορος κατὰ στέγας
κλαίω, τέτηκα, κἀπικωκύω πατρὸς
τὴν δυστάλαιναν δαῖτ' ἐπωνομασμένην [4],
αὐτὴ πρὸς αὐτήν· οὐδὲ γὰρ κλαῦσαι πάρα
τοσόνδ' ὅσον μοι θυμὸς ἡδονὴν φέρει.
Αὕτη γὰρ ἡ λόγοισι γενναία γυνὴ
φωνοῦσα, τοιάδ' ἐξονειδίζει κακά·
« Ὦ δύσθεον μίσημα, σοὶ μόνῃ πατὴρ

vois l'assassin de mon père partager le lit de ma trop coupable mère, si je puis donner le nom de mère à celle qui repose dans les bras de ce misérable! Telle est son audace insensée, qu'elle habite avec un infâme criminel, sans redouter la vengeance céleste. Que dis-je? Elle semble s'applaudir de ce qu'elle a fait; et au retour du jour fatal où mon père périt victime de sa trahison, elle célèbre des danses, et chaque mois elle offre des sacrifices aux Dieux sauveurs. Et moi, à ce spectacle, malheureuse, je pleure, je me consume dans ma demeure solitaire, et je maudis en secret cet abominable festin, qu'on nomme festin d'Agamemnon. Car je n'ai pas même la douceur de pouvoir donner un libre cours à mes larmes. Bientôt cette femme courageuse en paroles, m'adresse des reproches amers : Objet de la haine des Dieux, dit-elle, es-tu la seule dont le père ait cessé de vivre? D'au-

ἴδω δὲ τὴν ὕβριν	*quand* je vois l'insolence
τελευταίαν τούτων,	extrême de ceux-ci,
τὸν αὐτοέντην	le meurtrier-même
ἐν κοίτῃ πατρὸς ἡμῖν	dans le lit du père à nous
ξὺν μητρὶ τῇ ταλαίνῃ,	avec *ma* mère malheureuse,
εἰ χρεὼν προσαυδᾶν μητέρα	s'il faut appeler mère
ταύτην	celle-là
συγκοιμωμένην τῷδε;	qui-partage-sa-couche-avec celui-ci ?
Ἡ δὲ ὧδε τλήμων	Mais elle *est* si audacieuse
ὥστε ξύνεστι τῷ μιάστορι,	qu'elle cohabite-avec *cet* homme-souillé,
οὐκ ἐκφοβουμένη	ne craignant pas
τινὰ Ἐρινύν·	une Furie;
ἀλλὰ ὥσπερ ἐγγελῶσα	mais comme se riant
τοῖς ποιουμένοις,	des choses qui-se-font,
εὑροῦσα ἐκείνην ἡμέραν	ayant trouvé ce jour
ἐν ᾗ κατέκτανε τότε	dans lequel elle tua alors
ἐκ δόλου	par la ruse
πατέρα τὸν ἀμόν,	le père mien,
ταύτῃ ἵστησι χοροὺς	dans-ce *jour* elle place des chœurs
καὶ μηλοσφαγεῖ,	et immole-des-brebis,
ἱερὰ ἔμμηνα	*comme* sacrifices mensuels
θεοῖσι τοῖς σωτηρίοις.	aux dieux sauveurs.
Ἐγὼ δὲ ἡ δύσμορος	Mais moi l'infortunée
ὁρῶσα	voyant *cela*
κατὰ στέγας	sous les toits (dans la maison),
κλαίω, τέτηκα,	je pleure, je me consume,
καὶ ἐπικωκύω	et je me lamente-sur
δαῖτα τὴν δυστάλαιναν	le festin très-malheureux
ἐπωνομασμένην πατρός,	appelé *celui* de *mon* père,
αὐτὴ πρὸς αὑτήν·	moi avec moi-même;
οὐδὲ γὰρ πάρα	car il n'est-pas-même-permis
κλαῦσαι τοσόνδε	de pleurer autant
ὅσον θυμὸς	que le désir
φέρει ἡδονήν μοι.	apporte du plaisir à moi.
Αὕτη γὰρ ἡ γυνὴ	Car cette femme
γενναία λόγοισιν	courageuse dans *ses* paroles
ἐξονειδίζει τοιάδε κακὰ	m'injurie par de pareilles injures
φωνοῦσα·	disant :
Ὦ μίσημα δύσθεον,	O objet-de-haine impie,
πατὴρ τέθνηκε	le père est-il mort

« τέθνηκεν; ἄλλος δ' οὔ τις ἐν πένθει βροτῶν;
« Κακῶς ὄλοιο, μηδέ σ' ἐκ γόων ποτὲ
« τῶν νῦν ἀπαλλάξειαν οἱ κάτω θεοί. »
Τάδ' ἐξυβρίζει. Πλὴν, ὅταν κλύῃ τινὸς
ἥξοντ' Ὀρέστην, τηνικαῦτα δ' ἐμμανὴς
βοᾷ παραστᾶσ'· « Οὐ σύ μοι τῶνδ' αἰτία;
« οὐ σὸν τόδ' ἐστὶ τοὔργον, ἥτις ἐκ χερῶν
« κλέψασ' Ὀρέστην τῶν ἐμῶν ὑπεξέθου;
« Ἀλλ' ἴσθι τοι τίσουσά γ' ἀξίαν δίκην. »
Τοιαῦθ' ὑλακτεῖ· ξὺν δ' ἐποτρύνει πέλας
ὁ κλεινὸς αὐτῇ [1] ταὐτὰ νυμφίος παρὼν,
ὁ πάντ' ἄναλκις οὗτος, ἡ πᾶσα βλάβη [2],
ὁ σὺν γυναιξὶ τὰς μάχας [3] ποιούμενος.
Ἐγὼ δ', Ὀρέστην τῶνδε προσμένουσ' ἀεὶ
παυστῆρ' ἐφήξειν, ἡ τάλαιν' ἀπόλλυμαι.

tres mortels n'ont-ils pas connu le deuil? Meurs de désespoir, et que les Dieux infernaux ne fassent jamais cesser tes gémissements! C'est ainsi qu'elle m'outrage. Mais au moindre bruit du retour d'Oreste, furieuse, elle accourt : N'est-ce pas toi, s'écrie-t-elle, qui me causes tous ces ennuis? N'est-ce pas ton ouvrage, toi qui, enlevant Oreste de mes mains, l'as fait transporter sur une terre étrangère? Mais sache que tu en recevras le juste châtiment. Tandis qu'elle exhale ainsi sa rage, son illustre époux, ce scélérat, ce monstre d'infamie, qui ne combat qu'avec le secours des femmes, se tient à ses côtés pour l'exciter encore. Et moi, j'attends sans cesse qu'Oreste vienne mettre un terme à mes douleurs, et je meurs en l'attendant. Ses continuelles

σοὶ μόνη,
οὔτις δὲ ἄλλος βροτῶν
ἐν πένθει;
Ὄλοιο κακῶς,
μηδέ ποτε θεοὶ
οἱ κάτω
ἀπαλλάξειάν σε
ἐκ γόων τῶν νῦν.
Τάδε
ἐξυβρίζει.
Πλὴν ὅταν
κλύῃ τινὸς
Ὀρέστην ἥξοντα·
τηνικαῦτα δὲ βοᾷ
ἐμμανὴς
παραστᾶσα·
σὺ οὐκ αἰτία
τῶνδέ μοι;
τόδε τὸ ἔργον οὐκ ἔστι σὸν,
ἥτις ὑπεξέθου
Ὀρέστην
κλέψασα ἐκ χερῶν τῶν ἐμῶν;
Ἀλλὰ ἴσθι τοι
τίσουσά
γε
δίκην ἀξίαν.
Τοιαῦτα
ὑλακτεῖ·
ξὺν δὲ νυμφίος ὁ κλεινὸς
παρὼν πέλας
ἐποτρύνει αὐτῇ ταῦτα,
οὗτος ὁ ἄναλκις πάντα,
ἡ πᾶσα βλάβη,
ὁ ποιούμενος τὰς μάχας
σὺν γυναιξίν.
Ἐγὼ δὲ ἀπόλλυμαι,
ἡ τάλαινα,
προςμένουσα ἀεὶ
Ὀρέστην ἐφήξειν
παυστῆρα τῶνδε.

à toi seule,
et aucun autre parmi les mortels
n'est-il n'est-il dans le deuil?
Puisses-tu périr misérablement,
et que jamais même les dieux
qui-sont-en-bas
n'affranchissent toi
des lamentations actuelles !
Ce sont ces choses
*qu'*elle dit-insolemment.
Excepté lorsque
elle entend de quelqu'un
Oreste devant venir (qu'il va venir);
mais alors elle crie
furieuse
s'étant placée-auprès *de moi :*
toi, n'*es-tu* pas cause
de ces choses à moi ?
ce fait n'est-il pas tien,
toi qui as-fait-transporter-secrètement
Oreste
*l'*ayant enlevé des mains miennes?
Mais sache vraiment
devant payer (que tu dois payer)
au moins
une peine équivalente.
Ce sont de telles *choses*
*qu'*elle aboie;
mais en même temps l'époux illustre
étant-présent *tout*-près
encourage elle *dans* ces choses,
lui ce lâche en toutes-choses,
lui *tout*-entier perversité,
qui-fait des batailles
à l'aide de femmes.
Mais moi je dépéris,
l'infortunée,
attendant toujours
Oreste devoir survenir,
qui-mette-fin à ces-choses.

Μέλλων γὰρ αἰεὶ δρᾷν τι, τὰς οὔσας τέ μου
καὶ τὰς ἀπούσας ἐλπίδας [1] διέφθορεν.
Ἐν οὖν τοιούτοις οὔτε σωφρονεῖν, φίλαι,
οὔτ' εὐσεϐεῖν πάρεστιν· ἀλλ' ἔν τοι κακοῖς [2]
πολλή 'στ' ἀνάγκη κἀπιτηδεύειν κακά.

ΧΟΡΟΣ.

Φέρ', εἰπὲ πότερον ὄντος Αἰγίσθου πέλας
λέγεις τάδ' ἡμῖν, ἢ βεϐῶτος ἐκ δόμων.

ΗΛΕΚΤΡΑ.

Ἦ κάρτα. Μὴ δόκει μ' ἂν, εἴπερ ἦν πέλας,
θυραῖον οἰχνεῖν· νῦν δ' ἀγροῖσι τυγχάνει.

ΧΟΡΟΣ.

Ἦ κἂν ἐγὼ θαρσοῦσα μᾶλλον ἐς λόγους
τοὺς σοὺς ἱκοίμην, εἴπερ ὧδε ταῦτ' ἔχει.

ΗΛΕΚΤΡΑ.

Ὡς νῦν ἀπόντος, ἱστόρει τί σοι φίλον.

ΧΟΡΟΣ.

Καὶ δή σ' ἐρωτῶ τοῦ κασιγνήτου τί φῂς,
ἥξοντος, ἢ μέλλοντος. Εἰδέναι θέλω.

lenteurs ruinent toutes mes espérances, et pour le présent et pour l'avenir. O mes amies, dans un tel état, puis-je me modérer et ne ne pas accuser les Dieux? Il n'en peut être autrement : l'excès du malheur nous force à faire le mal.

LE CHOEUR. Dis-moi, pendant que tu parles ainsi, Égisthe est-il dans le palais?

ÉLECTRE. Non : s'il était ici, n'en doute pas, je n'aurais pu franchir le seuil. Il n'est pas à Mycènes.

LE CHŒUR. S'il en est ainsi, je partagerai ton entretien avec plus de confiance.

ÉLECTRE. Il est absent, parle donc sans crainte.

LE CHŒUR. Eh bien! Que sais-tu de ton frère? Doit-il bientôt venir, ou différer encore son retour? Je brûle de l'apprendre.

Μέλλων γὰρ αἰεὶ
δρᾷν τι
διέφθορέ μου ἐλπίδας
τάς τε οὔσας
καὶ τὰς ἀπούσας.
Ἐν οὖν τοιούτοις,
φίλαι,
πάρεστιν οὔτε σωφρονεῖν
οὔτε εὐσεβεῖν·
ἀλλὰ πολλή γε
ἀνάγκη
ἐν τοῖς κακοῖς
καὶ ἐπιτηδεύειν
κακά.
ΧΟΡΟΣ. Φέρε,
εἰπὲ πότερον λέγεις
τάδε ἡμῖν,
Αἰγίσθου ὄντος πέλας
ἢ βεβῶτος ἐκ δόμων.
ΗΛΕΚΤΡΑ.
Ἦ κάρτα.
Μὴ δόκει με
οἰχνεῖν ἂν θυραῖον,
εἴπερ ἦν πέλας·
νῦν δὲ
τυγχάνει ἀγροῖσιν
ΧΟΡΟΣ. Ἦ
καὶ ἐγὼ ἱκοίμην ἂν
θαρσοῦσα μᾶλλον
ἐς λόγους τοὺς σούς,
εἴπερ ταῦτα ἔχει ὧδε.
ΗΛΕΚΤΡΑ. Ἱστόρει
τί φίλον σοι,
ὡς
ἀπόντος νῦν.
ΧΟΡΟΣ. Καὶ δὴ
ἐρωτῶ σε,
τί φῄς τοῦ κασιγνήτου
ἥξοντος ἢ μέλλοντος;
θέλω εἰδέναι.

Car tardant toujours
à faire quelque chose,
il a détruit à moi les espérances
et présentes
et absentes.
Dans de pareilles *circonstances* donc,
mes amies,
il n'est permis ni d'être-modérée
ni d'être-pieuse ;
mais grande certes
est la nécessité
au milieu des maux
de pratiquer aussi
de mauvaises choses.
LE CHOEUR. Eh bien,
dis, si tu dis
ces choses à nous,
Égisthe étant près
ou se trouvant hors du palais.
ÉLECTRE.
Il est dehors bien certainement.
Ne pense pas moi
me promener hors-de-la porte,
s'il était près;
mais maintenant
il est-par-hasard dans les cha.
LE CHOEUR. Certes
moi aussi je viendrais
ayant-courage davantage
vers les conversations tiennes,
si ces choses se tiennent ainsi.
ÉLECTRE. Demande
ce qui *est* cher (semble bon) à toi,
comme *lui*
étant absent à présent.
LE CHOEUR. Et certes
je demande à toi,
ce que tu dis à l'égard de *ton* frère
devant venir ou hésitant?
je veux *le* savoir.

ΗΛΕΚΤΡΑ.

Φησίν γε· φάσκων δ', οὐδὲν ὧν λέγει ποιεῖ

ΧΟΡΟΣ.

Φιλεῖ γὰρ ὀκνεῖν πρᾶγμ' ἀνὴρ πράσσων μέγα.

ΗΛΕΚΤΡΑ.

Καὶ μὴν ἔγωγ' ἔσωσ' ἐκεῖνον οὐκ ὄκνῳ.

ΧΟΡΟΣ.

Θάρσει· πέφυκεν ἐσθλὸς, ὥστ' ἀρκεῖν φίλοις.

ΗΛΕΚΤΡΑ.

Πέποιθ', ἐπεί τ' ἂν οὐ μακρὰν ἔζων ἐγώ.

ΧΟΡΟΣ.

Μὴ νῦν ἔτ' εἴπῃς μηδέν· ὡς δόμων ὁρῶ
τὴν σὴν ὅμαιμον, ἐκ πατρὸς ταὐτοῦ φύσιν,
Χρυσόθεμιν, ἔκ τε μητρὸς, ἐντάφια[1] χεροῖν
φέρουσαν, οἷα τοῖς κάτω νομίζεται.

ΧΡΥΣΟΘΕΜΙΣ.

Τίν' αὖ σὺ τήνδε πρὸς θυρῶνος ἐξόδοις
ἐλθοῦσα φωνεῖς, ὦ κασιγνήτη, φάτιν;
κοὐδ' ἐν χρόνῳ μακρῷ διδαχθῆναι θέλεις
θυμῷ ματαίῳ μὴ χαρίζεσθαι κενά;
Καίτοι τοσοῦτόν γ' οἶδα κἀμαυτὴν, ὅτι

ÉLECTRE. Il parle de retour, mais l'effet ne répond pas à ses paroles.

LE CHOEUR. Quand on prépare un grand projet, on délibère avant d'agir.

ÉLECTRE. Mais moi, je n'ai pas délibéré pour le sauver.

LE CHOEUR. Rassure-toi. Il est généreux, il secourra ses amis.

ÉLECTRE. Je le crois; autrement je ne supporterais pas longtemps la vie.

LE CHOEUR. Garde le silence : j'aperçois ta sœur Chrysothémis, comme toi fille de Clytemnestre et d'Agamemnon. Elle sort du palais et porte dans ses mains des offrandes semblables à celles que l'on destine aux morts.

CHRYSOTHÉMIS. Pourquoi, ma sœur, viens-tu faire retentir encore ce portique de tes cris? Le temps n'a-t-il pu t'apprendre à ne pas t'abandonner à un ressentiment inutile? Et moi aussi, je sens toute l'hor-

ΗΛΕΚΤΡΑ.	ÉLECTRE.
Φησίν γε·	Il *le* dit au moins;
φάσκων δὲ,	mais en *le* disant,
ποιεῖ οὐδὲν	il ne fait aucune
ὧν λέγει.	*des choses* qu'il dit.
ΧΟΡΟΣ. Ἀνὴρ γὰρ	LE CHOEUR. C'est qu'un homme
πράσσων πρᾶγμα μέγα	exécutant une action grande
φιλεῖ ὀκνεῖν.	a coutume d'hésiter.
ΗΛΕΚΤΡΑ. Καὶ μὴν	ÉLECTRE. Et cependant
ἔγωγε οὐκ ἔσωσα ἐκεῖνον	moi certes je n'ai pas sauvé lui
ὄκνῳ.	avec hésitation.
ΧΟΡΟΣ. Θάρσει·	LE CHOEUR. Aie-courage :
πέφυκεν ἐσθλὸς,	il est-naturellement bon,
ὥςτε ἀρκεῖν φίλοις.	de façon à secourir *ses* amis.
ΗΛΕΚΤΡΑ. Πέποιθα,	ÉLECTRE. J'*en* suis persuadée,
ἐπεί τε ἐγὼ οὐκ ἔζων ἂν	puisque moi je ne vivrais pas
μακράν.	longtemps *sans cette conviction.*
ΧΟΡΟΣ. Μὴ εἴπῃς ἔτι μηδὲν	LE CHOEUR. Ne dis plus rien
νῦν·	maintenant;
ὡς ὁρῶ Χρυσόθεμιν	car je vois Chrysothémis
ὅμαιμον τὴν σὴν	la sœur tienne
ἐκ τοῦ αὐτοῦ πατρὸς	*sortie* du même père
φύσιν	quant à la naissance
ἔκ τε μητρὸς,	et *de la même* mère,
φέρουσαν χεροῖν	portant dans *ses* mains
ἐντάφια,	des offrandes-funéraires,
οἷα νομίζεται	telles qu'elles *sont* en-usage
τοῖς κάτω.	pour ceux *qui* sont-en bas.
ΧΡΥΣΟΘΕΜΙΣ.	CHRYSOTHÉMIS.
Ὦ κασιγνήτη,	O sœur,
τίνα τήνδε φάτιν	quel *est* ce discours
σὺ φωνεῖς αὖ	*que* toi tu prononces-encore
ἐλθοῦσα	étant venue
πρὸς ἐξόδοις θυρῶνος;	aux issues du vestibule?
καὶ οὐδὲ θέλεις διδαχθῆναι	et tu ne veux pas même apprendre
ἐν χρόνῳ μακρῷ	après un temps long,
μὴ χαρίζεσθαι κενὰ	à ne pas te laisser-aller vainement
θυμῷ ματαίῳ·	à une colère inutile;
καί τοι οἶδα τοσοῦτόν γε	cependant je sais autant au moins
καὶ ἐμαυτὴν	et moi-même

ἀλγῶ 'πὶ τοῖς παροῦσιν, ὥστ' ἄν, εἰ σθένος
λάβοιμι, δηλώσαιμ' ἂν οἷ' αὐτοῖς[1] φρονῶ.
Νῦν δ' ἐν κακοῖς μοι πλεῖν ὑφειμένῃ δοκεῖ,
καὶ μὴ δοκεῖν μὲν δρᾷν τι, πημαίνειν δὲ μή.
Τοιαῦτα δ' ἄλλα καὶ σὲ βούλομαι ποιεῖν.
Καίτοι τὸ μὲν δίκαιον, οὐχ ᾗ 'γὼ λέγω,
ἀλλ' ᾗ σὺ κρίνεις· εἰ δ' ἐλευθέραν με δεῖ[2]
ζῆν, τῶν κρατούντων ἐστὶ πάντ' ἀκουστέα.

ΗΛΕΚΤΡΑ.

Δεινόν γέ σ' οὖσαν πατρὸς, οὗ σὺ παῖς ἔφυς[3],
κείνου λελῆσθαι, τῆς δὲ τικτούσης μέλειν.
Ἅπαντα γάρ σοι τἀμὰ νουθετήματα[4]
κείνης διδακτὰ, κοὐδὲν ἐκ σαυτῆς λέγεις.
Ἔπειθ' ἑλοῦ γε θάτερ', ἢ φρονεῖν κακῶς,
ἢ τῶν φίλων φρονοῦσα μὴ μνήμην ἔχειν·
ἥτις λέγεις μὲν ἀρτίως, ὡς εἰ λάβοις

reur de notre situation présente, et si j'avais assez de force, je leur ferais voir mes sentiments. Mais, dans la tempête, j'aime mieux plier les voiles, et ne pas poursuivre un ennemi que je ne puis atteindre. Voilà l'exemple que je voudrais te voir suivre. Toutefois tu as le droit de rejeter mes conseils, et d'agir à ton gré. Mais, si je veux conserver ma liberté, je dois obéir à ceux qui ont la puissance.

ÉLECTRE. Quelle indignité de voir la fille d'Agamemnon oublier son père, pour songer à une mère coupable! Car enfin, ces conseils que tu me donnes, c'est elle qui te les a dictés; ce n'est pas toi qui parles en ce moment. Conviens donc, ou que tu as perdu le sens, ou que, si tu as encore ta raison, tu as oublié tes amis. Tu me disais tout à l'heure,

ὅτι ἀλγῶ	que je souffre
ἐπὶ τοῖς παροῦσιν ·	des choses présentes ;
ὥςτε ἂν δηλώσοιμι ὃν	au point que je montrerais
οἷα φρονῶ αὐτοῖς,	quelles choses je sens envers eux,
εἰ λάβοιμι σθένος.	si j'*en* avais reçu la force.
Νῦν δὲ ἐν κακοῖς	Mais maintenant dans les malheurs
δοκεῖ μοι πλεῖν	il semble-bon à moi de naviguer
ὑφειμένῃ,	ayant cargué-les-voiles,
καὶ μὴ δοκεῖν μὲν	et ne pas croire d'un côté
δρᾶν τι,	faire quelque chose,
μὴ πημαίνειν δέ.	de l'autre ne pas causer-du-mal.
Ἀλλὰ βούλομαι δὲ	Eh bien je veux vraiment
καὶ σὲ	toi aussi
ποιεῖν τοιαῦτα.	faire de pareilles choses.
Καίτοι τὸ μὲν δίκαιον,	Cependant cela *est* juste,
οὐχ ᾗ ἐγὼ λέγω,	non pas comme moi je dis,
ἀλλὰ ᾗ σὺ κρίνεις ·	mais comme toi tu penses ;
εἰ δὲ δεῖ με ζῆν	mais s'il faut moi vivre
ἐλεύθερον,	libre,
ἀκουστέα ἐστὶ πάντα	il faut-écouter en toutes choses
τῶν κρατούντων.	*ceux* qui gouvernent.
ΗΛΕΚΤΡΑ. Δεινόν γε	ÉLECTRE. *C'est* affreux en vérité
σὲ οὖσαν πατρὸς,	toi étant *sortie* du père,
οὗ σὺ ἔφυς παῖς,	dont tu es-née enfant,
λελῆσθαι κείνου,	avoir oublié lui,
μέλειν δὲ	et prendre-soin
τῆς τικτούσης.	de celle-qui-enfante.
Ἅπαντα γὰρ νουθετήματά σοι	Car toutes les exhortations à toi
τὰ ἐμὰ	miennes (que tu me fais)
διδακτὰ κείνης,	*te sont* sont apprises par elle,
καὶ λέγεις οὐδὲν ἐκ σαυτῆς.	et tu ne dis rien de toi-même.
Ἔπειτα ἑλοῦ γε θάτερα,	Puis choisis en-vérité entre-les-deux
ἢ φρονεῖν	ou d'être-sensée
κακῶς,	malheureusement (en t'exposant),
ἢ φρονοῦσα	ou étant-sensée
μὴ ἔχειν μνήμην	de n'avoir pas souvenir
τῶν φίλων ·	de *tes* amis ;
ἥτις λέγεις μὲν	*toi* qui dis d'un côté
ἀρτίως,	tout-à-l'heure,
ὡς, εἰ λάβοις σθένος,	que, si tu *en* avais reçu la force,

σθένος, τὸ τούτων μῖσος ἐκδείξειας ἄν·
ἐμοῦ δὲ πατρὶ πάντα τιμωρουμένης,
οὔτε ξυνέρδεις, τήν τε δρῶσαν [1] ἐκτρέπεις.
Οὐ ταῦτα πρὸς κακοῖσι δειλίαν ἔχει;
Ἐπεὶ δίδαξον, ἢ μάθ' ἐξ ἐμοῦ, τί μοι
κέρδος γένοιτ' ἂν τῶνδε ληξάσῃ γόων.
Οὐ ζῶ; κακῶς μὲν, οἶδ', ἐπαρκούντως δέ μοι.
Λυπῶ δὲ τούτους, ὥστε τῷ τεθνηκότι
τιμὰς προσάπτειν, εἴ τις ἔστ' ἐκεῖ χάρις.
Σὺ δ' ἡμὶν ἡ μισοῦσα μισεῖς μὲν λόγῳ,
ἔργῳ δὲ τοῖς φονεῦσι τοῦ πατρὸς ξύνει.
Ἐγὼ μὲν οὖν οὐκ ἄν ποτ', οὐδ' εἴ μοι τὰ σὰ
μέλλοι τις οἴσειν δῶρ' [2] ἐφ' οἷσι νῦν χλιδᾷς,
τούτοις ὑπεικάθοιμι· σοὶ δὲ πλουσία
τράπεζα κείσθω, καὶ περιῤῥείτω βίος.
Ἐμοὶ γὰρ ἔστω τοὐμὲ μὴ λυπεῖν μόνον

que si tu avais assez de force, tu ferais éclater ta haine contre eux. Et lorsque je venge mon père, autant que je le puis, au lieu de seconder ma vengeance, tu m'en détournes! N'est-ce pas ajouter la lâcheté à la mauvaise conduite? Dis-moi, ou plutôt écoute ce que je gagnerais à cesser mes gémissements. Ne suis-je pas vivante? Ma vie est malheureuse, je le sais, mais c'est assez pour moi. Du moins je les importune et j'honore les mânes d'un père, si quelque chose peut encore toucher les mânes. Tu nous parles de ta haine; mais elle n'est que sur tes lèvres, et tu consens à vivre avec les assassins de ton père. Pour moi, quand on viendrait m'apporter ici tous ces présents qui flattent ta vanité, jamais je ne me soumettrais à nos ennemis. Garde les festins somptueux, et l'abondance qui t'environne. Moi, je ne veux vivre que du plaisir de ne pas me contraindre. Je n'envie point tes

ἐκδείξειας ἂν	tu montrerais
μῖσος τὸ τούτων·	*ta* haine *contre* ceux-ci ;
ἐμοῦ δὲ τιμωρουμένης	moi de l'autre côté vengeant
πατρὶ πάντα,	*mon* père en toutes choses,
οὔτε ξυνέρδεις,	tu ne *m'*aides point,
ἐκτρέπεις τε τὴν δρῶσαν.	et tu détournes celle qui-agit.
Ταῦτα οὐκ ἔχει	Ces choses n'ont-elles pas
δειλίαν	de la lâcheté
πρὸς κακοῖσιν ;	outre les crimes ?
Ἐπεὶ δίδαξον	Car enseigne-*moi*
ἢ μάθε ἐξ ἐμοῦ,	ou apprends de moi,
τί κέρδος γένοιτο ἂν	quel profit serait
μοὶ ληξάσῃ	à moi ayant cessé
τῶνδε γόων ;	ces lamentations ?
Οὐ ζῶ ;	Est-ce que je ne vis pas ?
κακῶς μέν, οἶδα,	mal, il est vrai, je le sais,
ἐπαρκούντως δέ μοι.	mais suffisamment-bien pour moi.
Λυπῶ δὲ τούτους,	Et je tourmente ceux-là,
ὥστε προσάπτειν τιμὰς	de manière à attacher des honneurs
τῷ τεθνηκότι,	au mort,
εἴ τις χάρις ἐστὶν ἐκεῖ.	si quelque gratitude est là-*bas*.
Σὺ δὲ ἡ μισοῦσα	Mais-toi qui es (parais) haïssant
ἡμῖν,	à nous,
μισεῖς λόγῳ μέν,	tu hais en parole en-vérité,
ἔργῳ δὲ ξύνει	mais en fait tu es-avec
τοῖς φονεῦσι	les meurtriers
τοῦ πατρός.	de *ton* père.
Ἐγὼ μὲν οὖν	Moi donc d'un côté
οὐχ ὑπεικάθοιμ' ἄν ποτε	je ne voudrais céder jamais
τούτοις,	à ceux-ci,
οὐδὲ εἴ τις μέλλοι οἴσειν μοι	pas même si quelqu'un devait porter [à moi
δῶρα τὰ σά,	les avantages tiens,
ἐπὶ οἷσι χλιδᾷς νῦν·	dont tu t'enorgueillis maintenant ;
τράπεζα δὲ πλουσία	mais *qu'*une table riche
κείσθω σοι,	s'étende pour toi,
καὶ βίος	et *que* la nourriture
περιῤῥείτω.	coule-en-abondance.
Τὸ γὰρ μὴ λυπεῖν ἐμὲ	*Qu'*en effet le ne pas affliger moi
ἔστω ἐμοὶ	soit à moi
μόνον βόσκημα·	la seule nourriture

βόσκημα· τῆς σῆς δ' οὐκ ἐρῶ τιμῆς λαχεῖν·
οὐδ' ἂν σὺ, σώφρων γ' οὖσα. Νῦν δ' ἐξὸν πατρὸς
πάντων ἀρίστου παῖδα κεκλῆσθαι, καλοῦ
τῆς μητρός. Οὕτω γὰρ φανεῖ πλείστοις κακὴ,
θανόντα πατέρα καὶ φίλους προδοῦσα σούς.

ΧΟΡΟΣ.

Μηδὲν πρὸς ὀργὴν, πρὸς θεῶν· ὡς τοῖς λόγοις
ἔνεστιν ἀμφοῖν κέρδος, εἰ σὺ μὲν μάθοις
τοῖς τῆσδε χρῆσθαι, τοῖς δὲ σοῖς αὕτη πάλιν.

ΧΡΥΣΟΘΕΜΙΣ.

Ἐγὼ μὲν, ὦ γυναῖκες, ἠθάς εἰμί πως
τῶν τῆσδε μύθων· οὐδ' ἂν ἐμνήσθην ποτὲ,
εἰ μὴ κακὸν μέγιστον εἰς αὐτὴν ἰὸν
ἤκουσ', ὃ ταύτην τῶν μακρῶν σχήσει γόων.

ΗΛΕΚΤΡΑ.

Φέρ', εἰπὲ δὴ τὸ δεινόν. Εἰ γὰρ τῶνδέ [1] μοι
μεῖζόν τι λέξεις, οὐκ ἂν ἀντείποιμ' ἔτι.

honneurs; tu n'en voudrais pas toi-même, si tu étais plus sensée. Quand tu peux être appelée du glorieux nom de ton père, prends celui de ta mère. Tu paraîtras ainsi aux yeux des hommes doublement criminelle, en trahissant à la fois ton père et tes amis.

LE CHOEUR. Au nom des Dieux, point d'emportements. Vos conseils pourraient vous profiter à l'une et à l'autre, Électre, si tu écoutais ta sœur, et si elle t'écoutait à son tour.

CHRYSOTHÉMIS. Filles de Mycènes, je suis accoutumée à son langage, et j'aurais même gardé le silence, si je n'avais appris le malheur affreux qui la menace, et qui mettra un terme à ses longs gémissements.

ÉLECTRE. Eh bien! Parle : quel est cet affreux malheur? Si tu peux m'annoncer des maux plus grands que ceux que j'éprouve, je n'aurai plus rien à répondre.

οὐκ ἐρῶ δὲ	mais je ne désire pas
λαχεῖν	avoir-en-partage
τιμῆς τῆς σῆς	l'honneur tien ;
οὐδὲ ἂν σὺ,	ni même toi *tu ne le désirerais pas*,
οὖσα σώφρων γε.	étant raisonnable du moins.
Νῦν δὲ	Mais maintenant
ἐξὸν	lorsqu'il-*t*'est-possible
κεκλῆσθαι παῖδα	d'être appelée enfant
πατρὸς ἀρίστου πάντων,	du père le meilleur de tous,
καλοῦ τῆς μητρός.	sois appelée *celle* de ta mère.
Οὕτω γὰρ φανεῖ	Car ainsi tu paraîtras
κακὴ πλείστοις,	mauvaise à la plupart,
προδοῦσα	ayant trahi
πατέρα θανόντα	*ton* père mort
καὶ σοὺς φίλους.	et tes amis.
ΧΟΡΟΣ. Μηδὲν	LE CHOEUR. *Que* rien
πρὸς ὀργὴν,	*ne soit dit* avec colère,
πρὸς θεῶν·	au nom des dieux !
ὡς κέρδος ἔνεστι	car profit se trouve-dans
τοῖς λόγοις ἀμφοῖν,	les paroles des deux,
εἰ σὺ μὲν μάθοις	si toi d'un côté tu apprenais
χρῆσθαι τοῖς τῆσδε,	à te servir des paroles de celle-ci,
αὕτη δὲ πάλιν τοῖς σοῖς.	et celle-ci à son tour des tiennes.
ΧΡΥΣΟΘΕΜΙΣ.	CHRYSOTHÉMIS.
Ὦ γυναῖκες,	O femmes,
ἐγὼ μέν	moi en vérité
εἰμι ἠθάς πως	je suis habituée à peu près
τῶν μύθων τῆσδε·	aux paroles de celle-ci ;
οὐδὲ ἐμνήσθην ἂν	et je ne m'en serais même souvenue
ποτε,	jamais,
εἰ μὴ ἤκουσα	si je n'avais pas entendu
μέγιστον κακὸν	le plus grand mal
ἰὸν εἰς αὐτὴν,	se dirigeant vers elle,
ὃ σχήσει ταύτην	lequel arrêtera celle-ci
γόων τῶν μακρῶν.	dans ses lamentations longues.
ΗΛΕΚΤΡΑ. Φέρε,	ÉLECTRE. Eh bien,
εἰπὲ δὴ τὸ δεινόν.	dis donc la terrible chose.
Εἰ γὰρ λέξεις μοί τι	Car si tu dis à moi quelque chose
μεῖζον τῶνδε,	plus grande que celles-ci,
οὐκ ἀντείποιμι ἂν ἔτι.	je ne contredirai plus.

ΧΡΥΣΟΘΕΜΙΣ.

Ἀλλ' ἐξερῶ σοι πᾶν, ὅσον κάτοιδ' ἐγώ.
Μέλλουσι γάρ σ', εἰ τῶνδε μὴ λήξεις γόων,
ἐνταῦθα πέμψειν, ἔνθα μή ποθ' ἡλίου
φέγγος προσόψει, ζῶσα δ' ἐν κατηρεφεῖ
στέγῃ, χθονὸς τῆσδ' ἐκτὸς, ὑμνήσεις κακά.
Πρὸς ταῦτα φράζου, καί με μή ποθ' ὕστερον
παθοῦσα μέμψῃ. Νῦν γὰρ ἐν καλῷ [1] φρονεῖν.

ΗΛΕΚΤΡΑ.

Ἦ ταῦτα δή με καὶ βεβούλευνται ποιεῖν;

ΧΡΥΣΟΘΕΜΙΣ.

Μάλισθ', ὅταν περ οἴκαδ' Αἴγισθος μόλῃ.

ΗΛΕΚΤΡΑ.

Ἀλλ' ἐξίκοιτο τοῦδέ γ' οὕνεκ' ἐν τάχει.

ΧΡΥΣΟΘΕΜΙΣ.

Τίν', ὦ τάλαινα, τόνδ' ἐπηράσω λόγον;

ΗΛΕΚΤΡΑ.

Ἐλθεῖν ἐκεῖνον, εἴ τι τῶνδε δρᾶν νοεῖ.

ΧΡΥΣΟΘΕΜΙΣ.

Ὅπως πάθῃς τί χρῆμα; ποῦ ποτ' εἶ φρενῶν;

CHRYSOTHÉMIS. Je te dirai tout ce que je sais. Ils doivent, si tu ne cesses pas tes plaintes, t'envoyer dans des lieux où tu ne verras plus la clarté du jour; ensevelie vivante dans une caverne sombre, loin de cette ville, tu pourras à loisir y déplorer ta misère. Songes-y, et ne m'accuse pas ensuite de ton malheur. Tu peux encore prendre un sage parti.

ÉLECTRE. Est-ce là leur projet contre moi?

CHRYSOTHÉMIS. Oui, et ils l'exécuteront au retour d'Égisthe.

ÉLECTRE. Ah! qu'il revienne donc au plus tôt!

CHRYSOTHÉMIS. Infortunée, quel vœu formes-tu contre toi-même?

ÉLECTRE. Qu'il revienne, si tel est son dessein.

CHRYSOTHÉMIS. Quoi! Pour te faire souffrir! Quel est ton égarement!

ΧΡΥΣΟΘΕΜΙΣ. Ἀλλὰ	CHRYSOTHÉMIS. Mais
ἐξερῶ πᾶν σοι,	je dirai-franchement tout à toi,
ὅσον ἐγὼ κάτοιδα.	autant que moi j'*en* sais.
Εἰ γὰρ	C'est que si
μὴ λήξεις	tu ne veux pas arrêter
τῶνδε γόων,	ces lamentations,
μέλλουσι πέμψειν σε	ils veulent envoyer toi
ἐνταῦθα, ἔνθα προσόψει μήποτε	là où tu ne contempleras jamais
φέγγος ἡλίου,	la lumière du soleil,
ὑμνήσεις δὲ κακὰ	mais tu chanteras *ces* malheurs
ζῶσα ἐν στέγῃ κατηρεφεῖ	vivant dans une demeure couverte,
ἐκτὸς τῆσδε χθονός.	hors de ce pays.
Πρὸς ταῦτα φράζου,	A cause de ces choses réfléchis,
καὶ μὴ μέμψῃ με ποτὲ	et ne blâme moi jamais
ὕστερον,	plus tard,
παθοῦσα.	souffrant (si tu souffres).
Νῦν γὰρ ἐν καλῷ	Car maintenant il-est-opportun
φρονεῖν.	d'être-raisonnable.
ΗΛΕΚΤΡΑ. Ἦ δὴ	ÉLECTRE. Est-ce que donc
καὶ βεβούλευνται	ils ont résolu aussi
ποιεῖν με ταῦτα;	de faire à moi ces choses?
ΧΡΥΣΟΘΕΜΙΣ.	CHRYSOTHÉMIS.
Μάλιστα,	Très-certainement,
ὅτανπερ Αἴγισθος	aussitôt qu'Égisthe
μόλῃ οἴκαδε.	sera revenu à la maison.
ΗΛΕΚΤΡΑ. Ἀλλὰ	ÉLECTRE. Mais
ἐξίκοιτο ἐν τάχει	puisse-t-il arriver avec rapidité
τοῦδέ γε οὕνεκα.	pour ceci au moins!
ΧΡΥΣΟΘΕΜΙΣ.	CHRYSOTHÉMIS.
Ὦ τάλαινα,	O malheureuse,
τίνα τόνδε λόγον	quelle *est* cette parole,
ἐπηράσω;	*que* tu dis-en-maudissant?
ΗΛΕΚΤΡΑ.	ÉLECTRE.
Ἐκεῖνον ἐλθεῖν,	Lui pouvoir venir,
εἰ νοεῖ δρᾶν τι	s'il pense à faire quelqu'une
τῶνδε.	de ces choses.
ΧΡΥΣΟΘΕΜΙΣ. Ὅπως	CHRYSOTHÉMIS. Afin que
πάθῃς τί χρῆμα;	tu souffres quelle chose?
ποῦ ποτε εἶ	où donc *en* es-tu
φρενῶν;	dans *ton* esprit?

ΗΛΕΚΤΡΑ.
Ὅπως ἀφ' ὑμῶν ὡς προσωτάτ' ἐκφύγω.
ΧΡΥΣΟΘΕΜΙΣ.
Βίου δὲ τοῦ παρόντος οὐ μνείαν ἔχεις;
ΗΛΕΚΤΡΑ.
Καλὸς γὰρ οὑμὸς βίοτος, ὥστε θαυμάσαι.
ΧΡΥΣΟΘΕΜΙΣ.
Ἀλλ' ἦν ἄν, εἰ σύ γ' εὖ φρονεῖν ἠπίστασο.
ΗΛΕΚΤΡΑ.
Μή μ' ἐκδίδασκε τοῖς φίλοις εἶναι κακήν.
ΧΡΥΣΟΘΕΜΙΣ.
Ἀλλ' οὐ διδάσκω, τοῖς κρατοῦσι δ' εἰκάθειν.
ΗΛΕΚΤΡΑ.
Σὺ ταῦτα θώπευ'· οὐκ ἐμοὺς τρόπους λέγεις.
ΧΡΥΣΟΘΕΜΙΣ.
Καλόν γε μέντοι μὴ 'ξ ἀβουλίας πεσεῖν.
ΗΛΕΚΤΡΑ.
Πεσούμεθ', εἰ χρή, πατρὶ τιμωρούμενοι [1].
ΧΡΥΣΟΘΕΜΙΣ.
Πατὴρ δὲ τούτων, οἶδα, συγγνώμην ἔχει.
ΗΛΕΚΤΡΑ.
Ταῦτ' ἐστὶ τἄπη πρὸς κακῶν [2] ἐπαινέσαι.
ΧΡΥΣΟΘΕΜΙΣ.
Σὺ δ' οὐχὶ πείσει καὶ ξυναινέσεις ἐμοί;

ÉLECTRE. Pour fuir aussi loin de vous que je le puis.

CHRYSOTHÉMIS As-tu donc oublié le soin de ta vie?

ÉLECTRE. En effet, ma vie est douce et digne d'envie!

CHRYSOTHÉMIS. Elle serait douce, si tu savais écouter la raison.

ÉLECTRE. Ne m'apprends pas à trahir mes amis.

CHRYSOTHÉMIS Non, mais à céder à la puissance.

ÉLECTRE. Garde pour toi ces maximes : ce n'est pas là mon caractère.

CHRYSOTHÉMIS. Cependant, il est beau de savoir éviter une mort imprudente.

ÉLECTRE. Nous mourrons, s'il le faut, mais en vengeant un père.

CHRYSOTHÉMIS. Notre père lui-même, j'en suis certaine, nous pardonnne notre soumission.

ÉLECTRE. Des lâches peuvent seuls approuver ce langage.

CHRYSOTHÉMIS. Tu ne veux donc pas m'écouter, ni céder à mes conseils?

ΗΛΕΚΤΡΑ.	ÉLECTRE.
Ὅπως ἐκφύγω	Afin que je m'enfuie
ὡς προσωτάτω ἀπὸ ὑμῶν.	le plus loin de vous.
ΧΡΥΣΟΘΕΜΙΣ.	CHRYSOTHÉMIS.
Ἔχεις δὲ οὐ μνείαν	Mais tu n'as pas souvenir
βίου τοῦ παρόντος;	de l'existence présente?
ΗΛΕΚΤΡΑ.	ÉLECTRE.
Βίοτος γὰρ ὁ ἐμὸς	En effet l'existence mienne
καλὸς,	*est* belle,
ὥστε θαυμάσαι.	au point de s'en étonner (qu'on s'en [étonne).
ΧΡΥΣΟΘΕΜΙΣ.	CHRYSOTHÉMIS.
Ἀλλὰ ἦν ἄν,	Mais elle le serait,
εἴ σύ γε ἠπίστασο	si toi même tu savais
φρονεῖν εὖ.	penser bien.
ΗΛΕΚΤΡΑ. Μὴ ἐκδίδασκέ με	ÉLECTRE. N'enseigne pas moi
εἶναι κακὴν	à être mauvaise
τοῖς φίλοις.	à l'égard de *mes* amis.
ΧΡΥΣΟΘΕΜΙΣ.	CHRYSOTHÉMIS.
Ἀλλὰ οὐ διδάσκω,	Mais je n'enseigne pas *cela*,
εἰκάθειν δὲ	mais *j'enseigne à* céder
τοῖς κρατοῦσιν.	aux puissants.
ΗΛΕΚΤΡΑ.	ÉLECTRE.
Σὺ θώπευε ταῦτα·	Toi flatte par ces choses;
οὐ λέγεις	tu ne nommes pas
τρόπους τοὺς ἐμούς.	les manières miennes.
ΧΡΥΣΟΘΕΜΙΣ.	CHRYSOTHÉMIS.
Καλόν γε μέντοι	Il *est* beau assurément cependant
μὴ πεσεῖν ἐξ ἀβουλίας.	de ne pas tomber par imprudence.
ΗΛΕΚΤΡΑ.	ÉLECTRE.
Πεσούμεθα, εἰ χρὴ,	Nous tomberons, s'il *le* faut,
τιμωρούμενοι πατρί.	vengeant *notre* père.
ΧΡΥΣΟΘΕΜΙΣ.	CHRYSOTHÉMIS.
Πατὴρ δὲ, οἶδα,	Mais *notre* père, je *le* sais,
ἔχει συγγνώμην τούτων.	a de l'indulgence pour ces choses
ΗΛΕΚΤΡΑ.	ÉLECTRE.
Ἔστι πρὸς κακῶν	*C'*est l'affaire des méchants
ἐπαινέσαι ταῦτα τὰ ἔπη.	d'approuver ces paroles.
ΧΡΥΣΟΘΕΜΙΣ.	CHRYSOTHÉMIS.
Σὺ δὲ οὐχὶ πείσει	Mais toi tu n'obéiras pas
καὶ συναινέσεις ἐμοί;	et ne seras-pas-d'accord avec moi?

ΗΛΕΚΤΡΑ.
Οὐ δῆτα. Μή πω νοῦ τοσόνδ' εἴην κενή.
ΧΡΥΣΟΘΕΜΙΣ.
Χωρήσομαί τἄρ', οἷπερ ἐστάλην ὁδοῦ.
ΗΛΕΚΤΡΑ.
Ποῖ δ' ἐμπορεύει; τῷ φέρεις τάδ' ἔμπυρα[1];
ΧΡΥΣΟΘΕΜΙΣ.
Μήτηρ με πέμπει πατρὶ τυμβεῦσαι χοάς.
ΗΛΕΚΤΡΑ.
Πῶς εἶπας; ἦ τῷ δυσμενεστάτῳ βροτῶν;
ΧΡΥΣΟΘΕΜΙΣ.
Ὃν ἔκταν' αὐτή; τοῦτο γὰρ λέξαι θέλεις.
ΗΛΕΚΤΡΑ.
Ἐκ τοῦ φίλων πεισθεῖσα; τῷ τοῦτ' ἤρεσεν;
ΧΡΥΣΟΘΕΜΙΣ.
Ἐκ δείματός του νυκτέρου, δοκεῖν ἐμοί.
ΗΛΕΚΤΡΑ.
Ὦ θεοὶ πατρῷοι, ξυγγένεσθέ γ' ἀλλὰ νῦν.
ΧΡΥΣΟΘΕΜΙΣ.
Ἔχεις τι θάρσος τοῦδε τοῦ τάρβους πέρι;
ΗΛΕΚΤΡΑ.
Εἴ μοι λέγοις τὴν ὄψιν, εἴποιμ' ἂν τότε.

ÉLECTRE. Non, non : me préservent les Dieux d'une telle folie!

CHRYSOTHÉMIS. Je vais donc poursuivre ma route.

ÉLECTRE. Où vas-tu? A qui portes-tu ces offrandes?

CHRYSOTHÉMIS. Ma mère envoie ces libations au tombeau de mon père.

ÉLECTRE. Que dis-tu? A celui qui fut son plus mortel ennemi?

CHRYSOTHÉMIS. Qu'elle a tué de ses mains, voulais-tu dire?

ÉLECTRE. Qui d'entre ses amis lui a donné ce conseil? Qui a eu cette pensée?

CHRYSOTHÉMIS. C'est, je crois, une vision nocturne qui l'a effrayée.

ÉLECTRE. Dieux de mes pères, vous venez donc enfin nous secourir!

CHRYSOTHÉMIS. Quelle confiance t'inspirent ses alarmes?

ÉLECTRE. Je te le dirai; mais raconte-moi d'abord cette vision.

ΗΛΕΚΤΡΑ. Οὐ δῆτα.
Μήπω εἴην
τοσόνδε κενὴ νοῦ.
ΧΡΥΣΟΘΕΜΙΣ.
Χωρήσομαί τοι ἄρα
οὗπερ ὁδοῦ
ἐστάλην.
ΗΛΕΚΤΡΑ.
Ποῖ δὲ ἐμπορεύει;
τῷ φέρεις
τάδε ἔμπυρα;
ΧΡΥΣΟΘΕΜΙΣ.
Μήτηρ πέμπει με
τυμβεῦσαι
χοὰς πατρί.
ΗΛΕΚΤΡΑ. Πῶς εἶπας;
ἦ τῷ δυσμενεστάτῳ
βροτῶν;
ΧΡΥΣΟΘΕΜΙΣ.
Ὃν ἔκτανεν αὐτή;
τοῦτο γὰρ θέλεις λέξαι.
ΗΛΕΚΤΡΑ.
Πεισθεῖσα
ἐκ τοῦ φίλων;
τῷ ἤρεσε τοῦτο;
ΧΡΥΣΟΘΕΜΙΣ.
Ἔκ του δείματος
νυκτεροῦ,
δοκεῖν ἐμοί.
ΗΛΕΚΤΡΑ.
Ὦ θεοὶ πατρῷοι,
ξυγγένεσθέ γε
ἀλλὰ νῦν.
ΧΡΥΣΟΘΕΜΙΣ.
Ἔχεις τι θάρσος
περὶ τοῦδε τοῦ τάρβους;
ΗΛΕΚΤΡΑ.
Εἰ λέγοις μοι
τὴν ὄψιν,
τότε εἴποιμι ἄν.

ÉLECTRE. Sans doute non.
Puissé-je n'être pas
à ce point vide de sens!
CHRYSOTHÉMIS.
J'irai donc certainement
à cet endroit de chemin
où je suis envoyée.
ÉLECTRE.
Mais où vas-tu?
à qui portes-tu
ces offrandes-funèbres?
CHRYSOTHÉMIS.
Ma mère envoie moi
verser-sur-le-tombeau
des libations à *mon* père.
ÉLECTRE. Comment as-tu dit?
au plus malveillant
des mortels *à son égard*?
CHRYSOTHÉMIS.
Qu'elle a tué elle-même?
car *c'est ce que* tu veux dire.
ÉLECTRE.
Elle étant persuadée
par lequel de ses amis?
à qui a plu ceci?
CHRYSOTHÉMIS.
Persuadée par quelque objet-de-crainte
nocturne,
à ce qu'il paraît à moi.
ÉLECTRE.
O dieux paternels,
soyez-avec-*nous* donc
au moins maintenant.
CHRYSOTHÉMIS.
As-tu quelque courage
à cause de cet objet-de-crainte?
ÉLECTRE.
Si tu disais à moi
la vision,
alors je pourrais *le* dire.

ΧΡΥΣΟΘΕΜΙΣ.

Ἀλλ' οὐ κάτοιδα, πλὴν ἐπὶ σμικρὸν φράσαι.

ΗΛΕΚΤΡΑ.

Λέγ' ἀλλὰ τοῦτο. Πολλά τοι σμικροὶ λόγοι
ἔσφηλαν ἤδη καὶ κατώρθωσαν βροτούς.

ΧΡΥΣΟΘΕΜΙΣ.

Λόγος τις αὐτήν ἐστιν εἰσιδεῖν πατρὸς
τοῦ σοῦ τε κἀμοῦ δευτέραν ὁμιλίαν [1]
ἐλθόντος ἐς φῶς· εἶτα τόνδ' ἐφέστιον
πῆξαι λαβόντα σκῆπτρον, οὑφόρει ποτὲ
αὐτὸς, τανῦν δ' Αἴγισθος· ἔκ τε τοῦδ' ἄνω
βλαστεῖν βρύοντα θαλλὸν, ᾧ κατάσκιον
πᾶσαν γενέσθαι τὴν Μυκηναίων χθόνα.
Τοιαῦτά του παρόντος, ἡνίχ' Ἡλίῳ
δείκνυσι τοὔναρ [2], ἔκλυον ἐξηγουμένου.
Πλείω δὲ τούτων οὐ κάτοιδα, πλὴν ὅτι
πέμπει μ' ἐκείνη τοῦδε τοῦ φόβου χάριν.
Πρός νυν θεῶν σε λίσσομαι τῶν ἐγγενῶν
ἐμοὶ πιθέσθαι, μηδ' ἀβουλίᾳ πεσεῖν.

CHRYSOTHÉMIS. Je n'ai que fort peu de chose à t'apprendre.

ÉLECTRE. Parle toujours : souvent peu de mots ont suffi pour perdre ou pour sauver les hommes.

CHRYSOTHÉMIS. On dit qu'elle a vu ton père et le mien revenu à la vie, se présenter encore à elle; qu'ensuite, prenant le sceptre qu'il portait autrefois et qui est aujourd'hui entre les mains d'Égisthe, il l'a planté sur le foyer domestique, et que de ce sceptre est sorti un rameau verdoyant dont l'ombrage a couvert toute la contrée de Mycènes. Tel est le récit que m'a fait un témoin qui l'a entendue raconter au soleil le songe de la nuit. Je ne sais rien de plus, si ce n'est qu'alarmée par cette apparition elle m'envoie au tombeau de mon père. Au nom des dieux de notre famille, je t'en supplie, cède à mes conseils, crains que ton imprudence ne cause ta perte. Si tu

ΧΡΥΣΟΘΕΜΙΣ.	CHRYSOTHÉMIS.
Ἀλλὰ οὐ κάτοιδα,	Mais je ne *la* sais pas,
πλὴν ἐπὶ σμικρὸν	excepté pour une petite *partie*
φράσαι.	à raconter.
ΗΛΕΚΤΡΑ.	ÉLECTRE.
Ἀλλὰ λέγε τοῦτο.	Eh bien dis cela.
Λόγοι τοι σμικροὶ	En vérité des paroles petites
ἔσφηλαν καὶ κατώρθωσαν	ont renversé et relevé
βροτοὺς ἤδη πολλά.	les mortels déjà souvent.
ΧΡΥΣΟΘΕΜΙΣ.	CHRYSOTHÉMIS.
Ἔστι τις λόγος	Il est un bruit
αὐτὴν εἰςιδεῖν	elle avoir vu
ὁμιλίαν	la société
δευτέραν	seconde (pour la seconde fois)
πατρὸς τοῦ σοῦ τε καὶ ἐμοῦ,	du père tien et mien,
ἐλθόντος ἐς φῶς·	étant revenu à la lumière ;
εἶτα τόνδε πῆξαι σκῆπτρον	puis lui avoir fixé le sceptre,
ὃ ἐφόρει ποτὲ αὐτὸς,	qu'il portait autrefois lui-même,
τανῦν δὲ Αἴγισθος,	mais *que porte* maintenant Égisthe,
ἐφέστιον,	près-du-foyer,
λαβόντα·	*l'*ayant pris ;
ἔκ τε τοῦδε βλαστεῖν	et hors de celui-ci avoir germé
ἄνω	en haut
θαλλὸν βρύοντα	un rameau florissant
ᾧ πᾶσαν χθόνα	par lequel tout le pays
τῶν Μυκηναίων	des Mycéniens
γενέσθαι κατάσκιον.	être devenu ombragé.
Ἔκλυον τοιαῦτα	J'ai entendu de pareilles choses
του ἐξηγουμένου	de quelqu'un qui-*les*-racontait
παρόντος	ayant été présent
ἡνίκα δείκνυσι τὸ ὄναρ	quand elle déclara le songe
Ἡλίῳ.	au Soleil.
Κάτοιδα δὲ οὐ	Mais je ne sais pas
πλείω τούτων,	plus de choses que celles-ci,
πλὴν ὅτι ἐκείνη πέμπει με	excepté qu'elle envoie moi
τοῦδε τοῦ φόβου χάριν.	à cause de cette terreur.
Λίσσομαί νύν σε	J'implore donc toi
πρὸς θεῶν τῶν ἐγγενῶν	au nom des dieux indigènes
πιθέσθαι ἐμοὶ,	d'obéir à moi,
μηδὲ πεσεῖν ἀβουλίᾳ.	et de ne pas tomber par imprudence.

Εἰ γάρ μ' ἀπώσει, ξὺν κακῷ μέτει πάλιν.

ΗΛΕΚΤΡΑ.

Ἀλλ', ὦ φίλη, τούτων μὲν, ὧν ἔχεις χεροῖν,
τύμβῳ προσάψῃς μηδέν· οὐ γάρ σοι θέμις,
οὐδ' ὅσιον, ἐχθρᾶς ἀπὸ γυναικὸς ἱστάναι
κτερίσματ', οὐδὲ λουτρὰ προσφέρειν πατρί.
Ἀλλ' ἢ πνοαῖσιν [1], ἢ βαθυσκαφεῖ κόνει
κρύψον νιν, ἔνθα μήποτ' εἰς εὐνὴν πατρὸς
τούτων πρόσεισι μηδέν· ἀλλ', ὅταν θάνῃ,
κειμήλι' αὐτῇ ταῦτα σωζέσθων κάτω.
Ἀρχὴν δ' ἄν, εἰ μὴ τλημονεστάτη γυνὴ
πασῶν ἔβλαστε, τάσδε δυσμενεῖς χοὰς
οὐκ ἄν ποθ', ὅν γ' ἔκτεινε, τῷδ' ἐπέστεφε.
Σκέψαι γὰρ, εἴ σοι προσφιλῶς αὐτῇ δοκεῖ
γέρα τάδ' οὑν τάφοισι δέξασθαι [2] νέκυς,
ὑφ' ἧς θανὼν ἄτιμος, ὥστε δυσμενὴς,

repousses à présent mes avis, le malheur te forcera d'y revenir.

ÉLECTRE. Chère sœur, ces offrandes que tu portes, garde-toi de les mettre sur le tombeau. Tu ne saurais sans crime, sans impiété, offrir à mon père les présents et les libations d'une épouse odieuse. Jette-les plutôt au vent, ou cache-les dans le sein de la terre, afin qu'ils n'approchent jamais du lit funèbre d'Agamemnon ; qu'enfouis sous le sable, ces trésors soient réservés pour elle, quand elle ne sera plus. Quoi ! Si elle n'était la plus audacieuse des femmes, eût-elle jamais osé consacrer ces exécrables offrandes à celui qu'elle a égorgé? Crois-tu, en effet, que dans la tombe il accueille avec plaisir les présents de celle qui l'a tué indignement, qui a mutilé ses membres, comme ceux d'un ennemi, et qui, pour se purifier, essuya les

Εἰ γὰρ ἀπώσει με, | Car si tu repousses moi,
μέτει πάλιν | tu iras-après de nouveau
σὺν κακῷ. | avec le malheur.
ΗΛΕΚΤΡΑ. Ἀλλὰ, ὦ φίλη, | ÉLECTRE. Mais, ô amie,
προςάψης τύμβῳ | n'attache à la tombe
μηδὲν τούτων μὲν, | rien de ces choses en vérité,
ὧν ἔχεις χεροῖν· | que tu as entre les mains;
οὐ γὰρ θέμις | car il n'est-pas-juste
οὐδὲ ὅσιόν σοι, | ni pieux à toi,
ἱστάναι κτερίσματα | d'ériger des offrandes funèbres
οὐδὲ προςφέρειν | ni d'apporter
λουτρὰ πατρὶ, | des libations à *notre* père,
ἀπὸ γυναικὸς ἐχθρᾶς. | de la part d'une femme ennemie.
Ἀλλὰ κρύψον νιν | Mais cache-les
ἢ πνοαῖσιν | ou dans les vents
ἢ κόνει | ou dans la poussière
βαθυσκαφεῖ, | creusée-profondément,
ἔνθα μήποτε μηδὲν τούτων | où jamais rien de ces choses
πρόςεισιν | n'arrivera
εἰς εὐνὴν πατρός· | à la couche de *notre* père;
ἀλλὰ ταῦτα | mais que ces choses
σωζέσθων κάτω, | soient conservées pour en bas,
κειμήλια | comme des objets-précieux
αὐτῇ, | pour elle,
ὅταν θάνῃ. | quand elle mourra.
Ἀρχὴν δὲ | Mais dans-le-principe
οὐκ ἐπέστεφεν ἄν ποτε | jamais elle n'aurait couronné
τῷδε, ὅν γε ἔκτεινε, | à celui-ci, qu'elle a tué,
τάςδε δυςμενεῖς χοὰς, | ces odieuses libations,
εἰ μὴ ἔβλαστε | si elle n'avait pas germé
γυνὴ τλημονεστάτη | *la* femme la plus audacieuse
πασῶν. | de toutes.
Σκέψαι γὰρ, | Car réfléchis,
εἰ νέκυς ὁ ἐν τάφοισι | si le mort dans le sépulcre
δοκεῖ σοι δέξασθαι | paraît à toi accepter
τάδε γέρα | ces honneurs
προςφιλῶς αὐτῇ, | avec bienveillance pour elle,
ὑπὸ ἧς θανὼν | par laquelle étant mort
ἐμασχαλίσθη ἄτιμος, | il fut mutilé sans honneur,
ὥςτε δυςμενὴς, | comme un ennemi,

3.

ἐμασχαλίσθη [1], κἀπὶ λουτροῖσιν κάρα
κηλῖδας ἐξέμαξεν. Ἆρα μὴ δοκεῖς
λυτήρι' αὐτῇ ταῦτα τοῦ φόνου φέρειν;
Οὐκ ἔστιν. Ἀλλὰ ταῦτα μὲν μέθες· σὺ δὲ [2]
τεμοῦσα κρατὸς βοστρύχων ἄκρας φόβας,
κἀμοῦ ταλαίνης, σμικρὰ μὲν τάδ', ἀλλ' ὅμως
ἃ 'χω, δὸς αὐτῷ, τήνδ' ἀλιπαρῆ τρίχα,
καὶ ζῶμα τοὐμὸν, οὐ χλιδαῖς ἠσκημένον.
Αἰτοῦ δὲ προσπιτνοῦσα, γῆθεν εὐμενῆ
ἡμῖν ἀρωγὸν αὐτὸν εἰς ἐχθροὺς μολεῖν·
καὶ παῖδ' Ὀρέστην ἐξ ὑπερτέρας χερὸς [3]
ἐχθροῖσιν αὐτοῦ ζῶντ' ἐπεμβῆναι ποδὶ,
ὅπως τὸ λοιπὸν αὐτὸν ἀφνεωτέραις
χερσὶ στέφωμεν, ἢ τανῦν δωρούμεθα.
Οἶμαι μὲν οὖν, οἶμαί τι κἀκείνῳ μέλον
πέμψαι τάδ' αὐτῇ δυσπρόσοπτ' ὀνείρατα·
ὅμως δ', ἀδελφή, σοί θ' ὑπούργησον τάδε

taches de sang sur la tête de sa victime? Penses-tu que le meurtre puisse être expié par ces offrandes? non, jamais. Laisse là ces présents, et coupant l'extrémité des boucles de ta chevelure et de la mienne (hélas! je donne peu de chose, mais je donne ce que j'ai), offre-lui ce pieux hommage, et aussi cette ceinture sans ornements. Prosternée sur sa tombe, conjure-le de venir du sein de la terre nous secourir contre nos ennemis; que son fils Oreste reparaisse plein de vie, les renverse de son bras puissant et les foule aux pieds, afin que nos mains enrichies puissent un jour couronner son tombeau de dons plus précieux! Ah! crois-moi, ce n'est pas sans dessein qu'il a envoyé cette sinistre vision à Clytemnestre. Enfin, ma sœur, prête-moi

καὶ ἐξέμαξε κηλῖδας	et elle essuya les taches
κάρα	sur *sa* tête
ἐπὶ λουτροῖσιν.	en guise de purifications.
Ἆρα μὴ δοκεῖς	Est-ce qu'il ne semble-pas-bon *à toi*
φέρειν αὐτῇ ταῦτα	de porter pour elle ces *présents*
λυτήρια τοῦ φόνου;	expiatoires du meurtre?
Οὐκ ἔστιν·	Ils ne *le* sont pas;
ἀλλὰ μέθες	mais abandonne
ταῦτα μέν·	ces choses d'un côté;
σὺ δὲ τεμοῦσα	mais toi ayant coupé
φόβας ἄκρας	*tes* cheveux à-leur-extrémité
βοστρύχων κρατὸς,	des boucles de *ta* tête,
δὸς αὐτῷ,	donne-*les*-lui,
καὶ τάδε ἐμοῦ ταλαίνης	et ces *présents* de moi infortunée
σμικρὰ μὲν,	petits en vérité,
ἀλλὰ ὅμως, ἃ ἔχω,	mais pourtant *ceux* que j'ai,
τήνδε τρίχα ἀλιπαρῆ	cette chevelure négligée
καὶ ζῶμα τὸ ἐμὸν,	et la ceinture mienne,
οὐκ ἠσκημένον χλιδαῖς.	pas ornée par des choses-luxueuses.
Αἰτοῦ δὲ προςπιτνοῦσα,	Mais demande en tombant-à-genoux
αὐτὸν μολεῖν γῆθεν	lui venir de la terre (des enfers)
εὐμενῆ,	bienveillant,
ἀρωγὸν ἡμῖν εἰς ἐχθρούς·	auxiliaire à nous contre les ennemis;
καὶ παῖδα Ὀρέστην	et *son fils* Oreste
ζῶντα ποδὶ ἐπεμβῆναι	vivant du pied marcher-sur
ἐχθροῖσιν αὐτοῦ	les ennemis de lui
ἐκ χερὸς	d'une main
ὑπερτέρας,	supérieure (victorieuse),
ὅπως στέφωμεν αὐτὸν	afin que nous couronnions lui
τὸ λοιπὸν	désormais
χερσὶν ἀφνεωτέραις	avec des mains plus opulentes
ἢ δωρούμεθα τανῦν.	que nous *ne le* gratifions maintenant.
Οἶμαι μὲν οὖν,	Je crois en vérité donc,
οἶμαί τι	je crois quelque chose
μέλον καὶ ἐκείνῳ	étant-à-cœur aussi à lui
πέμψαι αὐτῇ	envoyer à elle
τάδε ὀνείρατα δυςπρόςοπτα·	ces songes à-l'aspect-sinistre;
ὅμως δὲ, ἀδελφὴ,	mais cependant, *ma* sœur,
ὑπούργησον τάδε,	sers *moi* en ces choses,
ἀρωγὰ σοί τε ἐμοί τε	secourable et à toi et à moi

ἐμοί τ' ἀρωγὰ, τῷ τε φιλτάτῳ βροτῶν
πάντων, ἐν Ἅδου κειμένῳ κοινῷ πατρί.

ΧΟΡΟΣ.

Πρὸς εὐσέβειαν ἡ κόρη λέγει· σὺ δὲ,
εἰ σωφρονήσεις, ὦ φίλη, δράσεις τάδε.

ΧΡΥΣΟΘΕΜΙΣ.

Δράσω· τὸ γὰρ δίκαιον [1] οὐκ ἔχει λόγον
δυοῖν ἐρίζειν, ἀλλ' ἐπισπεύδειν τὸ δρᾶν.
Πειρωμένῃ δὲ τῶνδε τῶν ἔργων ἐμοὶ
σιγὴ παρ' ὑμῶν, πρὸς θεῶν, ἔστω, φίλαι·
ὡς, εἰ τάδ' ἡ τεκοῦσα πεύσεται, πικρὰν
δοκῶ με πεῖραν τήνδε τολμήσειν ἔτι [2].

ΧΟΡΟΣ.

(Στροφή.)

Εἰ μὴ 'γὼ παράφρων
μάντις ἔφυν, καὶ γνώμας
λειπομένα σοφᾶς,
εἶσιν ἁ πρόμαντις
Δίκα, δίκαια φερομένα χεροῖν κράτη·
μέτεισιν, ὦ τέκνον, οὐ μακροῦ χρόνου.
Ὕπεστί μοι θράσος,

ton secours, et sers à la fois ta vengeance, la mienne, et celle du plus cher des mortels, de ce père qui repose dans le séjour des ombres.

LE CHOEUR. Ces conseils sont dictés par la piété; tu ferais bien de les suivre.

CHRYSOTHÉMIS. Je le ferai : il n'est pas raisonnable de disputer contre deux, mais il faut se hâter d'agir. Chères compagnes, au nom des Dieux, gardez le silence sur ce que je vais faire. Si ma mère en était instruite, elle me ferait payer cher ce que j'ose tenter.

LE CHOEUR. Si mes prédictions ne sont pas vaines, si la raison ne m'a pas abandonnée, la justice qui s'est annoncée elle-même s'avance, portant en ses mains le juste châtiment du crime. O ma fille, elle va bientôt frapper. Le récit de cet heureux songe a ra-

τῷ τε φιλτάτῳ πάντων βροτῶν,	et au plus cher de tous les mortels,
πατρὶ κοινῷ,	*notre* père commun,
κειμένῳ ἐν Ἅδου.	couché aux Enfers.
ΧΟΡΟΣ. Ἡ κόρη	LE CHOEUR. La jeune fille
λέγει πρὸς εὐσέβειαν·	parle selon la piété ;
σὺ δὲ, ὦ φίλη,	mais toi, ô amie,
δράσεις τάδε,	tu feras ces choses,
εἰ σωφρονήσεις.	si tu veux être-raisonnable.
ΧΡΥΣΟΘΕΜΙΣ. Δράσω·	CHRYSOTHÉMIS. Je *les* ferai ;
τὸ γὰρ δίκαιον·	car *c'est* juste ;
οὐκ ἔχει λόγον	*cela* n'a pas de sens
ἐρίζειν δυοῖν,	de lutter contre deux,
ἀλλὰ ἐπισπεύδειν	mais *il est raisonnable* de hâter
τὸ δρᾶν.	le agir.
Ἔστω δὲ σιγὴ,	Mais qu'il y ait silence,
πρὸς θεῶν,	au nom des dieux,
παρὰ ὑμῶν, φίλαι,	de la part de vous, amies,
ἐμοὶ πειρωμένῃ τῶνδε τῶν ἔργων,	à moi essayant ces actions,
ὡς, εἰ ἡ τεκοῦσα	car, si *celle* qui-*m*'a-enfantée
πεύσεται τάδε,	apprendra ces choses,
δοκῶ με	je pense moi
τολμήσειν ἔτι	devoir entreprendre encore
τήνδε πεῖραν πικράν.	cet essai amer.
Στροφή.	*Strophe.*
ΧΟΡΟΣ.	LE CHOEUR.
Εἰ ἐγὼ μὴ ἔφυν	Si moi je ne suis-pas-née
μάντις	devineresse
παράφρων	insensée
καὶ λειπομένα	et dépourvue
γνώμας σοφᾶς,	d'un avis sage,
Δίκα ἁ πρόμαντις	la Justice qui-s'annonce-d'avance
εἶσι	viendra
φερομένα	portant
χεροῖν	dans *ses* mains
κράτη δίκαια·	une puissance juste ;
ὦ τέκνον,	ô *mon* enfant,
μέτεισι	elle viendra
χρόνου οὐ μακροῦ.	dans un temps non éloigné.
Θράσος	La confiance
ὕπεστί μοι	existe-secrètement-en moi

ἀδυπνόων κλύουσαν [1]
ἀρτίως ὀνειράτων.
Οὐ γάρ ποτ' ἀμναστεῖ γ' ὁ φύσας
Ἑλλάνων ἄναξ,
οὐδ' ἁ παλαιὰ χαλκόπλακτος
ἀμφήκης γένυς,
ἅ νιν κατέπεφνεν αἰσχίσταις ἐν αἰκίαις.

(Ἀντιστροφή.)

Ἥξει καὶ πολύπους
καὶ πολύχειρ, ἁ δεινοῖς
κρυπτομένα λόχοις,
χαλκόπους Ἐρινύς.
Ἄλεκτρ', ἄνυμφα [2] γὰρ ἐπέβα μιαιφόνων
γάμων ἁμιλλήμαθ', οἷσιν οὐ θέμις.
Πρὸ τῶνδέ τοί μ' ἔχει [3],
μήποτε, μήποθ' ἡμῖν
ἀψεγὲς πελᾶν τέρας
τοῖς δρῶσι καὶ συνδρῶσιν. Ἦ τοι
μαντεῖαι βροτῶν

nimé ma confiance. Ni le roi des Grecs ton père, ni la hache d'airain à deux tranchants, instrument de son affreux trépas, n'ont oublié ce forfait.

Elle viendra aussi, cachée dans un piége terrible, la déesse aux cent pieds et aux cent bras, l'infatigable Erinnys. Car elle poursuit l'hymen criminel, incestueux, sanglant, de ceux qui n'auraient jamais dû s'unir. Voilà ce qui m'assure que ce prodige sera l'arrêt de mort des coupables et de leurs complices. Certes, les songes et les oracles

κλυούσᾳ	ayant entendu
ἀρτίως	récemment
ὀνειράτων	*parler* des visions
ἀδυπνόων.	au-doux-souffle.
Ὁ γὰρ φύσας	Car *celui* qui-*t'*a-engendrée,
ἄναξ Ἑλλήνων,	le chef des Grecs,
ἀμναστεῖ γε οὔποτε,	n'oublie certes jamais,
οὐδὲ γένυς	ni la hache
ἀμφήκης	à-deux tranchants
ἁ παλαιὰ,	l'ancienne,
χαλκόπλακτος,	forgée-d'airain,
ἅ κατέπεφνέ νιν	qui tua lui
ἐν αἰκίαις	dans les outrages
αἰσχίσταις.	les plus infâmes.
Ἀντιστροφή.	***Antistrophe I.***
Ἥξει Ἐρινὺς	Elle viendra la Furie
χαλκόπους	aux-pieds-d'airain
καὶ πολύπους	et aux-pieds-nombreux
καὶ πολύχειρ	et aux-mains-nombreuses
ἁ κρυπτομένα	se cachant
λόχοις δεινοῖς.	dans des embûches-horribles.
Ἐπέβα γὰρ	Car elle marche-contre
ἀμιλλήματα	les luttes
ἄλεκτρα	d'une-couche-adultère
ἄνυμφα	d'un-amour-abominable
γάμων μιαιφόνων,	du mariage souillé-de-meurtre
οἷσιν	*entre ceux* à qui
οὐ θέμις.	il n'est pas permis.
Πρὸ τῶνδέ τοι	Par suite de ces choses certainement
ἔχει με,	*la conviction* tient moi,
μήποτε, μήποτε	jamais, jamais
τέρας	un présage
πελᾶν ἡμῖν	*ne* devoir approcher de nous
ἀψεγὲς,	irrépréhensible
τοῖς δρῶσι	à ceux qui *l'*ont fait
καὶ	et à ceux
συνδρῶσιν.	qui *l'*ont fait-avec (aux complices).
Ἦ τοι μαντεῖαι	Ou certes les-oracles
βροτῶν	des-mortels (donnés aux mortels)

οὐκ εἰσὶν ἐν δεινοῖς ὀνείροις,
οὐδ᾽ ἐν θεσφάτοις,
εἰ μὴ τόδε φάσμα νυκτὸς [1] εὖ κατασχήσει [2].

(Ἐπῳδός.)

Ὦ Πέλοπος ἁ πρόσθεν [3]
πολύπονος ἱππεία [4],
ὡς ἔμολες αἰανὴ
τᾷδε γᾷ.
Εὖτε γὰρ ὁ ποντισθεὶς
Μυρτίλος ἐκοιμάθη,
παγχρύσων δίφρων
δυστάνοις αἰκίαις [5]
πρόῤῥιζος ἐκριφθείς,
οὔ τί πω
ἔλιπεν ἐκ τοῦδ᾽ οἴκου
πολύπονος αἰκία.

ΚΛΥΤΑΙΜΝΗΣΤΡΑ.

Ἀνειμένη μέν, ὡς ἔοικας, αὖ στρέφει·
οὐ γὰρ πάρεστ᾽ Αἴγισθος, ὅς σ᾽ ἐπεῖχ᾽ ἀεὶ
μή τοι θυραίαν γ᾽ οὖσαν αἰσχύνειν φίλους [6].
νῦν δ᾽, ὡς ἄπεστ᾽ ἐκεῖνος, οὐδὲν ἐντρέπει

n'annoncent plus l'avenir aux mortels, si cette apparition nocturne ne nous présage pas un heureux succès.

Course laborieuse de Pélops, que tu es devenue fatale à cette contrée ! Depuis le jour où, précipité du haut de son char d'or, Myrtile trouva dans les flots un indigne trépas, les plus cruels malheurs ont sans cesse assiégé cette famille.

CLYTEMNESTRE. Te voilà donc encore errant en liberté ; c'est je le vois, qu'Égisthe n'est pas ici ; car il sait bien t'empêcher d'aller hors de ce palais, déshonorer ta famille par tes plaintes. Maintenant qu'il est absent, tu n'as plus de respect pour moi. Tu ne cesses

οὐκ εἰσὶν	ne sont pas
ἐν ὀνείροις δεινοῖς,	dans des songes horribles,
οὐδὲ ἐν θεσφάτοις,	ni dans les oracles-divins,
εἰ τόδε φάσμα	si cette vision
νυκτὸς	de la nuit
μὴ κατασχήσει	n'aborde pas
εὖ.	bien (ne se termine pas bien).
Ἐπῳδός.	*Épode.*
Ὦ ἱππεία	O course-de-char
ἁ πρόσθεν	ancienne
πολύπονος,	aux-nombreux-labeurs,
Πέλοπος,	de Pélops,
ὡς ἔμολες	comme tu es venue
αἰανὴ	sombre
τᾷδε γᾷ.	à cette terre!
Εὖτε γὰρ Μυρτίλος	Car depuis que Myrtile
ὁ ποντισθεὶς	qui-a-été-précipité-dans-la-mer
ἐκοιμάθη	fut-endormi
ἐκριφθεὶς	ayant été lancé
πρόῤῥιζος	arraché-avec-la-racine
δίφρων	du char
παγχρύσων	tout-d'or
αἰκίαις	avec des outrages
δυστάνοις,	déplorables,
αἰκία	l'outrage (le malheur)
πολύπονος	aux-labeurs-nombreux
οὔτι πω ἔλιπεν	n'a pas encore quitté
ἐκ τοῦδε οἴκου.	cette maison.
ΚΛΥΤΑΙΜΝΗΣΤΡΑ.	CLYTEMNESTRE.
Στρέφει μὲν αὖ	Tu cours-çà-et-là de nouveau
ἀνειμένη,	déchaînée,
ὡς ἔοικας·	comme tu *en* as-l'air;
Αἴγισθος γὰρ οὐ πάρεστιν,	car Égisthe n'est pas présent,
ὅς ἐπεῖχε σε ἀεὶ	qui empêchait toi toujours
μήτοι αἰσχύνειν φίλους	de ne pas déshonorer les amis
οὖσάν γε θυραίαν·	quand-tu-étais hors-de-la-porte;
νῦν δὲ	mais maintenant
ἐντρέπει	tu ne-fais-attention
οὐδὲν ἐμοῦ γε,	à aucune *parole* de moi certes,
ὡς ἐκεῖνος ἄπεστι·	parce que lui est-absent;

ἐμοῦ γε. Καί τοι πολλὰ πρὸς πολλούς με δὴ
ἐξεῖπας, ὡς θρασεῖα [1] καὶ πέρα δίκης
ἄρχω, καθυβρίζουσα καὶ σὲ καὶ τὰ σά.
Ἐγὼ δ' ὕβριν μὲν οὐκ ἔχω [2]· κακῶς δέ σε
λέγω, κακῶς κλύουσα πρὸς σέθεν θαμά.
Πατὴρ γάρ οὐδὲν ἄλλο σοὶ πρόσχημ' ἀεὶ
ὡς ἐξ ἐμοῦ τέθνηκεν [3]· ἐξ ἐμοῦ· καλῶς
ἔξοιδα· τῶνδ' ἄρνησις οὐκ ἔνεστί μοι.
Ἡ γὰρ Δίκη νιν εἷλεν, οὐκ ἐγὼ μόνη,
ᾗ χρῆν σ' ἀρήγειν, εἰ φρονοῦσ' ἐτύγχανες·
ἐπεὶ πατὴρ οὗτος σὸς, ὃν θρηνεῖς ἀεὶ,
τὴν σὴν ὅμαιμον μοῦνος Ἑλλήνων ἔτλη
θῦσαι θεοῖσιν, οὐκ ἴσον καμὼν ἐμοὶ
λύπης, ὅτ' ἔσπειρ', ὥσπερ ἡ τίκτουσ' ἐγώ [4].
Εἶεν· δίδαξον δή με τοῦ χάριν τίνων
ἔθυσεν αὐτήν· πότερον Ἀργείων ἐρεῖς;
Ἀλλ' οὐ μετῆν αὐτοῖσι τήν γ' ἐμὴν κτανεῖν.

de te plaindre à tous ceux qui t'écoutent de mes violences, de mes injustices et des outrages dont je me plais à t'abreuver toi et les tiens. Cependant, la violence n'est pas dans mon caractère, et je ne fais que répondre à tes fréquentes injures. Ton père, dis-tu, est mort de ma main; car c'est là ton prétexte ordinaire; oui, c'est moi qui l'ai tué, je le sais, et je ne prétends pas le nier. La justice elle-même l'a fait périr par mes mains, et tu aurais dû me prêter ton secours, si la raison avait sur toi quelque empire. Car enfin ce père, que tu pleures sans cesse, osa, seul d'entre les Grecs, immoler aux Dieux ta propre sœur. Il n'avait pas, en lui donnant la vie, éprouvé les douleurs que sa naissance a coûtées à sa mère. Et encore, je te le demande, pour qui l'a-t-il sacrifiée? Pour les Grecs? Mais ils n'avaient pas le droit de

καίτοι ἐξεῖπάς με	or tu as énoncé contre moi
πολλὰ δὴ	beaucoup-de-choses déjà
πρὸς πολλοὺς,	par devers beaucoup de monde,
ὡς ἄρχω	que je gouverne
θρασεῖα καὶ πέρα δίκης,	insolente et au-delà-de la justice,
καθυβρίζουσά σε καὶ τὰ σά.	insultant toi et les tiens.
Ἐγὼ δὲ οὐκ ἔχω ὕβριν	Mais moi je n'ai pas d'insolence
μὲν,	en vérité ;
λέγω δὲ κακῶς σε,	mais je parle mal de toi,
κλύουσα κακῶς	étant renommée-mal (diffamée)
πρὸς σέθεν θαμά.	par toi fréquemment.
Πρόσχημα γάρ σοι ἀεὶ,	Car le prétexte à toi toujours,
οὐδὲν ἄλλο,	*ce n'est* aucun autre,
ὡς πατὴρ	que *ton* père
τέθνηκεν ἐξ ἐμοῦ·	est mort par moi (de ma main);
ἐξ ἐμοῦ,	par moi,
ἔξοιδα καλῶς·	je *le* sais bien ;
οὐκ ἔνεστί μοι ἄρνησις	il n'est-pas-en moi de négation
τῶνδε.	de ces-choses.
Ἡ γὰρ Δίκη εἷλέ νιν,	Car la Justice a tué lui,
οὐκ ἐγὼ μόνη,	non pas moi seule,
ᾗ χρῆν	à laquelle il fallait
σὲ ἀρήγειν,	toi venir-en-aide,
εἰ ἐτύγχανες φρονοῦσα,	si tu te-trouvais-être raisonnable,
ἐπεὶ οὗτος πατὴρ σὸς,	puisque ce père tien,
ὃν θρηνεῖς ἀεὶ,	que tu pleures toujours,
ἔτλη μοῦνος Ἑλλήνων	osa seul parmi les Grecs
θῦσαι θεοῖσιν	sacrifier aux dieux
ὅμαιμον τὴν σὴν,	la sœur tienne,
οὐ καμὼν	n'ayant pas souffert
ἴσον λύπης ἐμοὶ,	autant de douleurs que moi,
ὅτε ἔσπειρεν,	quand il *l'*engendra,
ὥσπερ ἐγὼ ἡ τίκτουσα.	que moi qui enfante.
Εἶεν·	Soit ;
δίδαξον δή με	enseigne donc à moi
τοῦ τίνων χάριν	de qui payant le bienfait
ἔθυσεν αὐτήν·	il sacrifia elle ;
πότερον ἐρεῖς Ἀργείων;	diras-tu des Argiens?
Ἀλλὰ οὐ μετῆν αὐτοῖς	Mais il n'appartenait pas à eux
κτανεῖν τήν γε ἐμήν.	de tuer ma *fille*.

Ἀλλ' ἀντ' ἀδελφοῦ δῆτα Μενέλεω; Κτανὼν
τἄμ', οὐκ ἔμελλε τῶνδέ μοι δώσειν δίκην;
Πότερον ἐκείνῳ παῖδες οὐκ ἦσαν διπλοῖ [1],
οὓς τῆσδε μᾶλλον εἰκὸς ἦν θνήσκειν, πατρὸς
καὶ μητρὸς ὄντας, ἧς [2] ὁ πλοῦς ὅδ' ἦν χάριν;
Ἢ τῶν ἐμῶν Ἅδης τιν' ἵμερον τέκνων,
ἢ τῶν ἐκείνης, ἔσχε δαίσασθαι πλέον;
ἢ [3] τῷ πανώλει πατρὶ τῶν μὲν ἐξ ἐμοῦ
παίδων πόθος παρεῖτο, Μενέλεω δ' ἐνῆν;
Οὐ ταῦτ' ἀβούλου καὶ κακοῦ γνώμην πατρός;
Δοκῶ μέν, εἰ καὶ σῆς δίχα γνώμης λέγω,
φαίη δ' ἂν ἡ θανοῦσά γ', εἰ φωνὴν λάβοι.
Ἐγὼ μὲν οὖν οὐκ εἰμὶ τοῖς πεπραγμένοις
δύσθυμος· εἰ δὲ σοὶ δοκῶ φρονεῖν κακῶς,
γνώμην δικαίαν σχοῦσα [4], τοὺς πέλας ψέγε.

tuer ma fille. Était-ce pour son frère Ménélas? Bourreau des miens, ne devait-il pas recevoir de moi le châtiment de son crime? Ménélas n'avait-il pas deux enfants dont la mort eût été plus juste, puisque c'était pour leurs parents qu'on avait entrepris cette guerre? Le Dieu des enfers était-il plus altéré de mon sang, que de celui d'Hélène? Ou bien ce père dénaturé, indifférent pour les enfants de Clytemnestre, n'avait-il d'amour que pour ceux de Ménélas? Ne fut-il pas alors un père insensé et cruel? Oui, quoique ce ne soit pas ton avis, voilà ce que je pense, et ce que dirait celle qui n'est plus, si elle pouvait prendre la parole. Enfin, ce que j'ai fait, je ne m'en repens pas : si j'ai tort selon toi, raisonne avec moins de partialité, et tu accuseras ton père.

Ἀλλὰ δῆτα	Eh bien donc
ἀντὶ ἀδελφοῦ Μενέλεω;	*était-ce* pour *son* frère Ménélas?
Κτανὼν τὰ ἐμὰ,	Ayant tué les miens,
οὐκ ἔμελλε δώσειν δίκην	ne devait-il pas payer punition
τῶνδέ μοι;	de ces choses à moi?
Πότερον οὐκ ἦσαν	N'y avait-il pas
παῖδες διπλοῖ	des enfants doubles (deux enfants)
ἐκείνῳ,	à celui-là,
οὓς θνήσκειν ἦν εἰκὸς	auxquels mourir était convenable
μᾶλλον τῆσδε,	plus qu'à celle-ci,
ὄντας πατρὸς καὶ μητρὸς,	étant du père et de la mère,
ἧς χάριν ἦν	pour laquelle était (eut lieu)
ὅδε ὁ πλοῦς;	cette navigation?
ἢ Ἅδης ἔσχε τινὰ ἵμερον	ou Pluton eut-il quelque passion
πλέον τέκνων τῶν ἐμῶν,	plutôt pour les enfants miens,
ἢ τῶν ἐκείνης,	que pour ceux de celle-là,
δαίσασθαι;	pour *les* dévorer?
ἢ πόθος παίδων	ou l'amour pour les enfants
τῶν μὲν ἐξ ἐμοῦ	*qui étaient sortis* de moi
παρεῖτο πατρὶ	était-il abandonné (passé) au père
τῷ πανώλει,	très-pernicieux,
ἐνῆν δὲ	et était-il-dans *lui*
Μενέλεω;	*pour ceux* de Ménélas?
οὐ ταῦτα πατρὸς	ces choses ne *sont-elles* pas d'un père
ἀβούλου	sans-prudence
καὶ κακοῦ γνώμην;	et mauvais par *son* jugement?
Δοκῶ μὲν,	Je *le* pense au moins,
εἰ καὶ λέγω	quoique je parle
σῆς γνώμης δίχα,	différemment de ton opinion,
ἡ δὲ θανοῦσα	mais *elle* qui-est-morte
φαίη ἂν,	*l'*affirmerait,
εἰ λάβοι φωνήν.	si elle pouvait prendre voix.
Ἐγὼ μὲν οὖν	Moi d'un côté donc
οὐκ εἰμὶ δύσθυμος	je ne suis pas fâchée
τοῖς πεπραγμένοις·	des choses-faites;
εἰ δὲ δοκῶ σοὶ	mais si je parais à toi
φρονεῖν κακῶς,	penser mal,
σχοῦσα	ayant obtenu *d'abord*
γνώμην δικαίαν,	un jugement juste,
ψέγε τοὺς πέλας.	blâme *tes* proches.

ΗΛΕΚΤΡΑ.

Ἐρεῖς μὲν οὐχὶ νῦν γέ μ', ὡς ἄρξασά τι
λυπηρὸν, εἶτα σοῦ τάδ' ἐξήκουσ' ὕπο.
Ἀλλ' ἢν ἐφῇς μοι, τοῦ τεθνηκότος θ' ὕπερ
λέξαιμ' ἂν ὀρθῶς, τῆς κασιγνήτης θ' ὁμοῦ.

ΚΛΥΤΑΙΜΝΗΣΤΡΑ.

Καὶ μὴν ἐφίημ'· εἰ δέ μ' ὧδ' ἀεὶ λόγους [1]
ἐξῆρχες, οὐκ ἂν ἦσθα λυπηρὰ κλύειν.

ΗΛΕΚΤΡΑ.

Καὶ δὴ λέγω σοι. Πατέρα φῂς κτεῖναι. Τίς ἂν
τούτου λόγος γένοιτ' ἂν αἰσχίων ἔτι,
εἴτ' οὖν δικαίως, εἴτε μή; Λέξω δέ σοι,
ὡς οὐ δίκῃ γ' ἔκτεινας· ἀλλά σ' ἔσπασε
πειθὼ κακοῦ πρὸς ἀνδρὸς, ᾧ τανῦν ξύνει.
Ἐροῦ δὲ τὴν κυναγὸν Ἄρτεμιν, τίνος
ποινὰς τὰ πολλὰ πνεύματ' [2] ἔσχ' ἐν Αὐλίδι·
ἢ 'γὼ φράσω· κείνης γὰρ οὐ θέμις μαθεῖν.
Πατήρ ποθ' οὑμὸς, ὡς ἐγὼ κλύω, θεᾶς,

ÉLECTRE. Tu ne diras pas cette fois qu'outragée la première, tu n'as fait que repousser mes injures. Si tu me le permets, je vais te répondre à la fois et pour mon père et pour ma sœur.

CLYTEMNESTRE. J'y consens ; si tu m'avais toujours parlé ainsi, je t'aurais entendue sans colère.

ÉLECTRE. Je te parlerai donc. Tu avoues que tu as tué mon père. Que sa mort fût juste, ou non, est-il un aveu plus horrible? Or, je te dirai à mon tour que tu l'as tué, non par un sentiment de justice, mais entraînée par les conseils du scélérat qui est aujourd'hui ton époux. Demande à Diane, pour quel crime sa vengeance enchaîna si longtemps les vents dans l'Aulide ; ou plutôt, je te le dirai, car nous ne pouvons l'apprendre d'elle. Mon père, c'est ainsi qu'on me l'a ra-

ΗΛΕΚΤΡΑ.	ÉLECTRE.
Ἐρεῖς μὲν οὐχὶ	Au moins tu ne diras point
νῦν γέ με,	maintenant contre moi,
ὡς ἄρξασα	qu'ayant commencé
τὶ λυπηρὸν	quelque *discours* odieux
ἐξήκουσα εἶτα	j'ai entendu après
τάδε ὑπὸ σοῦ.	ces choses de toi.
Ἀλλὰ ἢν ἐφῇς μοι,	Mais si tu *le* permets à moi,
λέξαιμι ἂν ὀρθῶς	je parlerai justement
ὑπέρ τε τοῦ τεθνηκότος,	et sur le mort,
ὁμοῦ τε τῆς κασιγνήτης.	et en même temps sur la sœur.
ΚΛΥΤΑΙΜΝΗΣΤΡΑ.	CLYTEMNESTRE.
Καὶ μὴν ἐφίημι·	Et vraiment je *le* permets ;
εἰ δὲ ἐξῆρχές με	si tu avais commencé avec moi
λόγους ἀεὶ ὧδε,	le discours toujours ainsi,
οὐκ ἂν ἦσθα λυπηρὰ	tu n'aurais pas été pénible
κλύειν.	à entendre.
ΗΛΕΚΤΡΑ. Καὶ δὴ λέγω σοι.	ÉLECTRE. Et déjà je dis à toi.
Φῂς κτεῖναι πατέρα.	Tu affirmes avoir tué *mon* père.
Τίς λόγος γένοιτο ἂν	Quelle parole pourrait être
ἔτι αἰσχίων τούτου,	encore plus honteuse que celle-ci,
εἴτε οὖν	soit donc *que tu l'aies tué*
δικαίως,	justement,
εἴτε μή;	soit non (injustement)?
Λέξω δέ σοι,	Mais je dirai à toi,
ὡς ἔκτεινας οὐ δίκῃ γε,	que tu *l*'as tué non pas avec justice,
ἀλλὰ πειθὼ	mais la persuasion
πρὸς ἀνδρὸς κακοῦ,	d'un homme méchant,
ᾧ ξύνει	avec lequel tu es-ensemble
τανῦν,	maintenant,
ἔσπασέ σε.	a entraîné toi.
Ἐροῦ δὲ Ἄρτεμιν τὴν κυναγὸν,	Mais demande à Diane la chasseresse,
τινὸς ποινὰς	en punition de quelle chose
ἔσχεν ἐν Αὐλίδι	elle retint à Aulis
τὰ πολλὰ πνεύματα·	ces nombreux vents ;
ἢ ἐγὼ φράσω·	ou moi je *le* dirai ;
οὐ γὰρ θέμις	car il n'est pas permis
μαθεῖν κείνης.	de *le* demander à elle.
Ὡς ἐγὼ κλύω,	Comme moi j'ai entendu *dire*,
πατὴρ ὁ ἐμὸς,	le père mien,

παίζων [1] κατ' ἄλσος, ἐξεκίνησεν ποδοῖν [2]
στικτὸν κεράστην ἔλαφον, οὗ κατὰ σφαγὰ,
ἐκκομπάσας, ἔπος τι [3] τυγχάνει βαλών.
Κἀκ τοῦδε μηνίσασα Λητῴα κόρη
κατεῖχ' Ἀχαιοὺς, ὡς πατὴρ ἀντίσταθμον
τοῦ θηρὸς ἐκθύσειε τὴν αὑτοῦ κόρην.
Ὧδ' ἦν τὰ κείνης θύματ'· οὐ γὰρ ἦν λύσις [4]
ἄλλη στρατῷ πρὸς οἶκον, οὐδ' εἰς Ἴλιον.
Ἀνθ' ὧν βιασθεὶς, πολλὰ κἀντιβὰς [5], μόλις
ἔθυσεν αὐτὴν, οὐχὶ Μενέλεω χάριν.
Εἰ δ' οὖν (ἐρῶ γὰρ καὶ τὸ σόν) κεῖνον θέλων
ἐπωφελῆσαι ταῦτ' ἔδρα, τούτου θανεῖν
χρῆν αὐτὸν οὕνεκ' ἐκ σέθεν; ποίῳ νόμῳ;
Ὅρα, τιθεῖσα τόνδε τὸν νόμον βροτοῖς,
μὴ πῆμα σαυτῇ καὶ μετάγνοιαν τιθῇς.
Εἰ γὰρ κτενοῦμεν ἄλλον ἀντ' ἄλλου, σύ τοι
πρώτη θάνοις ἂν, εἰ δίκης γε τυγχάνοις.
Ἀλλ' εἰσόρα, μὴ σκῆψιν οὐκ οὖσαν τιθῇς.

conté, chassant un jour dans un bois consacré à Diane, poursuivit à la course un cerf à la haute ramure et aux flancs tachetés, et fier de sa victoire, laissa échapper en l'immolant quelques paroles indiscrètes. La fille de Latone en fut irritée; elle retint les Grecs, et voulut que mon père, en expiation de ce crime, sacrifiât sa propre fille. Telle fut la cause de ce sacrifice : l'armée ne pouvait autrement s'ouvrir un chemin vers la patrie, ou vers les rivages d'Ilion. Longtemps il résista, il combattit longtemps; mais enfin, il l'immola en soupirant, et non pour Ménélas. Mais je veux avec toi qu'il l'ait immolée pour l'intérêt d'un frère : devait-il pour cela recevoir la mort de ta main? De quel droit? Crains, en établissant une semblable loi, de te préparer à toi-même un repentir et un châtiment. Car, si le sang demande du sang, tu mérites de périr la première. Mais prends garde que ce

παίζων κατὰ ἄλσος	s'ébattant (chassant) dans un bois-sa-
θεᾶς,	de la déesse, [cré
ἐξεκίνησέ ποτε ποδοῖν	chassa un jour de *ses* pieds
ἔλαφον κεραστὴν στικτὸν	un cerf cornu moucheté
κατὰ σφαγὰς οὗ	à l'occasion du massacre duquel
ἐκκομπάσας	s'étant vanté
τυγχάνει βαλών τι ἔπος.	il se trouve ayant jeté quelque parole.
Καὶ κόρη Λητῶα	Et la fille de Latone
μηνίσασα ἐκ τῶνδε,	s'étant irritée par suite de ces choses,
κατεῖχεν Ἀχαιούς,	retint les Achéens,
ὡς πατὴρ ἐκθύσειε	afin que *mon* père sacrifiât
κόρην τὴν αὐτοῦ	la fille de lui-même
ἀντίσταθμον τοῦ θηρός.	*comme* un équivalent de la bête.
Τὰ θύματα κείνης ἦν ὧδε·	Les sacrifices d'elle étaient ainsi;
οὐ γὰρ ἦν	car il n'y avait pas
ἄλλη λύσις στρατῷ,	d'autre délivrance à l'armée,
πρὸς οἶκον, οὐδὲ εἰς Ἴλιον.	*pour aller ni* chez elle, ni à Troie.
Ἀντὶ ὧν,	Pour lesquelles choses,
οὐχὶ Μενέλεω χάριν,	non pas au gré de Ménélas,
ἔθυσεν αὐτὴν μόλις,	il sacrifia elle avec-peine,
βιασθεὶς	ayant été violenté
καὶ ἀντιβὰς πολλά.	et s'étant opposé beaucoup.
Εἰ δὲ οὖν,	Mais si donc,
ἐρῶ γὰρ καὶ τὸ σὸν,	car je dirai aussi ta chose,
ἔδρα ταῦτα,	il fit ces choses,
θέλων ἐπωφελῆσαι κεῖνον,	voulant servir celui-là,
χρῆν αὐτὸν θανεῖν	fallait-il lui mourir
οὕνεκα τούτου ἐκ σέθεν·	à cause de cela par toi?
ποίῳ νόμῳ;	d'après quelle loi?
Ὅρα	Vois (prends garde)
μὴ τιθῇς σαυτῇ	que tu ne constitues à toi-même
πῆμα καὶ μετάγνοιαν,	malheur et repentir,
τιθεῖσα τόνδε τὸν νόμον βροτοῖς.	en donnant cette loi aux mortels.
Εἰ γὰρ κτενοῦμεν	Car si nous voulons tuer
ἄλλον ἀντὶ ἄλλου,	un autre pour un autre,
σύ τοι θάνοις ἂν πρώτη,	toi certes tu mourrais la première,
εἴ γε τυγχάνοις δίκης.	du moins si tu obtiens *ta* punition.
Ἀλλὰ εἰσόρα,	Mais vois (prends garde)
μὴ τιθῇς σκῆψιν	si tu n'établis pas un prétexte
οὐκ οὖσαν.	n'*en* étant pas *un*.

Εἰ γὰρ θέλεις, δίδαξον ἀνθ' ὅτου τανῦν
αἴσχιστα πάντων ἔργα δρῶσα τυγχάνεις,
ἥτις ξυνεύδεις τῷ παλαμναίῳ, μεθ' οὗ
πατέρα τὸν ἁμὸν πρόσθεν ἐξαπώλεσας,
καὶ παιδοποιεῖς, τοὺς δὲ πρόσθεν [1] εὐσεβεῖς
κἀξ εὐσεβῶν βλαστόντας ἐκβαλοῦσ' ἔχεις.
Πῶς ταῦτ' ἐπαινέσαιμ' ἄν; Ἢ καὶ τοῦτ' ἐρεῖς,
ὡς τῆς θυγατρὸς ἀντίποινα λαμβάνεις;
Αἰσχρῶς δ', ἐάν περ καὶ λέγῃς· οὐ γὰρ καλὸν
ἐχθροῖς γαμεῖσθαι τῆς θυγατρὸς οὕνεκα.
Ἀλλ' οὐ γὰρ οὐδὲ νουθετεῖν ἔξεστί σε,
ἣ πᾶσαν ἵης γλῶσσαν, ὡς τὴν μητέρα
κακοστομοῦμεν. Καί σ' ἔγωγε δεσπότιν
ἢ μητέρ' οὐκ ἔλασσον εἰς ἡμᾶς νέμω,
ἣ ζῶ βίον μοχθηρὸν, ἔκ τε σοῦ κακοῖς
πολλοῖς ἀεὶ ξυνοῦσα, τοῦ τε συννόμου.
Ὁ δ' ἄλλος ἔξω, χεῖρα σὴν μόλις φυγὼν,

soit un exemple frivole. Dis-moi, je te prie, pourquoi tu te couvres de honte en partageant ton lit avec l'infâme complice qui t'a aidée à égorger mon père, en lui donnant des enfants, tandis que tu as rejeté les fruits légitimes d'une sainte union. Comment pourrais-je approuver cette conduite? Diras-tu encore que tu venges ta fille? Tu ne saurais le dire sans honte; l'intérêt d'une fille ne t'autorisait pas à épouser un ennemi. Mais on ne peut pas raisonner avec toi, sans que tu ne cries aussitôt que nous insultons une mère. Toi, ma mère! Je ne trouve en toi qu'un tyran, moi qui passe ma triste existence au milieu des maux dont vous ne cessez tous deux de m'abreuver. Et cet autre enfant échappé avec peine à ta fureur, le malheureux Oreste

Εἰ γὰρ θέλεις, δίδαξον
ἀντὶ ὅτου
τυγχάνεις τανῦν δρῶσα
ἔργα αἴσχιστα
πάντων,
ἥτις ξυνεύδεις
τῷ παλαμναίῳ,
μετὰ οὗ ἐξαπώλεσας
πρόσθεν πατέρα τὸν ἀμὸν
καὶ παιδοποιεῖς·
ἔχεις δὲ ἐκβαλοῦσα
τοὺς βλαστόντας πρόσθεν
εὐσεβεῖς
καὶ ἐξ εὐσεβῶν.
Πῶς
ἐπαινέσαιμι ἂν ταῦτα
ἢ ἐρεῖς καὶ τοῦτο,
ὡς λαμβάνεις ἀντίποινα
τῆς θυγατρός;
Αἰσχρῶς δὲ,
ἐάνπερ καὶ λέγῃς·
οὐ γὰρ καλὸν
γαμεῖσθαι ἐχθροῖς
τῆς θυγατρὸς οὕνεκα.
Ἀλλὰ οὐ γὰρ ἔξεστιν
οὐδὲ σὲ νουθετεῖν,
ἣ ἵης
πᾶσαν γλῶσσαν,
ὡς κακοστομοῦμεν
τὴν μητέρα.
Καὶ ἔγωγε νέμω σε
οὐκ ἔλασσον δεσπότιν
ἢ μητέρα εἰς ἡμᾶς,
ἣ ζῶ βίον μοχθηρὸν
ἀεὶ ξυνοῦσα
πολλοῖς κακοῖς
ἔκ τε σοῦ
τοῦ τε συννόμου.
Ὁ δὲ ἄλλος,
τλήμων Ὀρέστης,

Car si tu veux, enseigne
pourquoi
tu te-trouves maintenant faisant
les actions les plus honteuses
de toutes,
toi qui couches-avec
lui qui-a-les-mains-souillées,
avec lequel tu as tué
auparavant le père mien
et tu fais-des-enfants;
mais tu es-ayant-repoussé
ceux qui-ont-germé avant
étant pieux
et *nés* de *parents* pieux.
Comment
pourrais-je louer ces choses?
ou diras-tu aussi ceci,
que tu prends des représailles
pour *ta* fille?
Mais honteusement,
même si tu *le* disais;
car il n'*est* pas beau
de se marier avec des ennemis
à cause de la fille.
Mais c'est qu'il n'est permis
pas même toi avertir,
toi qui lances (dis toujours)
toute langue,
que nous parlons-mal
de *notre* mère.
Et moi je pense toi
non moins maîtresse
que mère envers nous,
moi qui vis une vie misérable
toujours étant-au-milieu
de beaucoup de choses-mauvaises
qui viennent et de toi-*même*
et de *ton* compagnon.
Mais l'autre,
le malheureux Oreste,

τλήμων Ὀρέστης δυστυχῆ τρίβει βίον·
ὃν πολλὰ δή με σοὶ τρέφειν μιάστορα
ἐπῃτιάσω. Καὶ τόδ', εἴπερ ἔσθενον,
ἔδρων ἄν, εὖ τοῦτ' ἴσθι. Τοῦδέ γ' οὕνεκα
κήρυσσέ μ' εἰς ἅπαντας, εἴτε χρὴ κακὴν,
εἴτε στόμαργον, εἴτ' ἀναιδείας πλέαν.
Εἰ γὰρ πέφυκα τῶνδε τῶν ἔργων ἴδρις,
σχεδόν τι τὴν σὴν οὐ καταισχύνω φύσιν [1].

ΧΟΡΟΣ.

Ὁρῶ μένος πνέουσαν [2]· εἰ δὲ σὺν δίκῃ
ξύνεστι, τοῦδε φροντίδ' οὐκ ἔτ' εἰσορῶ.

ΚΛΥΤΑΙΜΝΗΣΤΡΑ.

Ποίας δέ μοι δεῖ πρός γε τήνδε φροντίδος,
ἥτις τοιαῦτα τὴν τεκοῦσαν ὕβρισε,
καὶ ταῦτα τηλικοῦτος [3]; ἆρά σοι δοκεῖ
χωρεῖν ἂν εἰς πᾶν ἔργον αἰσχύνης ἄτερ;

ΗΛΕΚΤΡΑ.

Εὖ νῦν ἐπίστω τῶνδέ μ' αἰσχύνην ἔχειν,
κεἰ μὴ δοκῶ σοι· μανθάνω δ' ὁθούνεκα

traîne dans l'exil une vie infortunée. Plus d'une fois tu m'as accusée de l'élever pour te punir un jour. Eh bien! sache que je l'aurais déjà fait moi-même, si j'avais pu le faire. Après cela, publie partout, si tu le veux, ma violence, mes emportements et mon impudence. Si ce sont là mes défauts, je ne déshonore pas le sang que j'ai reçu de toi

LE CHOEUR. La fureur l'emporte, je le vois; mais personne n'examine si sa fureur est légitime.

CLYTEMNESTRE. Dois-je prendre tant de soin pour une fille qui, à cet âge, ose ainsi outrager sa mère? Ne vois-tu pas qu'elle se porterait sans rougir aux dernières violences?

ÉLECTRE. Sache donc que je rougis moi-même, quoique tu ne le penses pas, de mes emportements; je sens qu'ils ne conviennent ni à

τρίϐει ἔξω	use (traîne) dehors
βίον δυςτυχῆ,	une vie malheureuse,
φυγὼν μόλις	ayant fui avec peine
σὴν χεῖρα·	ta main;
ὃν	lequel
ἐπῃτιάσω με πολλὰ δὴ	tu as accusé moi souvent certes
τρέφειν	de nourrir
μιάστορά σοι·	*comme* un vengeur contre toi;
καὶ ἔδρων ἂν τοῦτο,	et j'aurais fait cela,
εἴπερ ἔσθενον,	si j'*en* avais-la-puissance,
ἴσθι εὖ τοῦτο.	sache bien cela.
Τοῦδέ γε οὕνεκα	A cause de ceci-même
κήρυσσέ με εἰς ἅπαντας,	proclame moi par devers tous,
εἴτε χρῇ, κακὴν,	s'il *te* plaît, méchante,
εἴτε στόμαργον,	ou bavarde,
εἴτε πλέαν ἀναιδείας.	ou pleine d'impudence.
Εἰ γὰρ πέφυκα	Car si je suis-née
ἴδρις τῶνδε τῶν ἔργων,	savante dans ces actions,
οὐ καταισχύνω σχεδὸν	je ne déshonore presque pas
τὶ	en quelque chose
φύσιν τὴν σήν.	le naturel tien.
ΧΟΡΟΣ. Ὁρῶ	LE CHOEUR. Je *la* vois
πνέουσαν μένος·	respirant la fureur;
οὐ δὲ ἔτι εἰςορῶ	mais je ne *lui* vois plus
φροντίδα τοῦδε,	de souci de cela,
εἰ ξύνεστι	si elle est-avec *la fureur*
σὺν δίκῃ.	avec justice.
ΚΛΥΤΑΙΜΝΗΣΤΡΑ.	CLYTEMNESTRE.
Ποίας δὲ φροντίδος	Mais de quel souci
δεῖ μοι πρός γε τήνδε	est-besoin à moi à l'égard de celle-ci,
ἥτις ὕϐρισε τοιαῦτα	qui insulte par de telles choses
τὴν τεκοῦσαν,	celle qui-l'a-enfantée,
καὶ ταῦτα τηλικοῦτος;	et cela *étant* de-cet-*âge*?
ἆρα οὐ δοκεῖ σοι	est-ce-qu'elle ne semble pas à toi
χωρεῖν ἂν εἰς πᾶν ἔργον	marcher vers toute action
αἰσχύνης ἄτερ;	sans honte?
ΗΛΕΚΤΡΑ. Ἐπίστω νῦν εὖ	ÉLECTRE. Sache maintenant bien
μὲ ἔχειν αἰσχύνην τῶνδε,	moi avoir honte de ces choses,
καὶ εἰ μὴ δοκῶ σοι,	même si je ne *le* parais pas à toi,
μανθάνω δὲ ὁθούνεκα	je sais de l'autre côté que

ἔξωρα πράσσω, κοὐκ ἐμοὶ προσεικότα.
Ἀλλ' ἡ γὰρ ἐκ σοῦ δυσμένεια καὶ τὰ σὰ
ἔργ' ἐξαναγκάζει με ταῦτα δρᾶν βίᾳ.
Αἰσχροῖς γὰρ αἰσχρὰ πράγματ' ἐκδιδάσκεται.

ΚΛΥΤΑΙΜΝΗΣΤΡΑ.

Ὦ θρέμμ' ἀναιδὲς, ἦ σ' ἐγὼ, καὶ τἄμ' ἔπη,
καὶ τἄργα τἀμὰ πόλλ' ἄγαν λέγειν ποιεῖ.

ΗΛΕΚΤΡΑ.

Σύ τοι λέγεις νιν, οὐκ ἐγώ· σὺ γὰρ ποιεῖς
τοὔργον, τὰ δ' ἔργα τοὺς λόγους εὑρίσκεται.

ΚΛΥΤΑΙΜΝΗΣΤΡΑ.

Ἀλλ', οὐ μὰ τὴν δέσποιναν Ἄρτεμιν, θράσους
τοῦδ' οὐκ ἀλύξεις [1], εὖτ' ἂν Αἴγισθος μόλῃ.

ΗΛΕΚΤΡΑ.

Ὁρᾷς ; πρὸς ὀργὴν ἐκφέρει, μεθεῖσά μοι
λέγειν ἃ χρῄζοιμ', οὐδ' ἐπίστασαι κλύειν.

ΚΛΥΤΑΙΜΝΗΣΤΡΑ.

Οὔκουν ἐάσεις οὐδ' ὑπ' εὐφήμου βοῆς
θῦσαί μ', ἐπειδή σοι γ' ἐφῆκα πᾶν λέγειν ;

mon âge, ni à ma naissance. Mais c'est ta haine, c'est ta conduite qui m'arrache ces paroles malgré moi : les mauvais exemples ne produisent que du mal.

CLYTEMNESTRE. Monstre d'impudence, mes paroles, mes actions te font trop parler.

ÉLECTRE. C'est toi, et non pas moi, qu'il faut en accuser : car c'est toi qui agis, et les actions inspirent les paroles.

CLYTEMNESTRE. Eh bien ! j'en jure par la puissante Diane, au retour d'Égisthe, ton audace sera punie.

ÉLECTRE. Tu le vois, tu t'emportes, après m'avoir permis de parler librement, et tu ne sais pas m'entendre.

CLYTEMNESTRE. Quoi ! Parce que je t'ai permis de tout dire, tes sinistres clameurs m'empêcheront d'offrir mon sacrifice?

πράσσω ἔξωρα,	je fais des choses inconvenantes,
καὶ οὐ προσεικότα ἐμοί.	et non bienséantes à moi.
Ἀλλὰ γὰρ ἡ δυσμένεια ἐκ σοῦ	Mais c'est que l'hostilité de toi
καὶ ἔργα τὰ σὰ	et les actions tiennes
ἐξαναγκάζει με	forcent moi
βίᾳ	avec violence
δρᾶν ταῦτα.	de faire ces choses.
Αἰσχροῖς γὰρ	Car par les honteuses *actions*
αἰσχρὰ ἔργα	les honteuses actions
ἐκδιδάσκεται.	sont enseignées.
ΚΛΥΤΑΙΜΝΗΣΤΡΑ.	CLYTEMNESTRE.
Ὦ θρέμμα ἀναιδὲς,	O brute impudente,
ἦ ἐγὼ	en vérité moi
καὶ ἔπη τὰ ἐμὰ	et les paroles miennes
καὶ τὰ ἔργα τὰ ἐμὰ	et les actions miennes
ποιεῖ σε λέγειν πολλὰ ἄγαν.	font toi dire beaucoup trop.
ΗΛΕΚΤΡΑ.	ÉLECTRE.
Σύ τοι	Toi en vérité
λέγεις νιν, οὐκ ἐγώ·	tu dis elles, non moi;
σὺ γὰρ ποιεῖς τὸ ἔργον·	car tu fais l'action;
τὰ δὲ ἔργα	mais les actions
εὑρίσκεται τοὺς λόγους.	trouvent les paroles.
ΚΛΥΤΑΙΜΝΗΣΤΡΑ.	CLYTEMNESTRE.
Ἀλλὰ οὐκ ἀλύξεις	Eh bien tu n'échapperas pas
τοῦδε θράσους,	*à la peine* de cette insolence,
εὖτε Αἴγισθος μόλῃ ἂν,	quand Égisthe sera venu,
οὐ μὰ Ἄρτεμιν	non, *je le jure* par Diane
τὴν δέσποιναν.	la maîtresse.
ΗΛΕΚΤΡΑ. Ὁρᾷς;	ÉLECTRE. Vois-tu?
ἐκφέρει πρὸς ὀργὴν,	tu te laisses-emporter à la colère,
μεθεῖσά μοι	ayant permis à moi
λέγειν ἃ χρῄζοιμι,	de dire les choses que je voudrais,
οὐδὲ ἐπίστασαι κλύειν.	et tu ne sais pas même entendre.
ΚΛΥΤΑΙΜΝΗΣΤΡΑ.	CLYTEMNESTRE.
Οὔκουν ἐάσεις	Tu ne laisseras donc pas
μὲ θῦσαι	moi sacrifier
οὐδὲ ὑπὸ βοῆς	pas même par une voix
εὐφήμου,	de-bon-augure,
ἐπειδὴ ἐφῆκά σοί γε	puisque j'ai laissé à toi au moins
λέγειν πᾶν.	dire tout.

ΗΛΕΚΤΡΑ.

Ἐῶ, κελεύω, θῦε, μηδ' ἐπαιτιῶ
τοὐμὸν στόμ'· ὡς οὐκ ἂν πέρα λέξαιμ' ἔτι.

ΚΛΥΤΑΙΜΝΗΣΤΡΑ.

Ἔπαιρε δὴ σὺ [1] θύμαθ', ἡ παροῦσά μοι,
πάγκαρπ', ἄνακτι τῷδ' ὅπως λυτηρίους
εὐχὰς ἀνάσχω δειμάτων, ὧν νῦν ἔχω.
Κλύοις ἂν ἤδη, Φοῖβε προστατήριε [2],
κεκρυμμένην μου βάξιν [3]. Οὐ γὰρ ἐν φίλοις
ὁ μῦθος, οὐδὲ πᾶν ἀναπτύξαι πρέπει
πρὸς φῶς, παρούσης [4] τῆσδε πλησίας ἐμοί,
μὴ ξὺν φθόνῳ τε καὶ πολυγλώσσῳ βοῇ
σπείρῃ ματαίαν βάξιν ἐς πᾶσαν πόλιν.
Ἀλλ' ὧδ' ἄκουε· τῇδε γὰρ κἀγὼ φράσω [5].
Ἃ γὰρ προσεῖδον νυκτὶ τῇδε φάσματα
δισσῶν ὀνείρων, ταῦτά μοι, Λύκει' ἄναξ [6],
εἰ μὲν πέφηνεν ἐσθλά, δὸς τελεσφόρα·
εἰ δ' ἐχθρά, τοῖς ἐχθροῖσιν ἔμπαλιν μέθες,
καὶ μή, με πλούτου τοῦ παρόντος εἴ τινες
δόλοισι βουλεύουσιν ἐκβαλεῖν, ἐφῇς·
ἀλλ' ὧδέ μ' ἀεὶ ζῶσαν ἀβλαβεῖ βίῳ,
δόμους Ἀτρειδῶν σκῆπτρά τ' ἀμφέπειν [7] τάδε,

ÉLECTRE. Offre-le, j'y consens, je t'y exhorte même, et cesse d'accuser mes paroles : je ne dirai rien de plus.

CLYTEMNESTRE. Femme, apporte ces offrandes, ces fruits, afin qu'Apollon les reçoive avec mes vœux, et qu'il me délivre des terreurs qui m'agitent. Dieu protecteur, entends ma secrète prière. Je ne suis point entourée d'amis, et la présence de cette fille m'empêche de dévoiler ma pensée tout entière : bientôt, animée par la haine, elle irait répandre à grands cris dans toute la ville des rumeurs insensées. Entends donc le sens caché de mes paroles. Si le songe obscur de cette nuit est un présage heureux, dieu Lycien, fais qu'il s'accomplisse; s'il doit être funeste, qu'il retombe sur la tête de mes ennemis. Déjoue les complots tramés contre ma puissance, et permets que poursuivant le cours de mes prospérités, je possède le palais et le sceptre des Atrides, jouissant en paix de la société de ceux que

ΗΛΕΚΤΡΑ. Ἐῶ, κελεύω, θῦε,
μηδὲ ἐπαιτιῶ στόμα τὸ ἐμόν·
ὡς οὐκ ἂν λέξαιμι ἔτι πέρα.
ΚΛΥΤΑΙΜΝΗΣΤΡΑ.
Σὺ ἡ παροῦσά μοι,
ἔπαιρε δὴ
θύματα πάγκαρπα,
ὅπως ἀνάσχω τῷδε ἄνακτι
εὐχὰς λυτηρίους
δειμάτων, ὧν ἔχω νῦν.
Φοῖβε προστατήριε,
κλύοις ἂν ἤδη
βάξιν κεκρυμμένην μου.
Ὁ γὰρ μῦθος οὐκ ἐν φίλοις,
οὐδὲ πρέπει
ἀναπτύξαι πᾶν πρὸς φῶς,
τῆσδε παρούσης πλησίας ἐμοὶ,
μὴ σπείρῃ
βάξιν ματαίαν
ἐς πᾶσαν πόλιν ξὺν φθόνῳ τε
καὶ βοῇ πολυγλώσσῳ.
Ἀλλὰ ἄκουε ὧδε·
ἐγὼ γὰρ φράσω καὶ τῇδε.
Φάσματα γὰρ
δισσῶν ὀνείρων
ἃ προςεῖδον τῇδε νυκτὶ,
ταῦτα, ἄναξ Λύκειε,
δός μοι
τελεσφόρα,
εἰ μὲν πέφηνεν ἐσθλὰ,
εἰ δὲ ἐχθρὰ,
μέθες ἔμπαλιν
τοῖς ἐχθροῖσιν;
καὶ εἴ τινες βουλεύουσιν
ἐκβαλεῖν με δόλοισι
πλούτου τοῦ παρόντος,
μὴ ἐφῇς·
ἀλλὰ ἀμφέπειν με
δόμους Ἀτρειδῶν,
τάδε τε σκῆπτρα,

ÉLECTRE. Je laisse, j'ordonne, sacri-
et n'accuse pas la bouche mienne; [fie,
car je ne parlerai plus au-delà.
CLYTEMNESTRE.
Toi qui es-présente à moi,
élève donc
les offrandes toutes-de-fruits,
afin que j'offre à ce roi
des prières pour-*me*-délivrer
des terreurs que j'ai à-présent.
Apollon protecteur,
puisses-tu entendre déjà
la parole cachée de moi.
Car le discours n'*est* pas entre amis,
et il ne convient pas même
de déployer tout au jour,
celle-ci étant-présente près de moi,
afin qu'elle ne sème pas
une parole téméraire
dans toute la ville et avec haine
et avec des cris bavards.
Mais écoute de cette façon :
car je *le* dirai aussi ainsi.
Quant aux visions
des doubles (deux) songes
que j'ai vues cette nuit,
celles-ci, roi de-Lycée,
donne-*les* moi
comme devant-se-réaliser,
si d'un côté elles ont paru favorables,
mais si *elles ont paru* hostiles,
lâche *les* au-contraire
à *mes* ennemis;
et si quelques-uns méditent
de jeter-moi par des ruses
hors de l'opulence présente,
ne *le* permets pas;
mais *permets* moi administrer
les demeures des Atrides,
et ces sceptres,

φίλοισί τε ξυνοῦσαν, οἷς ξύνειμι νῦν,
εὐημεροῦσαν [1] καὶ τέκνων, ὅσων ἐμοὶ
δύσνοια μὴ πρόσεστιν, ἢ λύπη πικρά.
Ταῦτ', ὦ Λύκει' Ἄπολλον, ἵλεως κλύων,
δὸς πᾶσιν ἡμῖν, ὥσπερ ἐξαιτούμεθα·
τὰ δ' ἄλλα πάντα, καὶ σιωπώσης ἐμοῦ,
ἐπαξιῶ σε, δαίμον' ὄντ', ἐξειδέναι.
Τοὺς ἐκ Διὸς γὰρ εἰκός ἐστι πάνθ' ὁρᾷν.

ΠΑΙΔΑΓΩΓΟΣ.

Ξέναι γυναῖκες, πῶς ἂν εἰδείην σαφῶς
εἰ τοῦ τυράννου δώματ' Αἰγίσθου τάδε;

ΧΟΡΟΣ.

Τάδ' ἐστιν, ὦ ξέν'. Αὐτὸς ᾔκασας καλῶς.

ΠΑΙΔΑΓΩΓΟΣ.

Ἦ καὶ δάμαρτα τήνδ' ἐπεικάζων κυρῶ
κείνου; πρέπει γὰρ ὡς τύραννος εἰσορᾷν.

ΧΟΡΟΣ.

Μάλιστα πάντων. Ἥδε σοι κείνη πάρα [2].

j'aime, et heureuse avec les enfants qui n'ont pour moi ni malveillance ni haine. Apollon Lycien, écoute favorablement ma prière, et exauce les vœux que nous t'adressons. Pour les autres, tu es un dieu, tu les connais sans doute, malgré mon silence. Rien ne peut échapper aux fils de Jupiter.

LE GOUVERNEUR. Filles d'Argos, puis-je savoir si c'est ici le palais du roi Égisthe?

LE CHOEUR. Tu ne te trompais pas, étranger, voici son palais.

LE GOUVERNEUR. N'est-ce pas aussi son épouse que j'aperçois? Son aspect annonce une reine.

LE CHOEUR. Oui, c'est elle qui est devant tes yeux.

ζῶσαν ἀεὶ ὧδε	vivant toujours ainsi
βίῳ ἀβλαβεῖ,	dans une vie exempte-de-dommages,
ξυνοῦσάν τε φίλοισιν,	et étant-avec les amis,
οἷς ξύνειμι νῦν	avec-lesquels-je-suis à présent,
καὶ τέκνων,	et tous les enfants,
ὅσων δύσνοια	dont la malveillance
ἢ λύπη πικρὰ	ou l'offense acerbe
μὴ πρόσεστιν ἐμοί,	ne s'attache pas à moi,
εὐημεροῦσαν.	coulant *ainsi* des-jours-heureux.
Ὦ Ἄπολλον Λύκειε,	O Apollon Lycéen,
δὸς ἡμῖν πᾶσιν,	accorde à nous tous,
ὥσπερ ἐξαιτούμεθα,	comme nous *le* demandons,
κλύων ταῦτα	ayant entendu ces choses
ἵλεως·	d'une manière-propice ;
ἐπαξιῶ δέ σε ἐξειδέναι	mais je crois toi savoir
τὰ ἄλλα πάντα,	les autres choses toutes,
ὄντα δαίμονα,	*toi* qui es un Dieu,
καὶ ἐμοῦ σιωπώσης.	même moi me taisant.
Εἰκὸς γάρ ἐστιν	Car il est naturel
τοὺς ἐκ Διὸς	que ceux *qui sont nés* de Jupiter
ὁρᾶν πάντα.	voient toutes choses.
ΠΑΙΔΑΓΩΓΟΣ.	**LE GOUVERNEUR.**
Γυναῖκες ξέναι,	Femmes étrangères,
πῶς εἰδείην ἂν σαφῶς,	comment saurais-je avec certitude,
εἰ τάδε δώματα	si ces demeures
Αἰγίσθου τοῦ τυράννου;	*sont celles* d'Égisthe le roi ?
ΧΟΡΟΣ. Ὦ ξένε,	**LE CHOEUR.** O étranger
τάδε ἐστίν.	ce sont *elles*.
Ἤκασας καλῶς αὐτός.	Tu as conjecturé bien toi-même.
ΠΑΙΔΑΓΩΓΟΣ.	**LE GOUVERNEUR.**
Ἦ καὶ κυρῶ ἐπεικάζων	Est-ce que aussi je suis devinant
τήνδε δάμαρτα κείνου;	celle ci *être* l'épouse de lui ?
πρέπει γὰρ	car elle s'annonce-par-*son*-extérieur
ὡς τύραννος	comme une reine
εἰσορᾶν.	à voir.
ΧΟΡΟΣ.	**LE CHOEUR.**
Μάλιστα πάντων.	Plus que tout le reste (certainement)
Ἥδε πάρα σοι	Celle-ci qui est-présente à toi
κείνη.	*est* elle.

ΠΑΙΔΑΓΩΓΟΣ.

Ὦ χαῖρ', ἄνασσα [1]. Σοὶ φέρων ἥκω λόγους
ἡδεῖς φίλου παρ' ἀνδρὸς, Αἰγίσθῳ θ' ὁμοῦ.

ΚΛΥΤΑΙΜΝΗΣΤΡΑ.

Ἐδεξάμην τὸ ῥηθέν [2]· εἰδέναι δέ σου
πρώτιστα χρῄζω τίς σ' ἀπέστειλε βροτῶν.

ΠΑΙΔΑΓΩΓΟΣ.

Φανοτεὺς ὁ Φωκεὺς, πρᾶγμα πορσύνων μέγα.

ΚΛΥΤΑΙΜΝΗΣΤΡΑ.

Τὸ ποῖον, ὦ ξέν'; εἰπέ. Παρὰ φίλου γὰρ ὢν
ἀνδρὸς, σάφ' οἶδα, προσφιλεῖς λέξεις λόγους.

ΠΑΙΔΑΓΩΓΟΣ.

Τέθνηκ' Ὀρέστης. Ἐν βραχεῖ ξυνθεὶς λέγω.

ΗΛΕΚΤΡΑ.

Οἲ 'γὼ τάλαιν', ὄλωλα τῇδ' ἐν ἡμέρᾳ.

ΚΛΥΤΑΙΜΝΗΣΤΡΑ.

Τί φῄς; τί φῄς, ὦ ξεῖνε; Μὴ ταύτης κλύε

ΠΑΙΔΑΓΩΓΟΣ.

Θανόντ' Ὀρέστην νῦν τε καὶ τότ' ἐννέπω [3].

ΗΛΕΚΤΡΑ.

Ἀπωλόμην δύστηνος· οὐδέν εἰμ' ἔτι.

LE GOUVERNEUR. Je te salue, ô reine. Envoyé par un ami qui t'est cher, je t'apporte ainsi qu'à Égisthe une agréable nouvelle.

CLYTEMNESTRE. J'en accepte l'augure; mais avant tout quel est celui qui t'envoie?

LE GOUVERNEUR. Phanotée le Phocéen; il veut t'instruire d'un grand événement.

CLYTEMNESTRE. Quel événement? Parle, étranger. Envoyé par un tel ami, tu ne peux m'apporter que de douces paroles.

LE GOUVERNEUR. Oreste est mort: ces mots renferment tout.

ÉLECTRE. Ah! malheureuse! Je suis perdue en ce jour.

CLYTEMNESTRE. Que dis-tu? que dis-tu, étranger? N'écoute point cette femme.

LE GOUVERNEUR. Oreste est mort, je le répète.

ÉLECTRE. Infortunée! Je suis perdue. C'en est fait de moi.

ΠΑΙΔΑΓΩΓΟΣ.
Χαῖρε,
ὦ ἄνασσα,
ἥκω φέρων σοι
ὁμοῦ τε Αἰγίσθῳ
λόγους ἡδεῖς
παρὰ ἀνδρὸς φίλου.
ΚΛΥΤΑΙΜΝΗΣΤΡΑ.
Ἐδεξάμην τὸ ῥηθέν·
χρῄζω δὲ εἰδέναι
πρώτιστά σου
τίς βροτῶν
ἀπέστειλέ σε.
ΠΑΙΔΑΓΩΓΟΣ.
Φανοτεὺς ὁ Φωκεὺς,
πορσύνων πρᾶγμα μέγα.
ΚΛΥΤΑΙΜΝΗΣΤΡΑ.
Ὦ ξένε, τὸ ποῖον; εἰπέ.
Οἶδα γὰρ σάφα,
λέξεις λόγους προσφιλεῖς
ὢν παρὰ
ἀνδρὸς φίλου.
ΠΑΙΔΑΓΩΓΟΣ.
Ὀρέστης τέθνηκε.
Λέγω ξυνθεὶς
ἐν βραχεῖ.
ΗΛΕΚΤΡΑ.
Οἳ ἐγὼ τάλαινα,
ὄλωλα ἐν τῇδε ἡμέρᾳ.
ΚΛΥΤΑΙΜΝΗΣΤΡΑ.
Τί φῄς, τί φῄς,
ὦ ξεῖνε;
Μὴ κλύε ταύτης.
ΠΑΙΔΑΓΩΓΟΣ.
Ἐννέπω νῦν τε
καὶ τότε
Ὀρέστην θανόντα.
ΗΛΕΚΤΡΑ.
Ἀπωλόμην δύστηνος·
εἰμὶ ἔτι οὐδέν.

LE GOUVERNEUR.
Salut,
ô reine,
je viens portant à toi
et en même temps à Égisthe
des paroles agréables
de la part d'un homme ami.
CLYTEMNESTRE.
J'accepte ce qui-vient-d'être-dit;
mais je veux savoir
en premier lieu de toi
lequel des mortels
a envoyé toi.
LE GOUVERNEUR.
Phanotée le Phocéen,
fournissant un fait grand.
CLYTEMNESTRE.
O étranger, lequel? dis.
Car je sais avec-certitude,
tu diras des paroles amicales,
étant (venant) de la part
d'un homme ami.
LE GOUVERNEUR.
Oreste est mort.
Je *te le* dis l'ayant arrangé
en peu *de mots*.
ÉLECTRE.
O infortunée *que* je *suis*,
je suis morte en ce jour.
CLYTEMNESTRE.
Que dis-tu, que dis-tu,
ô étranger?
N'écoute pas celle-ci.
LE GOUVERNEUR.
Je dis et maintenant
et tout-à-l'heure
*qu'*Oreste est mort.
ÉLECTRE.
Je suis perdue, infortunée,
je ne suis plus rien.

ΚΛΥΤΑΙΜΝΗΣΤΡΑ.

Σὺ μὲν τὰ σαυτῆς πρᾶσσ'· ἐμοὶ δὲ σὺ, ξένε,
τἀληθὲς εἰπέ. Τῷ τρόπῳ διόλλυται;

ΠΑΙΔΑΓΩΓΟΣ.

Κἀπεμπόμην πρὸς ταῦτα, καὶ τὸ πᾶν φράσω.
Κεῖνος γὰρ ἐλθὼν εἰς τὸ κλεινὸν Ἑλλάδος
πρόσχημ' [1] ἀγῶνος, Δελφικῶν ἄθλων [2] χάριν,
ὅτ' ᾔσθετ' ἀνδρὸς ὀρθίων κηρυγμάτων
δρόμον προκηρύξαντος, οὗ πρώτη κρίσις [3],
εἰσῆλθε λαμπρὸς, πᾶσι τοῖς ἐκεῖ σέβας·
δρόμου δ' ἰσώσας τῇ φύσει τὰ τέρματα [4],
νίκης ἔχων ἐξῆλθε πάντιμον γέρας.
Χὤπως μὲν ἐν πολλοῖσι παῦρά σοι λέγω,
οὐκ οἶδα τοιάδ' ἀνδρὸς ἔργα [5] καὶ κράτη·
ἓν δ' ἴσθ'· ὅσων γὰρ εἰσεκήρυξαν βραβῆς
δρόμων διαύλων πάντ' ἄεθλ' [6], ἃ νομίζεται,
τούτων ἐνεγκὼν πάντα τἀπινίκια

CLYTEMNESTRE. Occupe-toi de ce qui te regarde. Pour toi, étranger, dis-moi la vérité : comment est-il mort?

LE GOUVERNEUR. C'est là l'objet de mon message, et je vais te satisfaire. Arrivé à cette assemblée solennelle, où la Grèce célèbre les jeux Pythiques, lorsqu'il eut entendu le héraut annoncer à haute voix la course qui précède les autres combats, il entra dans la lice, et l'éclat de sa beauté fixa tous les regards. Bientôt il fournit la carrière comme on l'attendait de la vigueur de son âge, et sortit couronné du noble prix du vainqueur. Pour tout dire en peu de mots, jamais je n'ai vu tant d'exploits ni tant de triomphes. Sache seulement que, dans tous les combats en usage prescrits par les arbitres des jeux, il fut proclamé vainqueur au milieu d'applaudissements unanimes.

ΚΛΥΤΑΙΜΝΗΣΤΡΑ.	CLYTEMNESTRE.
Σὺ μὲν πρᾶσσε	Toi d'un côté fais
τὰ σαυτῆς·	les affaires de toi ;
σὺ δὲ, ξένε,	mais toi, ô étranger,
εἰπὲ ἐμοὶ τὸ ἀληθές.	dis à moi le vrai.
Τῷ τρόπῳ διόλλυται ;	De quelle manière meurt-il ?
ΠΑΙΔΑΓΩΓΟΣ.	LE GOUVERNEUR.
Καὶ ἐπεμπόμην πρὸς ταῦτα,	Et je fus envoyé pour ces choses,
καὶ φράσω τὸ πᾶν.	et je dirai le tout.
Κεῖνος γὰρ ἐλθὼν	Car celui-là étant venu
εἰς τὸ κλεινὸν πρόσχημα	au célèbre ornement
ἀγῶνος Ἑλλάδος,	des jeux-publics de la Grèce,
ἄθλων Δελφικῶν χάριν,	à cause des combats de-Delphes,
ὅτε ᾔσθετο	quand il entendit
κηρυγμάτων ὀρθίων	les proclamations à-haute-voix
ἀνδρὸς προκηρύξαντος δρόμον,	de l'homme qui-proclamait la course,
εἰςῆλθε λαμπρὸς,	il entra brillant,
σέβας πᾶσι τοῖς ἐκεῖ,	objet-de-vénération pour tous là-bas,
οὗ πρώτη κρίσις·	*là* où *était* la première lutte ;
ἰσώσας δὲ	mais ayant égalé
τὰ τέρματα δρόμου	les bornes de la carrière
τῇ φύσει,	par *sa noble* nature,
ἐξῆλθεν ἔχων	il sortit ayant
γέρας πάντιμον	la récompense de-tous-honorée
νίκης.	de la victoire.
Καὶ ὅπως λέγω σοι	Et afin que je dise à toi
παῦρα μὲν	peu de choses d'un côté
ἐν πολλοῖσιν,	entre beaucoup,
οὐκ οἶδα τοιάδε ἔργα	je ne connais pas de pareils faits
καὶ κράτη ἀνδρός·	et victoires de l'homme ;
ἴσθι δὲ ἕν·	mais sache une chose :
ὅσων γὰρ δρόμων	car d'autant de courses
διαύλων	de-doubles-stades
βραβῆς εἰςεκήρυξαν	les arbitres proclamèrent
πάντα ἆθλα,	toutes les luttes,
ἃ νομίζεται,	qui sont en usage,
τούτων	de celles-ci (d'autant)
ἐνεγκὼν	ayant remporté
πάντα τὰ ἐπινίκια,	toutes les récompenses-solennelles,
ὠλβίζετο,	il était estimé heureux,

ὠλβίζετ', Ἀργεῖος μὲν ἀνακαλούμενος,
ὄνομα δ' Ὀρέστης, τοῦ τὸ κλεινὸν Ἑλλάδος
Ἀγαμέμνονος στράτευμ' ἀγείραντός ποτε.
Καὶ ταῦτα μὲν τοιαῦθ'· ὅταν δέ τις θεῶν
βλάπτῃ, δύναιτ' ἂν οὐδ' ἂν ἰσχύων φυγεῖν.
Κεῖνος γὰρ ἄλλης ἡμέρας, ὅθ' ἱππικῶν
ἦν, ἡλίου τέλλοντος, ὠκύπους ἀγὼν,
εἰσῆλθε πολλῶν ἁρματηλατῶν μέτα.
Εἷς ἦν Ἀχαιὸς, εἷς ἀπὸ Σπάρτης, δύο
Λίβυες [1] ζυγωτῶν ἁρμάτων ἐπιστάται·
κἀκεῖνος ἐν τούτοισι, Θεσσαλὰς ἔχων
ἵππους, ὁ πέμπτος· ἕκτος, ἐξ Αἰτωλίας
ξανθαῖσι πώλοις· ἕβδομος, Μάγνης ἀνήρ·
ὁ δ' ὄγδοος, λεύκιππος, Αἰνιὰν [2] γένος·
ἔνατος, Ἀθηνῶν τῶν θεοδμήτων ἄπο·
Βοιωτὸς ἄλλος, δέκατον ἐκπληρῶν ὄχον [3].
Στάντες δ' ὅθ' αὐτοὺς [4] οἱ τεταγμένοι βραβῆς
κλήρους ἔπηλαν καὶ κατέστησαν δίφρους,
χαλκῆς ὑπαὶ σάλπιγγος ἦξαν. Οἱ δ' ἅμα [5]
ἵπποις ὁμοκλήσαντες, ἡνίας χεροῖν

On vantait son bonheur, on publiait le nom d'Oreste, l'Argien, le fils d'Agamemnon, de ce roi qui rassembla jadis la célèbre armée des Grecs. Telle était sa gloire; mais quand un Dieu nous poursuit, le mortel le plus puissant ne saurait lui échapper. Le jour suivant amenait la course des chars. Au lever du soleil, Oreste entra dans la carrière avec de nombreux concurrents. Le premier était d'Achaïe, le second de Sparte; après eux, deux Libyens habiles à conduire des chars ; Oreste venait ensuite, conduisant des cavales de Thessalie ; le sixième était Étolien, et avait des coursiers à la blonde crinière; le septième était de Magnésie; le huitième, qui avait des chevaux blancs, était né à Ænia ; le neuvième était d'Athènes bâtie par les dieux : enfin un Béotien conduisait le dixième char. Debout sur leurs chars, dans l'ordre que les juges leur ont assigné, selon la loi du sort, ils s'élancent au signal de la trompette d'airain. Aussitôt ils animent leurs

ἀνακαλούμενος μὲν Ἀργεῖος,	nommé-hautement d'un côté Argien,
ὄνομα δὲ Ὀρέστης,	de l'autre côté par *son* nom Oreste,
Ἀγαμέμνονος,	*fils* d'Agamemnon,
τοῦ ἀγείραντός ποτε	qui-a-assemblé jadis
στράτευμα τὸ κλεινὸν Ἑλλάδος.	l'armée célèbre de la Grèce.
Καὶ ταῦτα μὲν τοιαῦτα·	Et ces choses d'un côté *sont* telles;
ὅταν δέ τις θεῶν	mais quand quelqu'un des Dieux
βλάπτῃ,	nuit,
οὐδὲ ἂν ἰσχύων	pas même *celui-là* qui-est-fort
δύναιτο ἂν φυγεῖν.	*ne* pourrait échapper.
Κεῖνος γὰρ εἰςῆλθεν	Car lui entra
ἄλλης ἡμέρας,	l'autre jour (le lendemain),
ἡλίου τέλλοντος,	le soleil se levant,
ὅτε ἦν ἀγὼν ὠκύπους	quand était la lutte aux-pieds-agiles
ἱππικῶν,	des chars,
μετὰ πολλῶν ἁρματηλατῶν.	avec beaucoup de conducteurs-de-
Εἷς Ἀχαιὸς ἦν,	Un était Achéen, [char.
εἷς ἀπὸ Σπάρτης,	un de Sparte,
δύο Λίβυες, ἐπιστάται	deux Lybiens, chefs
ἁρμάτων ζυγωτῶν·	de chars joints;
καὶ ἐκεῖνος ἐν τούτοισιν	et lui parmi eux
ὁ πέμπτος,	*était* le cinquième,
ἔχων ἵππους Θεσσαλάς·	ayant des juments Thessaliennes;
ἕκτος, ἐξ Αἰτωλίας	le sixième, de l'Étolie
πώλοις ξανθαῖσιν·	avec des poulains jaunes;
ἕβδομος ἀνὴρ Μάγνης·	le septième un homme Magnésien;
ὁ δὲ ὄγδοος, λεύκιππος,	le huitième, aux-chevaux-blancs,
γένος Αἰνιάν·	par son origine Ænianien;
ἔνατος ἀπὸ Ἀθηνῶν	le neuvième d'Athènes
τῶν θεοδμήτων·	bâtie-par-les-dieux;
ἄλλος, Βοιωτός,	un autre, Béotien,
ἐκπληρῶν δέκατον ὄχον.	remplissant le dixième char.
Στάντες δὲ	Mais s'étant placés
ὅθι βραβῆς οἱ τεταγμένοι	où les arbitres nommés-*pour-cela*
ἔπηλαν κλήρους αὐτοὺς	avaient tiré au sort eux
καὶ κατέστησαν δίφρους,	et placé les chars,
ᾖξαν	ils s'élancèrent
ὑπαὶ σάλπιγγος χαλκῆς.	au son-de-la-trompette d'-airain.
Οἱ δὲ ὁμοκλήσαντες ἵπποις,	Mais eux ayant-animé les chevaux,
ἅμα ἔσεισαν	à la fois secouèrent

ἔσεισαν. Ἐν δὲ [1] πᾶς ἐμεστώθη δρόμος
κτύπου κροτητῶν ἁρμάτων, κόνις δ' ἄνω
φορεῖθ'. Ὁμοῦ δὲ πάντες ἀναμεμιγμένοι
φείδοντο κέντρων οὐδὲν, ὡς ὑπερβάλοι
χνόας τις αὐτῶν καὶ φρυάγμαθ' ἱππικά.
Ὁμοῦ γὰρ ἀμφὶ νῶτα καὶ τροχῶν βάσεις
ἤφριζον, εἰσέβαλλον ἱππικαὶ πνοαί [2].
Κεῖνος δ' ὑπ' αὐτὴν ἐσχάτην στήλην ἔχων [3]
ἔχριμπτ' ἀεὶ σύριγγα, δεξιόν τ' ἀνεὶς
σειραῖον ἵππον, εἶργε τὸν προσκείμενον.
Καὶ πρὶν μὲν ὀρθοὶ πάντες ἕστασαν δίφροι·
ἔπειτα δ' Αἰνιᾶνος ἀνδρὸς ἄστομοι
πῶλοι βίᾳ φέρουσιν, ἐκ δ' ὑποστροφῆς,
τελοῦντες ἕκτον ἕβδομόν τ' [4] ἤδη δρόμον,
μέτωπα συμπαίουσι Βαρκαίοις [5] ὄχοις·
κἀντεῦθεν ἄλλος ἄλλον, ἐξ ἑνὸς κακοῦ,
ἔθραυε, κἀνέπιπτε· πᾶν δ' ἐπίμπλατο
ναυαγίων Κρισαῖον ἱππικῶν πέδον.

chevaux de la voix, et leurs mains agitent les rênes. La carrière est remplie du bruit des chars qui retentissent, et la poussière s'élève dans les airs. Les concurrents mêlés et confondus n'épargnent point l'aiguillon, pour devancer les roues et l'haleine des coursiers d'un rival; car le souffle des chevaux pressés faisait voler l'écume sur le dos des conducteurs, et sur les roues des chars. Oreste, arrivé à la dernière borne, l'effleurait de son essieu, et, lâchant les rênes du cheval de droite, retenait l'autre avec adresse. Tous les chars étaient encore debout; mais bientôt les coursiers fougueux du citoyen d'Ænia s'emportent, et changeant de direction, au moment où ils achevaient le septième tour, vont heurter de front les coursiers Libyens. Le choc brise et renverse les deux chars, et la plaine de Crisa est couverte

ἡνίας χεροῖν.	les brides de *leurs* mains.
Πᾶς δὲ δρόμος	Mais toute la carrière
ἐμεστώθη κτύπου	fut remplie-au-milieu du bruit
ἁρμάτων κροτητῶν·	des chars retentissants;
κόνις δὲ	et la poussière
ἐφορεῖτο ἄνω.	était portée en haut.
Πάντες δὲ ὁμοῦ ἀναμεμιγμένοι	Et tous à la fois mêlés
ἐφείδοντο οὐδὲν κέντρων,	ne ménageaient point les aiguillons,
ὡς τις αὐτῶν ὑπερβάλοι	afin que quelqu'un d'eux devançât
χνοὰς καὶ φρυάγματα	les essieux et les hennissements
ἱππικά.	des chevaux.
Πνοαὶ γὰρ ἱππικαὶ	Car le souffle des-chevaux
ἤφριζον ὁμοῦ	écumait à la fois
ἀμφὶ νῶτα	autour du dos
καὶ βάσεις τροχῶν	et des moyeux des roues
εἰσέβαλλον.	*et les* touchait (s'élançait-sur-eux).
Κεῖνος δὲ ἔχων	Mais lui, ayant (conduisant) *le char*
ὑπὸ ἐσχάτην στήλην αὐτὴν,	près de la dernière borne même,
ἔχριμπτεν ἀεὶ	il écorchait-légèrement toujours
σύριγγα,	le moyeu,
ἀνείς τε	et ayant lâché
ἵππον σειραῖον δεξιὸν,	le cheval de-trait à-droite,
εἶργε	il retenait
τὸν προσκείμενον.	*celui* qui-était-proche *de la borne.*
Καὶ πρὶν μὲν πάντες δίφροι	Et d'abord en effet tous les chars
ἕστασαν ὀρθοί·	se tenaient droits;
ἔπειτα δὲ πῶλοι	mais après les chevaux
ἀνδρὸς Αἰνιᾶνος	de l'homme Æniamen
φέρουσι βίᾳ	s'en vont avec-violence (s'emportent)
ἄστομοι,	sans-bouche (ayant-la-bouche-dure),
τελοῦντες δὲ ἤδη	et achevant déjà
ἕκτον ἕβδομόν τε δρόμον,	la sixième et (ou) la septième course,
συμπαίουσι μέτωπα	ils frappent de *leurs* fronts
ὄχοις Βαρκαίοις	contre les chars Barcéens
ἐξ ὑποστροφῆς·	par un mouvement-en-sens-contraire;
καὶ ἐντεῦθεν, ἐξ ἑνὸς κακοῦ	et de là, d'un seul mal
ἄλλος ἔθραυεν ἄλλον	l'un brisa l'autre
καὶ ἀνέπιπτε·	et tomba-dessus;
πᾶν δὲ πέδον Κρισαῖον	et toute la plaine Criséenne
ἐπίμπλατο ναυαγίων ἱππικῶν.	fut remplie de débris de-chars.

Γνοὺς δ' οὑξ Ἀθηνῶν δεινὸς ἡνιοστρόφος
ἔξω παρασπᾷ, κἀνακωχεύει, παρεὶς [1]
κλύδων' ἔφιππον ἐν μέσῳ κυκώμενον.
Ἤλαυνε δ' ἔσχατος μὲν, ὑστέρας δ' ἔχων
πώλους [2], Ὀρέστης, τῷ τέλει πίστιν φέρων·
ὁ δ' [3] ὡς ὁρᾷ μόνον νιν ἐλλελειμμένον,
ὀξὺν δι' ὤτων κέλαδον ἐνσείσας θοαῖς
πώλοις, διώκει· κἀξισώσαντε ζυγὰ
ἠλαυνέτην, τότ' ἄλλος, ἄλλοθ' ἅτερος
κάρα προβάλλων ἱππικῶν ὀχημάτων.
Καὶ τοὺς μὲν ἄλλους πάντας ἀσφαλεῖς δρόμους
ὠρθοῦθ' ὁ τλήμων ὀρθὸς ἐξ ὀρθῶν δίφρων [4]·
ἔπειτα λύων ἡνίαν ἀριστερὰν
κάμπτοντος ἵππου, λανθάνει στήλην ἄκραν
παίσας. Ἔθραυσε δ' ἄξονος μέσας χνόας,
κἀξ ἀντύγων ὤλισθε· σὺν δ' ἑλίσσεται
τμητοῖς ἱμᾶσι, τοῦ δὲ πίπτοντος πέδῳ
πῶλοι διεσπάρησαν ἐς μέσον δρόμον.

des débris de leur naufrage. L'Athénien voit leur chute, et s'écartant avec adresse, il retient les rênes, et laisse passer ces flots tumultueux de coursiers et de chars confondus dans la carrière. Après lui venait Oreste, qui, bien que le dernier, mettait tout son espoir dans la fin de la course, car ses chevaux étaient moins fatigués. Lorsqu'il voit qu'un seul adversaire lui reste, il anime par un cri aigu l'ardeur de ses coursiers, et poursuit son rival. Les deux chars volent de front, et tour à tour les chevaux se devancent de la longueur de la tête. Debout sur son char encore entier, l'intrépide Oreste avait jusqu'alors parcouru heureusement la carrière ; mais tandis qu'il lâche la bride du cheval en tournant vers la gauche, il heurte sans s'en apercevoir l'extrémité de la borne. L'essieu se brise, Oreste est renversé, il s'embarrasse dans les rênes, et ses chevaux, effrayés de sa chute, courent çà et là au milieu de la carrière. En le

Ἡνιοστρόφος δὲ δεινὸς	Mais le conducteur formidable
ὁ ἐξ Ἀθηνῶν	d'Athènes
γνοὺς	s'*en* étant aperçu
παρασπᾷ ἔξω,	détourne en-dehors,
καὶ ἀνακωχεύει,	et s'arrête,
παρεὶς	laissant-passer
κλύδωνα ἔφιππον	les vagues équestres
κυκώμενον ἐν μέσῳ.	troublées dans le milieu.
Ὀρέστης δὲ ἤλαυνεν	Mais Oreste courait
ἔσχατος μὲν,	le dernier il est vrai,
ἔχων δὲ πώλους ὑστέρας,	mais ayant des chevaux arriérés,
φέρων πίστιν τῷ τέλει·	reportant *sa* confiance à la fin;
ὁ δὲ, ὡς ὁρᾷ νιν	lui, comme il voit celui-là
ἐλλελειμμένον μόνον,	restant seul,
διώκει, ἐνσείσας	poursuit, secouant
διὰ ὤτων	à *leurs* oreilles
κέλαδον ὀξὺν	un bruit perçant
πώλοις θοαῖς·	aux chevaux rapides;
καὶ ἐξισώσαντε ζυγὰ	et ayant rendu-égaux *leurs* jougs
ἠλαυνέτην,	ils couraient-tous-deux,
τότε ἄλλος, ἄλλοτε ὁ ἕτερος	tantôt l'un, tantôt l'autre
προβάλλων κάρα	jetant-en-avant la tête
ὀχημάτων ἱππικῶν.	des chars équestres.
Καὶ ὁ τλήμων	Et cet *homme* courageux
ὠρθοῦτο τοὺς μὲν ἄλλους δρόμους	acheva-bien les autres courses
πάντας ἀσφαλεῖς	toutes en-sûreté,
ὀρθὸς ἐκ δίφρων ὀρθῶν·	*étant* droit sur son char droit;
ἔπειτα λύων ἡνίαν ἀριστερὰν	puis dénouant la bride gauche
ἵππου κάμπτοντος,	du cheval qui-tournait,
λανθάνει παίσας	il ignore ayant heurté
στήλην ἄκραν.	contre la borne à-l'extrémité.
Ἔθραυσε δὲ	Et il brisa
μέσας χνόας ἄξονος,	au-milieu les moyeux de l'axe,
καὶ ὤλισθεν	et il tomba-en-glissant
ἐξ ἀντύγων·	hors de la banne;
σὺν δὲ ἑλίσσεται	et en même temps il est entortillé
ἱμᾶσι τμητοῖς,	dans les courroies coupées;
τοῦ δὲ πίπτοντος πέδῳ,	mais lui tombant sur le sol,
πῶλοι διεσπάρησαν	les poulains furent dispersés
ἐς μέσον δρόμον.	dans le-milieu de la carrière.

Στρατὸς δ' ὅπως ὁρᾷ νιν ἐκπεπτωκότα
δίφρων, ἀνωλόλυξε τὸν νεανίαν,
οἷ' ἔργα δράσας οἷα λαγχάνει κακά,
φορούμενος πρὸς οὖδας, ἄλλοτ' οὐρανῷ
σκέλη προφαίνων· ἔστε νιν διφρηλάται,
μόλις κατασχεθόντες ἱππικὸν δρόμον,
ἔλυσαν αἱματηρὸν, ὥστε μηδένα
γνῶναι φίλων ἰδόντ' ἂν ἄθλιον δέμας.
Καί νιν πυρᾷ κέαντες εὐθὺς, ἐν βραχεῖ
χαλκῷ μέγιστον σῶμα δειλαίας σποδοῦ [1]
φέρουσιν ἄνδρες Φωκέων τεταγμένοι,
ὅπως πατρῴας τύμβον ἐκλάχῃ χθονός.
Τοιαῦτά σοι ταῦτ' ἐστὶν, ὡς μὲν ἐν λόγοις,
ἀλγεινὰ, τοῖς δ' ἰδοῦσιν, οἵπερ εἴδομεν,
μέγιστα πάντων ὧν ὄπωπ' ἐγὼ κακῶν.

ΧΟΡΟΣ.

Φεῦ, φεῦ· τὸ πᾶν δὴ δεσπόταισι τοῖς πάλαι
πρόῤῥιζον, ὡς ἔοικεν, ἔφθαρται γένος.

voyant précipité de son char, l'assemblée jette un cri, et déplore la triste fin de tant de victoires, tandis que l'infortuné est traîné dans la poussière, soulevant parfois les pieds vers le ciel. Enfin, on arrête avec peine la fougue de ses coursiers, on le débarrasse des rênes, tout sanglant, et tel que l'œil même d'un ami n'aurait pu reconnaître son corps défiguré. Aussitôt ses restes sont consumés sur un bûcher, et des Phocéens sont chargés d'apporter dans une urne étroite les cendres du plus grand des héros, pour qu'il reçoive un tombeau dans la terre natale. Voilà le récit que j'avais à vous faire, récit affreux sans doute; mais pour ceux qui, comme nous, ont été témoins de ce malheur, c'était le plus douloureux des spectacles.

LE CHOEUR. Hélas ! Voilà donc la tige de nos anciens maîtres détruite jusque dans ses racines !

Ὅπως δὲ στρατὸς ὁρᾷ νιν	**Mais aussitôt que l'armée voit lui**
ἐκπεπτωκότα δίφρων,	**étant tombé du char,**
ἀνωλόλυξε	**elle pousse-des-lamentations-sur**
τὸν νεανίαν,	**le jeune homme,**
οἷα ἔργα δράσας,	**quelles actions ayant accomplies,**
οἷα κακὰ λαγχάνει,	**quels maux il reçoit-en-partage,**
φορούμενος πρὸς οὖδας,	**étant-traîné sur le sol,**
προφαίνων ἄλλοτε	**montrant de-temps-en-temps**
σκέλη οὐρανῷ,	**les jambes au ciel,**
ἔστε	**jusqu'à ce que**
διφρηλάται	**les conducteurs-de-char**
κατασχεθόντες μόλις	**arrêtant avec peine**
δρόμον ἱππικὸν,	**la course des-chevaux,**
ἔλυσάν νιν αἱματηρὸν,	**dénouèrent lui sanglant,**
ὥστε μηδένα φίλων	**de façon qu'aucun de *ses* amis**
γνῶναι ἂν	**ne pourrait reconnaître**
δέμας ἄθλιον	***son* corps infortuné**
ἰδόντα.	***l'*ayant vu.**
Καὶ ἄνδρες	**Et les hommes**
τεταγμένοι	**nommés-*pour-cela***
Φωκέων	**des Phocéens**
κέαντές νιν εὐθὺς	**ayant brûlé lui aussitôt**
φέρουσιν ἐν χαλκῷ βραχεῖ	**portent dans un vase-d'airain petit**
σῶμα μέγιστον,	***ce* corps très-grand,**
σποδοῦ δειλαίας,	***consistant* en cendres infortunées,**
ὅπως ἐκλάχῃ τύμβον	**afin qu'il obtienne une tombe**
χθονὸς πατρῴας.	**de la terre de-*sa*-patrie.**
Τοιαῦτά ἐστί σοι ταῦτα,	**Telles sont à toi ces choses,**
ὡς	**autant qu'*elles le peuvent être***
ἐν λόγοις μὲν	**dans les paroles d'un côté**
ἀλγεινὰ,	**douloureuses,**
τοῖς δὲ ἰδοῦσιν,	**mais pour ceux qui-*les*-ont-vues,**
οἵπερ εἴδομεν,	***pour nous* qui *les* avons vues,**
μέγιστα πάντων κακῶν	**les plus grands de tous les maux**
ὧν ἐγὼ ὄπωπα.	**que moi j'aie vus.**
ΧΟΡΟΣ. Φεῦ, φεῦ·	**LE CHŒUR. Hélas, hélas !**
ἔφθαρται δὴ πρόῤῥιζον,	**ainsi elle est détruite par-la-racine,**
ὡς ἔοικε,	**à ce qu'il paraît,**
πᾶν τὸ γένος	**toute la race**
δεσπόταισι τοῖς πάλαι.	**aux maîtres d'autrefois.**

ΚΛΥΤΑΙΜΝΗΣΤΡΑ.

Ὦ Ζεῦ, τί ταῦτα [1]; πότερον εὐτυχῆ λέγω,
ἢ δεινὰ μὲν, κέρδη δέ; Λυπηρῶς δ' ἔχει,
εἰ τοῖς ἐμαυτῆς τὸν βίον σώζω κακοῖς.

ΠΑΙΔΑΓΩΓΟΣ.

Τί δ' ὧδ' ἀθυμεῖς, ὦ γύναι, τῷ νῦν λόγῳ;

ΚΛΥΤΑΙΜΝΗΣΤΡΑ.

Δεινὸν τὸ τίκτειν ἐστίν· οὐδὲ γὰρ κακῶς
πάσχοντι [2] μῖσος ὧν τέκῃ προσγίγνεται.

ΠΑΙΔΑΓΩΓΟΣ.

Μάτην ἄρ' ἡμεῖς, ὡς ἔοικεν, ἥκομεν.

ΚΛΥΤΑΙΜΝΗΣΤΡΑ.

Οὔ τοι μάτην γε. Πῶς γὰρ ἂν μάτην λέγοις,
εἴ μοι θανόντος πίστ' ἔχων τεκμήρια
προσῆλθες, ὅστις, τῆς ἐμῆς ψυχῆς γεγὼς,
μαστῶν ἀποστὰς καὶ τροφῆς ἐμῆς, φυγὰς
ἀπεξενοῦτο, καί μ', ἐπεὶ τῆσδε χθονὸς
ἐξῆλθεν, οὐκ ἔτ' εἶδεν, ἐγκαλῶν δέ μοι
φόνους πατρῴους, δείν' ἐπηπείλει τελεῖν·

CLYTEMNESTRE. O Jupiter, que dirai-je de cet événement? Dois-je l'appeler heureux, ou déplorable, mais utile? Il est bien cruel de ne conserver la vie que par mes propres malheurs.

LE GOUVERNEUR. Pourquoi cet abattement au récit que je viens de faire?

CLYTEMNESTRE. Que la nature a de pouvoir sur une mère! Non, quoique outragée, une mère ne peut haïr ses enfants.

LE GOUVERNEUR. Mon message, je le vois, était inutile.

CLYTEMNESTRE. Inutile! Non, ne le pense pas, puisque tu es venu m'apprendre, par des indices certains, la mort de celui qui, né de mon sang, a fui mes soins et ma tendresse, pour aller vivre dans l'exil, qui depuis son départ ne m'a plus revue, et qui, me reprochant le meurtre de son père, me menaçait d'un sort funeste: ni le

ΚΛΥΤΑΙΜΝΗΣΤΡΑ.
Ὦ Ζεῦ, τί ταῦτα;
πότερον λέγω
εὐτυχῆ,
ἢ δεινὰ μὲν,
κέρδη δέ;
Ἔχει δὲ λυπηρῶς,
εἰ σώζω τὸν βίον
κακοῖς τοῖς ἐμαυτῆς.
ΠΑΙΔΑΓΩΓΟΣ. Ὦ γύναι,
τί δὲ ἀθυμεῖς ὧδε
λόγῳ τῷ νῦν;
ΚΛΥΤΑΙΜΝΗΣΤΡΑ.
Τὸ τίκτειν ἐστὶ δεινόν·
μῖσος γὰρ
ὧν τέκῃ
προςγίγνεται οὐδὲ
πάσχοντι κακῶς.
ΠΑΙΔΑΓΩΓΟΣ.
Ἡμεῖς ἄρα ἥκομεν,
ὡς ἔοικε, μάτην.
ΚΛΥΤΑΙΜΝΗΣΤΡΑ.
Οὔ τοι μάτην γε.
Πῶς γὰρ λέγοις ἂν μάτην,
εἴ προςῆλθες
ἔχων μοι
τεκμήρια πιστὰ θανόντος,
ὅςτις γεγὼς
ψυχῆς τῆς ἐμῆς,
ἀποστὰς
μαστῶν
καὶ τροφῆς ἐμῆς,
ἀπεξενοῦτο φυγὰς,
καὶ οὐκ εἶδεν ἔτι με,
ἐπεὶ ἐξῆλθε τῆςδε χθονὸς,
ἐγκαλῶν δέ μοι
φόνους πατρῴους,
ἐπηπείλει
τελεῖν δεινά;
ὥςτε ἐμὲ

CLYTEMNESTRE.
O Jupiter, que *sont* ces choses ?
est-ce que je *les* appellerai
heureuses,
ou terribles d'un côté,
mais gains (utiles)?
Mais *cela* va tristement,
si je sauve *ma* vie
par les maux de moi-même.
LE GOUVERNEUR. O femme,
mais pourquoi es-tu-découragée ainsi
par le discours de maintenant ?
CLYTEMNESTRE.
Le enfanter est terrible;
car haine contre ceux
qu'on a enfantés
ne survient pas même
à celui qui *en* éprouve du-mal.
LE GOUVERNEUR.
Nous sommes donc venus,
à ce qu'il paraît, vainement.
CLYTEMNESTRE.
Certes au moins pas vainement.
Car comment dirais-tu vainement,
si tu es venu
ayant à moi
des indices sûrs du mort,
qui étant né
de l'âme mienne,
s'étant éloigné
de *mes* mamelles
et de la nourriture mienne,
est devenu-étranger exilé,
et n'a plus vu moi,
après qu'il est sorti de ce pays,
mais reprochant à moi
le meurtre de-*son*-père,
menaçait
d'accomplir de terribles choses ?
de manière à ce que moi

ὥστ' οὔτε νυκτὸς ὕπνον, οὔτ' ἐξ ἡμέρας [1],
ἐμὲ στεγάζειν ἡδύν· ἀλλ' ὁ προστατῶν [2]
χρόνος διῆγέ μ' αἰὲν ὡς θανουμένην.
Νῦν δ'—ἡμέρᾳ γὰρ τῇδ' ἀπήλλαγμαι φόβου
πρὸς τῆσδ' ἐκείνου θ'· ἥδε γὰρ μείζων βλάβη
ξύνοικος ἦν μοι, τοὐμὸν ἐκπίνουσ' ἀεὶ
ψυχῆς ἄκρατον αἷμα [3] — νῦν δ' ἕκηλά που,
τῶν τῆσδ' ἀπειλῶν οὕνεχ', ἡμερεύσομεν.

ΗΛΕΚΤΡΑ.

Οἴ μοι τάλαινα· νῦν γὰρ οἰμῶξαι πάρα,
Ὀρέστα, τὴν σὴν ξυμφορὰν, ὅθ' ὧδ' ἔχων
πρὸς τῆσδ' ὑβρίζει μητρός. Ἆρ' ἔχει καλῶς [4];

ΚΛΥΤΑΙΜΝΗΣΤΡΑ.

Οὔ τοι σύ· κεῖνος δ', ὡς ἔχει, καλῶς ἔχει.

ΗΛΕΚΤΡΑ.

Ἄκουε, Νέμεσι, τοῦ θανόντος ἀρτίως [5].

ΚΛΥΤΑΙΜΝΗΣΤΡΑ.

Ἤκουσεν ὧν δεῖ, κἀπεκύρωσεν καλῶς.

ΗΛΕΚΤΡΑ.

Ὕβριζε· νῦν γὰρ εὐτυχοῦσα τυγχάνεις.

jour, ni la nuit, je ne pouvais goûter les douceurs du sommeil, mais à chaque instant, je croyais voir arriver la mort. Enfin ce jour me délivre des craintes qu'il m'inspirait lui et sa sœur ; car sa sœur était pour moi un fléau encore plus terrible, une ennemie domestique qui s'abreuvait sans cesse du plus pur de mon sang. Aujourd'hui enfin ses menaces ne troubleront plus notre repos.

ÉLECTRE. Infortunée que je suis ! C'est à présent qu'il faut pleurer ton malheur, cher Oreste, puisque même en cet état tu es outragé par ta mère. Ne sommes-nous pas bien heureux ?

CLYTEMNESTRE. Non pas toi, mais pour lui, comme il est, il est bien.

ÉLECTRE. Entends, ô Némésis, entends mon frère mort.

CLYTEMNESTRE. Elle a entendu les vœux qu'elle devait entendre, et les a exaucés.

ÉLECTRE. Insulte-nous : la fortune te favorise.

στεγάζειν
ὕπνον ἡδὺν
οὔτε νυκτὸς οὔτε ἐξ ἡμέρας·
ἀλλὰ χρόνος ὁ προστατῶν
διῆγέ με αἰὲν
ὡς θανουμένην.
Νῦν δὲ γὰρ
ἀπήλλαγμαι φόβου
πρὸς τῆσδε ἐκείνου τε
ἐν τῇδε ἡμέρᾳ·
ἥδε γὰρ ἦν μοι
βλάβη μείζων
ξύνοικος,
ἐκπίνουσα ἀεὶ
αἷμα ἄκρατον τὸ ἐμὸν
ψυχῆς·
νῦν δὲ
ἡμερεύσομεν
ἕκηλά που
ἀπειλῶν τῶν τῆσδε οὕνεκα.
ΗΛΕΚΤΡΑ.
Οἴμοι τάλαινα·
νῦν γὰρ
πάρα οἰμῶξαι
ξυμφορὰν τὴν σὴν, Ὀρέστα,
ὅτε ἔχων ὧδε
ὑβρίζει πρὸς τῆσδε μητρός.
Ἆρα ἔχει καλῶς;
ΚΛΥΤΑΙΜΝΗΣΤΡΑ.
Οὔτοι σύ·
κεῖνος δὲ ἔχει καλῶς,
ὡς ἔχει.
ΗΛΕΚΤΡΑ.
Νέμεσι, ἄκουε
τοῦ θανόντος ἀρτίως.
ΚΛΥΤΑΙΜΝΗΣΤΡΑ.
Ἤκουσεν, ὧν δεῖ,
καὶ ἐπεκύρωσε καλῶς.
ΗΛΕΚΤΡΑ. Ὕβριζε·
νῦν γὰρ τυγχάνεις
εὐτυχοῦσα.

ne pouvoir héberger
le sommeil doux
ni la nuit ni le jour;
mais le temps qui-s'avance
conduisait moi toujours
comme devant mourir.
Mais maintenant en effet
je suis affranchie de la crainte
de la part de celle-ci et de celui-là
dans ce jour;
car celle-ci était à moi
un fléau plus grand
habitant-avec *moi*,
buvant-entièrement toujours
le sang pur mien
de *mon* âme;
mais maintenant
nous passerons-la-journée
en-sûreté apparemment
quant aux menaces de celle-ci.
ÉLECTRE.
Hélas, infortunée *que je suis*,
car à-présent
il est permis de pleurer
l'infortune tienne, Oreste,
quand, étant ainsi,
tu es insulté par cette mère.
Est-ce que *cela* ne va pas bien?
CLYTEMNESTRE.
Certes pas toi;
mais lui va bien
comme il va.
ÉLECTRE.
O Némésis, écoute
lui qui-est-mort récemment.
CLYTEMNESTRE.
Elle a écouté *les choses* qu'il faut,
et elle *les* a ratifiées bien.
ÉLECTRE. Outrage;
car maintenant tu te trouves
étant-heureuse.

ΚΛΥΤΑΙΜΝΗΣΤΡΑ.

Οὔκουν Ὀρέστης καὶ σὺ παύσετον τάδε.

ΗΛΕΚΤΡΑ.

Πεπαύμεθ' ἡμεῖς, οὐχ ὅπως σὲ παύσομεν.

ΚΛΥΤΑΙΜΝΗΣΤΡΑ.

Πολλῶν ἂν ἥκοις, ὦ ξέν', ἄξιος τυχεῖν,
εἰ τήνδ' ἔπαυσας τῆς πολυγλώσσου βοῆς.

ΠΑΙΔΑΓΩΓΟΣ.

Οὐκοῦν ἀποστείχοιμ' ἂν, εἰ τάδ' εὖ κυρεῖ.

ΚΛΥΤΑΙΜΝΗΣΤΡΑ.

Ἥκιστ'· ἐπείπερ οὔτ' ἐμοῦ κατάξι' ἂν
πράξειας, οὔτε τοῦ πορεύσαντος ξένου.
Ἀλλ' εἴσιθ' εἴσω, τήνδε δ' ἔκτοθεν βοᾷν
ἔα τά θ' αὐτῆς καὶ τὰ τῶν φίλων κακά.

ΗΛΕΚΤΡΑ.

Ἆρ' ὑμὶν, ὡς ἀλγοῦσα κὠδυνωμένη,
δεινῶς δακρῦσαι κἀπικωκῦσαι δοκεῖ
τὸν υἱὸν ἡ δύστηνος ὧδ' ὀλωλότα;
Ἀλλ' ἐγγελῶσα φροῦδος. Ὦ τάλαιν' ἐγώ.
Ὀρέστα φίλταθ', ὥς μ' ἀπώλεσας θανών.
Ἀποσπάσας γὰρ τῆς ἐμῆς οἴχει φρενὸς

CLYTEMNESTRE. Ni Oreste, ni toi, vous ne détruirez mon bonheur.

ÉLECTRE. Nous sommes perdus; comment pourrions-nous te perdre toi-même?

CLYTEMNESTRE. Je te devrais beaucoup, ô étranger, si tu avais mis un terme à ses importunes clameurs.

LE GOUVERNEUR. Je me retire : j'ai rempli mon message.

CLYTEMNESTRE. Non, non : ce serait me manquer à moi-même, ce serait manquer à l'ami qui t'envoie. Entre dans le palais, et laisse-la ici déplorer ses malheurs et ceux de ses amis.

ÉLECTRE. Vous semble-t-elle affligée, accablée de douleur? La cruelle! A-t-elle accordé une larme, un soupir à la mort si déplorable d'un fils? Non : elle est partie en riant de mes pleurs. Ah! malheureuse que je suis! Cher Oreste, ta mort m'a perdue : elle arrache à mon cœur le seul espoir qui me restait, celui de te voir revenir

ΚΛΥΤΑΙΜΝΗΣΤΡΑ.	CLYTEMNESTRE.
Οὔκουν παύσετον	Certes vous ne détruirez pas
τάδε,	ces choses,
Ὀρέστης καὶ σύ.	Oreste et toi.
ΗΛΕΚΤΡΑ.	ÉLECTRE.
Ἡμεῖς πεπαύμεθα,	Nous sommes détruits,
οὐχ ὅπως παύσομέν σε.	bien loin de détruire toi.
ΚΛΥΤΑΙΜΝΗΣΤΡΑ.	CLYTEMNESTRE.
Ὦ ξένε,	O étranger,
ἥκοις ἂν ἄξιος	tu serais venu digne
τυχεῖν πολλῶν,	d'obtenir bien des choses,
εἰ ἔπαυσας τήνδε	si tu avais pu faire-cesser à celle-ci
βοῆς τῆς πολυγλώσσου.	*sa* vocifération querelleuse.
ΠΑΙΔΑΓΩΓΟΣ.	LE GOUVERNEUR.
Οὐκοῦν ἀποστείχοιμι ἄν,	Je pourrai donc m'en aller,
εἰ τάδε κυρεῖ εὖ.	si ces choses sont bien.
ΚΛΥΤΑΙΜΝΗΣΤΡΑ.	CLYTEMNESTRE.
Ἥκιστα·	Pas du tout;
ἐπείπερ πράξειας ἂν	puisque tu *ne* ferais
κατάξια οὔτε ἐμοῦ	des choses dignes ni de moi
οὔτε ξένου τοῦ πορεύσαντος.	ni de l'hôte qui *t'*a envoyé.
Ἀλλὰ εἴσιθι εἴσω,	Mais entre dans l'intérieur,
ἔα δὲ τήνδε	mais laisse celle-ci
βοᾷν ἔκτοθεν	crier au-dehors
κακά τά τε αὑτῆς	sur les maux d'elle-même
καὶ τὰ τῶν φίλων.	et ceux de *ses* amis.
ΗΛΕΚΤΡΑ.	ÉLECTRE.
Ἆρα ἡ δύστηνος	Est-ce que la malheureuse
δοκεῖ ὑμῖν	ne paraît pas à vous
δακρῦσαι δεινῶς	avoir pleuré terriblement
υἱὸν τὸν ὀλωλότα ὧδε,	*son* fils qui-a-péri ainsi,
ὡς ἀλγοῦσα	comme souffrant
καὶ ὀδυνωμένη;	et étant troublée?
Ἀλλὰ φροῦδος ἐγγελῶσα.	Mais elle *est* partie en riant.
Ὦ τάλαινα ἐγώ·	O infortunée *que* je *suis*;
Ὀρέστα φίλτατε,	Oreste très-chéri,
ὡς ἀπώλεσάς με	comme tu as tué moi
θανών.	étant mort (en mourant)!
Οἴχει γὰρ ἀποσπάσας	Car tu t'en es allé ayant arraché
φρενὸς τῆς ἐμῆς	au cœur mien

αἵ μοι μόναι παρῆσαν ἐλπίδων ἔτι,
σὲ πατρὸς ἥξειν ζῶντα τιμωρόν ποτε
κἀμοῦ ταλαίνης. Νῦν δὲ ποῖ με χρὴ μολεῖν;
μόνη γάρ εἰμι, σοῦ τ' ἀπεστερημένη
καὶ πατρός. Ἤδη δεῖ με δουλεύειν πάλιν,
ἐν τοῖσιν ἐχθίστοισιν ἀνθρώπων ἐμοὶ
φονεῦσι πατρός. Ἆρά μοι καλῶς ἔχει;
Ἀλλ' οὔ τι μὴν ἔγωγε τοῦ λοιποῦ χρόνου
ξύνοικος ἔσσομ'· ἀλλὰ, τῇδε πρὸς πύλῃ
παρεῖσ' ἐμαυτὴν, ἄφιλος αὐανῶ βίον.
Πρὸς ταῦτα [1] καινέτω τις, εἰ βαρύνεται,
τῶν ἔνδον ὄντων· ὡς χάρις μὲν, ἢν κτάνῃ·
λύπη δ', ἐὰν ζῶ· τοῦ βίου δ' οὐδεὶς πόθος.

ΧΟΡΟΣ.

(Στροφὴ α'.)

Ποῦ ποτε κεραυνοὶ Διὸς [2], ἢ
ποῦ φαέθων
Ἅλιος, εἰ ταῦτ' ἐφορῶντες
κρύπτουσιν ἕκηλοι;

vivant pour venger ton père et les maux de ta sœur. Que devenir maintenant, seule, et privée d'un père et de toi? Il me faudra vivre encore en esclave au milieu de ceux que je déteste, au milieu des assassins de mon père. Quel sort pour Électre! Mais non, je ne veux plus rester sous le même toit ; couchée sur ce seuil, m'abandonnant moi-même, je me consumerai dans l'isolement et la douleur. Qu'un de ceux qui habitent le palais m'arrache la vie, si mes larmes l'importunent ; la mort sera un bienfait pour moi, la vie m'est un supplice : je ne la regretterai point.

LE CHOEUR. Où sont les foudres de Jupiter ! Où sont les feux brûlants de Phébus, s'ils voient ces horreurs sans faire éclater leur courroux?

αἳ παρῆσάν μοι	celles qui étaient-présentes à moi
ἔτι μόναι ἐλπίδων,	encore seules de *mes* espérances,
σὲ ἥξειν ποτὲ	toi devoir venir un-jour
τιμωρὸν ζῶντα	vengeur vivant
πατρὸς καὶ ἐμοῦ ταλαίνης.	de *notre* père et de moi l'infortunée.
Νῦν δὲ ποῖ χρή μολεῖν με;	Mais à présent où faut-il que j'aille ?
μόνη γάρ εἰμι,	car seule je suis,
ἀπεστερημένη	privée
σοῦ τε καὶ πατρός.	et de toi et de *mon* père.
Δεῖ ἤδη	Il faut maintenant
δουλεύειν με πάλιν	moi être-esclave de-nouveau
ἐν τοῖσιν ἐχθίστοισιν ἀνθρώπων	parmi les plus odieux des hommes
ἐμοί,	pour moi,
φονεῦσι πατρός.	les meurtriers de *mon* père.
Ἆρα ἔχει καλῶς	Est-ce que *cela* ne va pas bien
μοί;	pour moi ?
Ἀλλὰ ἔγωγε μὴν	Mais certes moi
οὔτι ἔσσομαι	je ne serai aucunement
ξύνοικος	habitant-avec-*eux*
χρόνου τοῦ λοιποῦ·	le temps qui-reste ;
ἀλλὰ παρεῖσα ἐμαυτὴν	mais négligeant moi-même
πρὸς τῇδε πύλῃ	à cette porte
αὐανῶ βίον ἄφιλος.	je dessécherai ma vie sans-amis.
Πρὸς ταῦτα	A cause de ces choses
τὶς καινέτω,	que quelqu'un *me* tue,
τῶν ὄντων ἔνδον,	de ceux qui-sont à-l'intérieur,
εἰ βαρύνεται·	s'il est-incommodé *de moi ;*
ὡς χάρις μὲν,	car *ce sera* une grâce en-vérité,
ἢν κτάνῃ,	s'il *me* tue,
λύπη δὲ, ἐὰν ζῶ·	et un chagrin, si je vis ;
οὐδεὶς δὲ πόθος	et *il* n'*est à moi* aucun desir
τοῦ βίου.	de la vie.
Στροφὴ α′	*Strophe 1.*
ΧΟΡΟΣ.	LE CHOEUR.
Ποῦ ποτε	Où *sont* donc
κεραυνοὶ Διός;	les foudres de Jupiter ?
ἢ ποῦ Ἅλιος	ou où est le Soleil
φαέθων,	brillant,
εἰ ἐφορῶντες ταῦτα	si voyant ces choses
κρύπτουσιν ἕκηλοι;	ils se cachent à l'écart ?

ΗΛΕΚΤΡΑ.
Ἒ, ἒ, αἰαῖ.
ΧΟΡΟΣ.
Ὦ παῖ, τί δακρύεις;
ΗΛΕΚΤΡΑ.
Φεῦ.
ΧΟΡΟΣ.
Μηδὲν μέγ' ἀΰσῃς [1].
ΗΛΕΚΤΡΑ.
Ἀπολεῖς.
ΧΟΡΟΣ.
Πῶς;
ΗΛΕΚΤΡΑ.
Εἰ τῶν φανερῶς οἰχομένων εἰς
Ἀΐδαν ἐλπίδ' ὑποίσεις, κατ' ἐμοῦ
τακομένας μᾶλλον ἐπεμβάσει.
ΧΟΡΟΣ.
(Ἀντιστροφὴ α'.)
Οἶδα γὰρ [2] ἄνακτ' Ἀμφιάρεων
χρυσοδέτοις
ἕρκεσι κρυφθέντα γυναικῶν·
καὶ νῦν ὑπὸ γαίας
ΗΛΕΚΤΡΑ.
Ἒ, ἒ, ἰώ.
ΧΟΡΟΣ.
πάμψυχος [3] ἀνάσσει.
ΗΛΕΚΤΡΑ.
Φεῦ.
ΧΟΡΟΣ.
Φεῦ δῆτ'· ὀλοὰ γάρ

ÉLECTRE. Hélas! hélas!
LE CHOEUR. Ma fille, pourquoi ces pleurs?
ÉLECTRE. Ah! Dieux!
LE CHOEUR. Retiens tes cris.
ÉLECTRE. Tu me fais mourir.
LE CHOEUR. Comment?
ÉLECTRE. Vouloir que j'espère en ceux qui ne sont plus, c'est insulter encore à ma douleur.
LE CHOEUR. Vois le roi Amphiaraüs : la trahison d'une femme, des piéges tissus d'or l'ont fait périr; et maintenant dans les enfers....
ÉLECTRE. Hélas! hélas!
LE CHOEUR. Il règne plein de vie.
ÉLECTRE. Ah! Dieux!
LE CHOEUR. Tu gémis avec raison : une femme criminelle.....

ΗΛΕΚΤΡΑ.
Ἒ ἔ, αἰαῖ.
ΧΟΡΟΣ. Ὦ παῖ,
τί δακρύεις;
ΗΛΕΚΤΡΑ. Φεῦ.
ΧΟΡΟΣ.
Ἀΰσῃς μηδὲν
μέγα.
ΗΛΕΚΤΡΑ.
Ἀπολεῖς.
ΧΟΡΟΣ. Πῶς;
ΗΛΕΚΤΡΑ.
Εἰ ὑποίσεις
ἐλπίδα
τῶν οἰχομένων
εἰς Ἀΐδαν
φανερῶς,
ἐπεμβάσει
μᾶλλον
κατὰ ἐμοῦ
τακομένας.

Ἀντιστροφὴ α'.

ΧΟΡΟΣ.
Οἶδα γὰρ
ἄνακτα
Ἀμφιάρεων
κρυφθέντα
ἕρκεσι
χρυσοδέτοις
γυναικῶν·
καὶ νῦν
ὑπὸ γαίας —
ΗΛΕΚΤΡΑ.
Ἒ, ἔ,
ἰώ.
ΧΟΡΟΣ. ἀνάσσει
πάμψυχος.
ΗΛΕΚΤΡΑ. Φεῦ.
ΧΟΡΟΣ. Φεῦ δῆτα·
ὀλοὰ γάρ —

ÉLECTRE.
Ah, hélas.
LE CHOEUR. O *mon* enfant,
pourquoi pleures-tu?
ÉLECTRE. Hélas.
LE CHOEUR.
Ne crie en-rien
à *voix*-haute.
ÉLECTRE.
Tu *me* tueras.
LE CHOEUR. Comment?
ÉLECTRE.
Si tu portes-en-secret (inspires)
l'espérance
de ceux qui-sont-allés
aux Enfers
manifestement,
tu marcheras (insulteras)
davantage
sur moi
qui-me-consume.

Antistrophe I.

LE CHOEUR.
C'est que je sais
le roi
Amphiaraüs
ayant été englouti
par suite des enclos (colliers)
attachés-avec-de-l'or
des femmes;
et maintenant
sous terre
ÉLECTRE.
Ah, ah,
hélas.
LE CHOEUR. il commande
gardant-toutes-*ses*-facultés.
ÉLECTRE. Hélas.
LE CHOEUR. Hélas en-vérité;
car la pernicieuse....

ΗΛΕΚΤΡΑ.
Ἐδάμη.
ΧΟΡΟΣ.
Ναί.
ΗΛΕΚΤΡΑ.
Οἶδ', οἶδ'· ἐφάνη γὰρ μελέτωρ ἀμ-
φὶ τὸν ἐν πένθει [1] · ἐμοὶ δ' οὔ τις ἔτ' ἔσθ'·
ὃς γὰρ ἔτ' ἦν, φροῦδος ἀναρπασθείς.
ΧΟΡΟΣ.
(Στροφὴ β')
Δειλαία δειλαίων κυρεῖς.
ΗΛΕΚΤΡΑ.
Κἀγὼ τοῦδ' ἴστωρ, ὑπερίστωρ,
πανσύρτῳ παμμήνῳ [2] δεινῶν
στυγνῶν τ' ἀχέων αἰῶνι.
ΧΟΡΟΣ.
Εἴδομεν ἃ θρηνεῖς.
ΗΛΕΚΤΡΑ.
Μή μέ νυν μηκέτι
παραγάγῃς, ἵν' οὐ
ΧΟΡΟΣ.
Τί φῄς;
ΗΛΕΚΤΡΑ.
πάρεισιν ἐλπίδων
ἔτι κοινοτόκων [3]
εὐπατριδᾶν τ' ἀρωγαί.

ÉLECTRE. Elle fut punie.

LE CHOEUR. Précisément.

ÉLECTRE. Je le sais, je le sais; celui qu'on pleurait trouva un vengeur; et moi je n'en ai plus : celui qui me restait, le sort me l'a ravi.

LE CHOEUR. Tu es la plus malheureuse des femmes.

ÉLECTRE. Je ne le sais que trop; les plus cruelles, les plus affreuses douleurs se sont succédé sans cesse pour m'accabler.

LE CHOEUR. Nous connaissons le sujet de tes plaintes.

ÉLECTRE. Cesse donc, cesse de me consoler, puisque hélas!....

LE CHOEUR. Que dis-tu?

ÉLECTRE. J'ai perdu l'espoir d'être secourue par un frère généreux.

ΗΛΕΚΤΡΑ. Ἐδάμη.	ÉLECTRE. Elle fut domptée.
ΧΟΡΟΣ. Ναί.	LE CHOEUR. Oui.
ΗΛΕΚΤΡΑ.	ÉLECTRE.
Οἶδα,	Je *le* sais,
οἶδα·	je *le* sais ;
μελέτωρ γὰρ	c'est que *quelqu'un*-qui-en-eut-soin
ἐφάνη	apparut
ἀμφὶ τὸν	pour celui *qui était*
ἐν πένθει·	en deuil (qui était pleuré);
οὔ τις δὲ	mais aucun
ἐστὶν ἔτι ἐμοί·	n'est plus à moi;
ὃς γὰρ ἦν ἔτι,	car *celui* qui était encore
φροῦδος	est parti
ἀναρπασθείς.	enlevé-avec-violence.
Στροφὴ β'.	*Strophe II.*
ΧΟΡΟΣ.	LE CHOEUR.
Κυρεῖς	Tu es
δειλαία	l'infortunée
δειλαίων.	des infortunées.
ΗΛΕΚΤΡΑ.	ÉLECTRE.
Καὶ ἐγὼ	Moi aussi
ἴστωρ,	*je suis* instruite,
ὑπερίστωρ τοῦδε,	très-instruite de cela,
αἰῶνι παμμήνῳ	par un temps plein-de-mois
πανσύρτῳ	chargé
ἀχέων δεινῶν	de douleurs terribles
στυγνῶν τε.	et odieuses.
ΧΟΡΟΣ.	LE CHOEUR.
Εἴδομεν,	Nous avons vu
ἃ θρηνεῖς.	*les choses* que tu pleures.
ΗΛΕΚΤΡΑ.	ÉLECTRE.
Μὴ παραγάγῃς νυν μηκέτι	N'entraîne donc plus
μὲ,	moi
ἵνα οὐ —	là où ne...
ΧΟΡΟΣ. Τί φῄς;	LE CHOEUR. Que dis-tu?
ΗΛΕΚΤΡΑ.	ÉLECTRE.
πάρεισιν ἔτι	sont plus présents
ἀρωγαὶ ἐλπίδων	les secours des espérances
κοινοτόκων	nées-des-mêmes-parents
εὐπατριδᾶν τε.	et de-haute-naissance.

ΧΟΡΟΣ.
(Ἀντιστροφὴ β΄.)
Πᾶσι θνατοῖς ἔφυ μόρος.
ΗΛΕΚΤΡΑ.
Ἦ καὶ χαλαργοῖς ἐν ἁμίλλαις
οὕτως, ὡς κείνῳ δυστάνῳ,
τμητοῖς ὁλκοῖς ἐγκῦρσαι;
ΧΟΡΟΣ.
Ἄσκοπος ἁ λώβα.
ΗΛΕΚΤΡΑ.
Πῶς γὰρ οὔκ; εἰ ξένος
ἄτερ ἐμᾶν χερῶν
ΧΟΡΟΣ.
Παπαί.
ΗΛΕΚΤΡΑ.
κέκευθεν, οὔτε του
τάφου ἀντιάσας,
οὔτε γόων παρ' ἡμῶν.
ΧΡΥΣΟΘΕΜΙΣ.
Ὑφ' ἡδονῆς τοι, φιλτάτη, διώκομαι,
τὸ κόσμιον μεθεῖσα, σὺν τάχει μολεῖν.
Φέρω γὰρ ἡδονάς τε κἀνάπαυλαν ὧν
πάροιθεν εἶχες καὶ κατέστενες κακῶν.
ΗΛΕΚΤΡΑ.
Πόθεν δ' ἂν εὕροις τῶν ἐμῶν σὺ πημάτων
ἄρηξιν, οἷς [1] ἴασιν οὐκ ἔνεστ' ἰδεῖν;

LE CHOEUR. Tous les hommes sont nés pour mourir.

ÉLECTRE. Mais est-ce pour mourir, comme cet infortuné, dans une course de chars, embarrassé dans les rênes de ses coursiers?

LE CHOEUR. On ne peut prévoir le malheur.

ÉLECTRE. Il n'est que trop vrai, puisque, sur une terre étrangère, d'autres mains que les miennes....

LE CHOEUR. Hélas!

ÉLECTRE. Ont recueilli sa cendre, sans qu'il reçût un tombeau, ni le tribut de nos pleurs.

CHRYSOTHÉMIS. Dans la joie qui me transporte, chère sœur, j'ai oublié la bienséance, et j'accours vers toi en toute hâte; car je t'apporte le bonheur et la fin des maux qui t'ont coûté tant de gémissements.

ÉLECTRE. Où pourrais-tu trouver un soulagement à des maux sans remède?

Ἀντιστροφὴ β'.	*Antistrophe II.*
ΧΟΡΟΣ.	LE CHOEUR.
Μόρος	La mort
ἔφυ	existe-naturellement
πᾶσι θνατοῖς.	pour tous les mortels.
ΗΛΕΚΤΡΑ. Ἦ καὶ	ÉLECTRE. Aussi
ἐν ἁμίλλαις	dans des combats
χαλαργοῖς	aux-pieds-rapides
οὕτως	ainsi
ὡς κείνῳ δυστάνῳ	que pour lui l'infortuné
ἐγκῦρσαι	tomber
ὁλκοῖς τμητοῖς;	par des courroies coupées
ΧΟΡΟΣ. Ἀ λώβα	LE CHOEUR. Le malheur
ἄσκοπος.	*est* immense.
ΗΛΕΚΤΡΑ.	ÉLECTRE.
Πῶς γὰρ οὔκ,	Et comment *cela* ne *serait-il* pas,
εἰ ξένος	si étranger (sur une terre étrangère)
ἄτερ χερῶν ἐμᾶν —	sans les mains miennes.....
ΧΟΡΟΣ. Παπαῖ.	LE CHOEUR. Oh!
ΗΛΕΚΤΡΑ.	ÉLECTRE.
Κέκευθεν,	Il est enseveli *dans une urne*,
ἀντιάσας παρὰ ἡμῶν	*n'*ayant obtenu de nous
οὔτε του τάφου,	ni un tombeau,
οὔτε γόων;	ni des pleurs?
ΧΡΥΣΟΘΕΜΙΣ	CHRYSOTHÉMIS.
Φιλτάτη,	Très-chérie,
διώκομαί τοι	je me sens-poussée en vérité
ὑπὸ ἡδονῆς,	par joie,
μεθεῖσα τὸ κόσμιον	ayant négligé la décence,
μολεῖν σὺν τάχει.	à venir avec rapidité.
Φέρω γὰρ ἡδονὰς	Car j'apporte des joies
καὶ ἀνάπαυλαν κακῶν	et la cessation des maux
ὧν εἶχες πάροιθεν	que tu avais auparavant
καὶ κατέστενες.	et *que* tu déplorais.
ΗΛΕΚΤΡΑ.	ÉLECTRE.
Πόθεν δὲ σὺ εὕροις ἂν	Mais où toi trouverais-tu
ἄρηξιν	secours
πημάτων τῶν ἐμῶν,	contre les souffrances miennes,
οἷς οὐκ ἔνεστιν	pour lesquelles il n'est pas possible
ἰδεῖν ἴασιν;	d'entrevoir une guérison?

ΧΡΥΣΟΘΕΜΙΣ.

Πάρεστ' Ὀρέστης ἡμὶν (ἴσθι τοῦτ' ἐμοῦ
κλύουσ') ἐναργῶς, ὥσπερ εἰσορᾷς ἐμέ.

ΗΛΕΚΤΡΑ.

Ἀλλ' ἦ μέμηνας, ὦ τάλαινα, κἀπὶ τοῖς
σαυτῆς κακοῖσι κἀπὶ τοῖς ἐμοῖς γελᾷς;

ΧΡΥΣΟΘΕΜΙΣ.

Μὰ τὴν πατρῴαν ἑστίαν, ἀλλ' οὐχ ὕβρει
λέγω τάδ', ἀλλ' ἐκεῖνον ὡς παρόντα νῷ.

ΗΛΕΚΤΡΑ.

Οἴ μοι τάλαινα, καὶ τίνος βροτῶν λόγον
τόνδ' εἰσακούσασ', ὧδε πιστεύεις ἄγαν;

ΧΡΥΣΟΘΕΜΙΣ.

Ἐγὼ μὲν ἐξ ἐμοῦ τε κοὐκ ἄλλου, σαφῆ
σημεῖ' ἰδοῦσα, τῷδε πιστεύω λόγῳ.

ΗΛΕΚΤΡΑ.

Τίν', ὦ τάλαιν', ἰδοῦσα πίστιν, ἐς τί μοι
βλέψασα θάλπει τῷδ' ἀνηκέστῳ πυρί;

ΧΡΥΣΟΘΕΜΙΣ.

Πρός νυν θεῶν, ἄκουσον, ὡς, μαθοῦσά μου
τὸ λοιπὸν ἢ φρονοῦσαν ἢ μώραν λέγῃς.

CHRYSOTHÉMIS. Oreste est en ces lieux, crois-en mes paroles, comme il est vrai que je suis devant toi.

ÉLECTRE. Malheureuse, as-tu perdu la raison, ou viens-tu insulter à tes maux et aux miens?

CHRYSOTHÉMIS. J'en jure par les foyers paternels, je n'insulte pas à ta douleur; mais, je le répète, Oreste nous est rendu.

ÉLECTRE. Hélas! Et de quelle bouche as-tu appris cette nouvelle que tu crois si facilement?

CHRYSOTHÉMIS. Ce sont mes yeux, mes yeux seuls que je crois: j'ai vu des indices certains de son retour.

ÉLECTRE. Infortunée, quel indice, quelle preuve as-tu vue, qui ait allumé dans ton cœur cette folle joie?

CHRYSOTHÉMIS. Au nom des dieux, écoute, et tu jugeras ensuite si ma raison est égarée

ΧΡΥΣΟΘΕΜΙΣ.	CHRYSOTHÉMIS.
Ὀρέστης πάρεστιν ἡμῖν,	Oreste est-présent à nous,
ἴσθι τοῦτο	sache ceci,
κλύουσα ἐμοῦ,	*l*'ayant entendu de moi,
ἐναργῶς,	visiblement,
ὥσπερ εἰσορᾷς ἐμέ.	comme tu vois moi.
ΗΛΕΚΤΡΑ. Ὦ τάλαινα,	ÉLECTRE. O infortunée,
ἀλλὰ ἦ μέμηνας,	mais est-ce que tu es-folle,
καὶ γελᾷς ἐπὶ κακοῖσι	et ris-tu des malheurs
τοῖς σαυτῆς	de toi-même
καὶ ἐπὶ τοῖς ἐμοῖς;	et des miens?
ΧΡΥΣΟΘΕΜΙΣ.	CHRYSOTHÉMIS.
Μὰ ἑστίαν τὴν πατρῴαν,	Non, par le foyer paternel,
ἀλλὰ λέγω τάδε,	mais je dis ces choses,
οὐχ ὕβρει,	non pas par insolence,
ἀλλὰ νόει ἐκεῖνον	mais pense lui
ὡς παρόντα.	comme étant présent (crois qu'il est ici).
ΗΛΕΚΤΡΑ.	ÉLECTRE.
Οἴμοι τάλαινα,	Hélas, infortunée *que je suis*
καὶ εἰσακούσασα	et ayant entendu
τίνος βροτῶν	de qui d'entre les mortels
τόνδε λόγον,	ce discours,
πιστεύεις ὧδε ἄγαν;	*y* crois-tu ainsi trop?
ΧΡΥΣΟΘΕΜΙΣ. Ἐγὼ μὲν	CHRYSOTHÉMIS. Moi en-vérité
ἰδοῦσα	ayant vu
σημεῖα σαφῆ	des indices clairs
ἐξ ἐμοῦ τε,	par moi-même,
καὶ οὐκ ἄλλου,	et non pas par un autre,
πιστεύω τῷδε λόγῳ.	je crois à ce discours.
ΗΛΕΚΤΡΑ. Ὦ τάλαινα,	ÉLECTRE. O malheureuse,
ἰδοῦσα τίνα πίστιν,	ayant vu quel indice-sûr,
βλέψασά μοι ἐς τί,	ayant regardé à moi sur quoi,
θάλπει	t'enflammes-tu
τῷδε πυρὶ ἀνηκέστῳ;	de ce feu incurable?
ΧΡΥΣΟΘΕΜΙΣ.	CHRYSOTHÉMIS.
Πρός νυν θεῶν, ἄκουσον,	Au nom des Dieux donc, écoute,
ὡς μαθοῦσά μου,	afin qu'ayant entendu moi,
λέγῃς τὸ λοιπὸν	tu *me* dises désormais
ἢ φρονοῦσαν	ou raisonnant-bien
ἢ μωράν.	ou folle.

ΗΛΕΚΤΡΑ.

Σὺ δ' οὖν λέγ', εἴ σοι τῷ λόγῳ τις ἡδονή.

ΧΡΥΣΟΘΕΜΙΣ.

Καὶ δὴ λέγω σοι πᾶν, ὅσον κατειδόμην.
Ἐπεὶ γὰρ ἦλθον πατρὸς ἀρχαῖον [1] τάφον,
ὁρῶ κολώνης ἐξ ἄκρας νεοῤῥύτους
πηγὰς γάλακτος, καὶ περιστεφῆ κύκλῳ
πάντων ὅσ' ἐστὶν ἀνθέων θήκην πατρός.
Ἰδοῦσα δ' ἔσχον θαῦμα, καὶ περισκοπῶ,
μή πού τις ἡμῖν ἐγγὺς ἐγχρίμπτῃ βροτῶν.
Ὡς δ' ἐν γαλήνῃ πάντ' ἐδερκόμην τόπον,
τύμβου προσεῖρπον ἆσσον· ἐσχάτης δ' ὁρῶ
πυρᾶς [2] νεωρῆ βόστρυχον τετμημένον.
Κεὐθὺς τάλαιν' [3] ὡς εἶδον, ἐμπαίει τί μοι
ψυχῇ ξύνηθες ὄμμα [4], φιλτάτου βροτῶν
πάντων Ὀρέστου τοῦθ' ὁρᾶν τεκμήριον·
καὶ χερσὶ βαστάσασα, δυσφημῶ μὲν οὔ,
χαρᾷ δὲ πίμπλημ' εὐθὺς ὄμμα δακρύων.

ÉLECTRE. Parle donc, puisque tu le veux.

CHRYSOTHÉMIS. Je vais te dire tout ce que j'ai vu. Arrivée à l'antique sépulture de mon père, j'aperçois vers le haut de la tombe des flots de lait nouvellement versés, et le sépulcre même couronné de fleurs de toute espèce. Surprise à cet aspect, je jette les yeux de tous côtés pour voir si personne n'approche. Reconnaissant que tout est tranquille, j'avance, et sur le haut de la tombe je vois une boucle de cheveux fraîchement coupée. A cette vue, des traits toujours vivants dans mon cœur s'offrent soudain à ma pensée, et il me semble voir des témoignages du retour de notre cher Oreste : je prends dans mes mains ces précieuses dépouilles, je me tais, et des larmes de joie viennent remplir mes yeux. Oui, je le crois encore à

ΗΛΕΚΤΡΑ.
Σὺ δὲ οὖν λέγε,
εἴ σοί τις ἡδονὴ
τῷ λόγῳ.
ΧΡΥΣΟΘΕΜΙΣ
Καὶ δὴ λέγω σοι
πᾶν ὅσον κατειδόμην.
Ἐπεὶ γὰρ ἦλθον
τάφον ἀρχαῖον πατρὸς,
ὁρῶ πηγὰς γάλακτος
νεοῤῥύτους
ἐξ ἄκρας κολώνης,
καὶ θήκην πατρὸς
περιστεφῆ κύκλῳ
ἀνθέων πάντων,
ὅσα ἐστίν.
Ἔσχον δὲ θαῦμα
ἰδοῦσα,
καὶ περισκοπῶ,
μή πού τις βροτῶν
ἐγχρίμπτῃ ἐγγὺς ἡμῖν.
Ὡς δὲ ἐδερκόμην
πάντα τόπον ἐν γαλήνῃ,
προςεῖρπον ἆσσον τύμβου·
ὁρῶ δὲ ἐσχάτης πυρᾶς
βόστρυχον τετμημένον
νεωρῆ,
καὶ εὐθὺς ὡς εἶδον,
τάλαινα,
τὶ ὄμμα ξύνηθες
ἐμπαίει ψυχῇ μοι,
ὁρᾶν τοῦτο τεκμήριον
Ὀρέστου,
φιλτάτου
πάντων βροτῶν·
καὶ βαστάσασα χερσὶ,
δυςφημῶ μὲν οὔ,
πίμπλημι δὲ εὐθὺς
ὄμμα δακρύων
χαρᾷ.

ÉLECTRE.
Mais parle alors, toi,
si à toi *est* quelque plaisir
dans la parole.
CHRYSOTHÉMIS.
Eh bien donc je dis à toi
tout ce que j'ai vu.
Car après que je fus venue
au tombeau antique de *mon* père,
je vois des sources de lait
récemment-versées
du haut du tertre,
et le sépulcre de *notre* père
couronné tout-autour
de fleurs toutes
tant qu'il y *en* a.
Mais j'eus un étonnement
ayant vu,
et je regarde-de-tous-les-côtés,
si peut-être quelqu'un des mortels
n'approche près de nous.
Mais quand je vis
tout l'endroit dans le calme,
je m'avançai plus près du tombeau;
et je vois de l'extrémité du sépulcre
une boucle coupée
récemment-déposée,
et aussitôt que je *la* vis,
malheureuse *que j'étais*,
quelque apparition familière
frappe l'âme à moi *me disant*,
moi voir ceci *comme* un indice
d'Oreste,
le plus cher
de tous les mortels;
et *l'*ayant touché de *mes* mains,
d'un côté je ne dis-rien-de-mauvais-augure,
mais aussitôt je remplis
mon œil de larmes
par joie.

Καὶ νῦν θ' ὁμοίως καὶ τότ' ἐξεπίσταμαι,
μή που τόδ' ἀγλάϊσμα, πλὴν κείνου, μολεῖν·
τῷ γὰρ προσήκει [1], πλήν γ' ἐμοῦ καὶ σοῦ, τόδε;
Κἀγὼ μὲν οὐκ ἔδρασα τοῦτ' (ἐπίσταμαι),
οὐδ' αὖ σὺ (πῶς γάρ;), ᾗ γε μηδὲ πρὸς θεοὺς
ἔξεστ' ἀκλαύστῳ τῆσδ' ἀποστῆναι στέγης.
Ἀλλ' οὐδὲ μὲν δὴ μητρὸς οὔθ' ὁ νοῦς φιλεῖ
τοιαῦτα πράσσειν, οὔτε δρῶσ' ἐλάνθανεν.
Ἀλλ' ἔστ' Ὀρέστου ταῦτα τἀπιτίμια [2].
Ἀλλ', ὦ φίλη, θάρσυνε. Τοῖς αὐτοῖσί τοι
οὐχ αὑτὸς αἰεὶ δαιμόνων παραστατεῖ.
Νῷν δ' ἦν τὰ πρόσθεν στυγνός· ἡ δὲ νῦν ἴσως
πολλῶν ὑπάρξει κῦρος ἡμέρα καλῶν.

ΗΛΕΚΤΡΑ.

Φεῦ, τῆς ἀνοίας, ὥς σ' ἐποικτείρω πάλαι.

ΧΡΥΣΟΘΕΜΙΣ.

Τί δ' ἔστιν; οὐ πρὸς ἡδονὴν λέγω τάδε;

présent, cette offrande ne peut venir que de lui. Excepté nous, qui l'aurait pu faire? Or ce n'est pas moi, je le sais, ni toi non plus; comment le pourrais-tu, puisqu'il ne t'est pas permis, même pour adorer les dieux, de franchir impunément le seuil de ce palais? Pour ma mère, de semblables soins ne sauraient l'occuper, et d'ailleurs nous ne l'aurions pas ignoré. Oreste seul a offert ces présents. Prends donc courage, ma sœur. La fortune est changeante; jusqu'ici nous n'avons éprouvé que ses rigueurs; peut-être ce jour nous assurera-t-il une longue prospérité.

ÉLECTRE. Quelle folie! que je te plains!

CHRYSOTHÉMIS. Quoi! ce récit ne te réjouit pas!

Καὶ ἐξεπίσταμαι	Et je reste-convaincue
ὁμοίως τε νῦν	également et maintenant
καὶ τότε,	et alors,
τόδε ἀγλάϊσμα μὴ μολεῖν του,	cet ornement n'être venu d'aucun,
πλὴν κείνου.	excepté de lui.
Τῷ γὰρ τόδε προςήκει	Car à qui ceci convient-il
πλήν γε ἐμοῦ καὶ σοῦ;	excepté moi et toi ?
Καὶ ἐγὼ μὲν οὐκ ἔδρασα τοῦτο,	Et moi d'un côté je n'ai pas fait ceci,
ἐπίσταμαι,	je *le* sais,
οὐδὲ αὖ σὺ,	ni toi même à ton tour,
πῶς γάρ;	car comment (l'aurais-tu fait)?
ᾗ γε μηδὲ ἔξεστιν	*toi* à qui il n'est pas même permis
ἀποστῆναι τῆςδε στέγης	de t'éloigner de ce toit
πρὸς θεοὺς	*pour aller* vers les dieux
ἀκλαύστῳ;	sans-*en*-pleurer ?
Ἀλλὰ μὲν δὴ	Mais en-vérité certes
νοῦς ὁ μητρὸς	l'esprit de *notre* mère
οὔτε φιλεῖ πράσσειν τοιαῦτα,	n'aime pas à faire de telles choses,
οὔτε ἐλάνθανε	et elle n'aurait pas échappé
δρῶσα.	*les* faisant.
Ἀλλὰ ταῦτα τὰ ἐπιτίμια	Mais ces signes-honorifiques
ἐστιν Ὀρέστου.	sont d'Oreste.
Ἀλλὰ θάρσυνε, ὦ φίλη.	Eh bien aie-courage, ô amie.
Ὁ αὐτός τοι δαιμόνων	Certes le même parmi les dieux
οὐ παραστατεῖ ἀεὶ	ne se-trouve-pas-auprès toujours
τοῖς αὐτοῖσιν.	des mêmes *personnes*.
Ἦν δὲ στυγνὸς νῷν	Il était en-effet funeste à nous
τὰ πρόσθεν·	auparavant ;
ἡμέρα δὲ ἡ νῦν	mais le jour d'aujourd'hui
ὑπάρξει ἴσως	se présentera probablement
κῦρος	*comme* sanction
πολλῶν καλῶν.	de nombreux biens.
ΗΛΕΚΤΡΑ. Φεῦ,	ÉLECTRE. Hélas,
ὡς ἐποικτείρω σε	que je plains toi
πάλαι	depuis longtemps
τῆς ἀνοίας.	à cause de *ta* démence !
ΧΡΥΣΟΘΕΜΙΣ.	CHRYSOTHÉMIS.
Τί δὲ ἐστιν;	Mais qu'est-*ce* ?
οὐ λέγω τάδε	ne dis-je pas ces *choses*
πρὸς ἡδονήν;	dans-la-direction du plaisir

ΗΛΕΚΤΡΑ.
Οὐκ οἶσθ' ὅποι γῆς οὐδ' ὅποι [1] γνώμης φέρει.
ΧΡΥΣΟΘΕΜΙΣ.
Πῶς δ' οὐκ ἐγὼ κάτοιδ' ἅ γ' εἶδον ἐμφανῶς;
ΗΛΕΚΤΡΑ.
Τέθνηκεν, ὦ τάλαινα· τἀκείνου δέ [2] σοι
σωτήρι' ἔρρει. Μηδὲν ἐς κεῖνόν γ' ὅρα.
ΧΡΥΣΟΘΕΜΙΣ.
Οἴ μοι τάλαινα, τοῦ τάδ' ἤκουσας βροτῶν;
ΗΛΕΚΤΡΑ.
Τοῦ πλησίον παρόντος, ἡνίκ' ὤλλυτο.
ΧΡΥΣΟΘΕΜΙΣ.
Καὶ ποῦ 'στιν οὗτος; Θαῦμά τοί μ' ὑπέρχεται.
ΗΛΕΚΤΡΑ.
Κατ' οἶκον, ἡδὺς, οὐδὲ μητρὶ δυσχερής.
ΧΡΥΣΟΘΕΜΙΣ.
Οἴ μοι τάλαινα, τοῦ γὰρ ἀνθρώπων ποτ' ἦν
τὰ πολλὰ πατρὸς πρὸς τάφον κτερίσματα;
ΗΛΕΚΤΡΑ.
Οἶμαι μάλιστ' ἔγωγε τοῦ τεθνηκότος
μνημεῖ' Ὀρέστου ταῦτα προσθεῖναί τινα.
ΧΡΥΣΟΘΕΜΙΣ.
Ὦ δυστυχής· ἐγὼ δὲ σὺν χαρᾷ λόγους

ÉLECTRE. Tu ne sais pas où tu es, ni où s'égare ton esprit.

CHRYSOTHÉMIS. Je ne sais pas ce que j'ai vu de mes propres yeux?

ÉLECTRE. Il est mort, malheureuse. Il n'est plus de salut à attendre de lui. N'espère plus rien d'Oreste.

CHRYSOTHÉMIS. Dieux ! de qui tiens-tu cette nouvelle?

ÉLECTRE. D'un témoin de sa mort.

CHRYSOTHÉMIS, Et où est-il ? je demeure interdite.

ÉLECTRE. Il est dans le palais, et sa présence charme ma mère au lieu de l'affliger.

CHRYSOTHÉMIS. Qui donc a porté ces nombreuses offrandes sur le tombeau de mon père?

ÉLECTRE. Quelque ami sans doute les y aura déposées en souvenir du malheureux Oreste.

CHRYSOTHÉMIS. Infortunée que je suis! Et j'accourais avec joie

ΗΛΕΚΤΡΑ. Οὐκ οἶσθα	ÉLECTRE. Tu ne sais pas
ὅποι γῆς	vers-quel-endroit de la terre
φέρει,	tu es emportée,
οὐδὲ ὅποι γνώμης.	ni vers-quel-endroit de *ton* esprit.
ΧΡΥΣΟΘΕΜΙΣ.	CHRYSOTHÉMIS.
Πῶς δὲ ἐγὼ οὐ κάτοιδα	Mais comment moi ne sais-je pas
ἅ γε εἶδον	*les choses* que certes j'ai vues
ἐμφανῶς;	manifestement?
ΗΛΕΚΤΡΑ.	ÉLECTRE.
Ὦ τάλαινα, τέθνηκε·	O malheureuse, il est mort;
σωτήρια δὲ τὰ κείνου	et la délivrance par lui
ἔῤῥει σοι.	s'en va à toi;
Ὅρα μηδὲν	Ne tourne-*tes*-regards en rien
ἐς κεῖνόν γε.	vers lui du moins.
ΧΡΥΣΟΘΕΜΙΣ.	CHRYSOTHÉMIS.
Οἴμοι τάλαινα,	O malheureuse *que je suis*,
τοῦ βροτῶν	de qui parmi les mortels
ἤκουσας τάδε;	as-tu entendu ces choses?
ΗΛΕΚΤΡΑ.	ÉLECTRE.
Τοῦ παρόντος πλησίον	De *celui* qui-était près *de lui*
ἡνίκα ὤλλυτο.	quand il périt.
ΧΡΥΣΟΘΕΜΙΣ.	CHRYSOTHÉMIS.
Καὶ ποῦ ἐστιν οὗτος;	Et où est celui-là?
θαῦμά τοι	en effet l'étonnement
ὑπέρχεταί με.	se-glisse-sous moi.
ΗΛΕΚΤΡΑ. Κατὰ οἶκον,	ÉLECTRE. *Il est* à la maison,
ἡδὺς μητρὶ,	agréable à *notre* mère,
οὐδὲ δυςχερής.	et non pas importun.
ΧΡΥΣΟΘΕΜΙΣ.	CHRYSOTHÉMIS.
Οἴμοι τάλαινα,	Hélas infortunée *que je suis*,
τοῦ γὰρ ἀνθρώπων	alors de qui parmi les hommes
ἦν ποτε	étaient donc
τὰ πολλὰ κτερίσματα	les-nombreuses offrandes-funèbres
πρὸς τάφον πατρός;	*déposées* sur la tombe de *notre* père?
ΗΛΕΚΤΡΑ.	ÉLECTRE.
Ἐγὼ οἶμαι μάλιστα	Moi je pense surtout
τινὰ προςθεῖναι ταῦτα	quelqu'un avoir apposé ces choses
μνημεῖα Ὀρέστου τοῦ τεθνηκότος.	*comme* souvenirs d'Oreste mort.
ΧΡΥΣΟΘΕΜΙΣ. Ὢ δυςτυχής·	CHRYSOTHÉMIS. O l'infortuné!
ἐγὼ δὲ ἔσπευδον σὺν χαρᾷ,	et moi j'accourais avec joie,

τοιούσδ' ἔχουσ' ἔσπευδον, οὐκ εἰδυῖ' ἄρα
ἵν' ἦμεν ἄτης· ἀλλὰ νῦν, ὅθ' ἱκόμην,
τά τ' ὄντα πρόσθεν, ἄλλα θ' εὑρίσκω κακά.

ΗΛΕΚΤΡΑ.

Οὕτως ἔχει σοι ταῦτ'· ἐὰν δέ μοι πίθῃ,
τῆς νῦν παρούσης πημονῆς λύσεις βάρος.

ΧΡΥΣΟΘΕΜΙΣ.

Ἦ τοὺς θανόντας ἐξαναστήσω ποτέ;

ΗΛΕΚΤΡΑ.

Οὐκ ἔσθ' ὅ γ' εἶπον· οὐ γὰρ ὧδ' ἄφρων ἔφυν.

ΧΡΥΣΟΘΕΜΙΣ.

Τί γὰρ κελεύεις, ὧν ἐγὼ φερέγγυος;

ΗΛΕΚΤΡΑ.

Τλῆναί σε δρῶσαν ἂν ἐγὼ παραινέσω.

ΧΡΥΣΟΘΕΜΙΣ.

Ἀλλ' εἴ τις ὠφέλειά γ', οὐκ ἀπώσομαι.

ΗΛΕΚΤΡΑ.

Ὅρα· πόνου τοι χωρὶς οὐδὲν εὐτυχεῖ.

ΧΡΥΣΟΘΕΜΙΣ.

Ὁρῶ. Ξυνοίσω πᾶν, ὅσονπερ ἂν σθένω.

ΗΛΕΚΤΡΑ.

Ἄκουε δή νῦν, ᾗ βεβούλευμαι τελεῖν.
Παρουσίαν μὲν οἶσθα καὶ σύ που φίλων

pour te porter cette nouvelle, ignorant notre malheur. J'arrive, et je trouve nos maux passés accrus par des peines nouvelles.

ÉLECTRE. Il n'est que trop vrai; mais si tu veux suivre mes avis, tu nous délivreras des misères qui nous accablent.

CHRYSOTHÉMIS. Pourrais-je rappeler les morts à la vie?

ÉLECTRE. Ce n'est pas là ce que je veux dire; je ne suis pas si insensée.

CHRYSOTHÉMIS. Qu'ordonnes-tu que je puisse faire?

ÉLECTRE. Ose ce que je vais te conseiller.

CHRYSOTHÉMIS. Si cela peut être utile, je ne m'y refuserai pas.

ÉLECTRE. Songes-y, le succès s'achète toujours au prix de la peine.

CHRYSOTHÉMIS. J'y songe. Je te seconderai de tout mon pouvoir.

ÉLECTRE. Écoute donc ce que j'ai résolu d'exécuter. Tu sais que

ἔχουσα τοιούςδε λόγους,	ayant de telles paroles,
οὐκ εἰδυῖα ἄρα,	ne sachant vraiment,
ἵνα ἄτης	dans-quel-endroit du malheur
ἦμεν·	nous étions;
ἀλλὰ νῦν	mais maintenant
ὅτε ἱκόμην,	que je suis arrivée,
εὑρίσκω κακὰ	je trouve des-maux
τά τε ὄντα πρόσθεν,	et ceux étant auparavant,
ἄλλα τε.	et d'autres.
ΗΛΕΚΤΡΑ. Ταῦτα	ÉLECTRE. Ces choses
ἔχει σοι οὕτως·	sont à toi ainsi;
ἐὰν δὲ πίθῃ μοι,	mais si tu obéis à moi,
λύσεις βάρος	tu dénoueras le poids
πημονῆς τῆς παρούσης νῦν.	du malheur présent maintenant.
ΧΡΥΣΟΘΕΜΙΣ.	CHRYSOTHÉMIS.
Ἦ ἐξαναστήσω ποτὲ	Est-ce-que je ressusciterai jamais
τοὺς θανόντας;	les morts?
ΗΛΕΚΤΡΑ.	ÉLECTRE.
Οὐκ ἔστιν ὅ γε εἶπον·	*Ce* n'est pas ce que je voulais dire;
οὐ γὰρ ἔφυν ὧδε ἄφρων.	car je ne suis pas si insensée.
ΧΡΥΣΟΘΕΜΙΣ.	CHRYSOTHÉMIS.
Τί γὰρ κελεύεις,	Quoi donc enjoins-tu,
ὧν ἐγὼ φερέγγυος;	dont moi je *serais* garant-sûr?
ΗΛΕΚΤΡΑ. Σὲ τλῆναι	ÉLECTRE. Toi oser
δρῶσαν	exécutant (exécuter)
ἃ ἐγὼ παραινέσω ἄν.	*les choses* que moi je commanderai.
ΧΡΥΣΟΘΕΜΙΣ.	CHRYSOTHÉMIS.
Ἀλλὰ οὐκ ἀπώσομαι,	Mais je ne repousserai pas *cela*,
εἴ τις ὠφέλειά γε.	*s'il y a* quelque utilité du moins.
ΗΛΕΚΤΡΑ. Ὅρα,	ÉLECTRE. Vois,
οὐδέν τοι εὐτυχεῖ	certes rien n'arrive-à-bien
χωρὶς πόνου.	sans peine.
ΧΡΥΣΟΘΕΜΙΣ. Ὁρῶ.	CHRYSOTHÉMIS. Je *le* vois.
Ξυνοίσω πᾶν,	J'apporterai (j'aiderai en) tout,
ὅσον περ σθένω ἄν.	autant que je pourrai.
ΗΛΕΚΤΡΑ.	ÉLECTRE.
Ἄκουε δὴ νῦν,	Écoute donc maintenant,
ᾗ βεβούλευμαι τελεῖν.	comment j'ai médité de *l'*achever.
Καὶ σὺ οἶσθα μὲν	Et toi tu sais d'un côté
παρουσίαν φίλων,	la présence de *nos* amis,

ὡς οὔτις ἡμῖν ἐστιν, ἀλλ' Ἅδης λαβὼν
ἀπεστέρηκε, καὶ μόνα λελείμμεθον.
Ἐγὼ δ', ἕως μὲν τὸν κασίγνητον βίῳ
θάλλοντ' ἔτ' εἰσήκουον, εἶχον ἐλπίδας
φόνου ποτ' αὐτὸν πράκτορ' ἵξεσθαι πατρός·
νῦν δ' ἡνίκ' οὐκ ἔτ' ἔστιν, εἰς σὲ δὴ βλέπω,
ὅπως τὸν αὐτόχειρα πατρῴου φόνου
ξὺν τῇδ' ἀδελφῇ μὴ κατοκνήσεις κτανεῖν,
Αἴγισθον [1]. Οὐδὲν γάρ σε δεῖ κρύπτειν μ' ἔτι.
Ποῖ γὰρ μενεῖς ῥᾴθυμος ἐς τίν' ἐλπίδων [2]
βλέψασ' ἔτ' ὀρθήν; ᾗ πάρεστι μὲν στένειν
πλούτου πατρῴου κτῆσιν ἐστερημένῃ,
πάρεστι δ' ἀλγεῖν, ἐς τοσόνδε τοῦ χρόνου
ἄλεκτρα γηράσκουσαν ἀνυμέναιά τε.
Καὶ τῶνδε μέντοι μηκέτ' ἐλπίσῃς ὅπως
τεύξει ποτ'· οὐ γὰρ ὧδ' ἄβουλός ἐστ' ἀνὴρ
Αἴγισθος, ὥστε σόν ποτ' ἢ κἀμὸν γένος

nous n'avons plus de secours, plus d'amis à attendre : Pluton nous les a ravis, et nous voici restées seules. Tant que j'ai su que mon frère vivait, j'espérais qu'il viendrait un jour venger la mort d'un père. Aujourd'hui qu'il n'est plus, je jette les yeux sur toi, dans l'espoir que tu n'hésiteras pas à te joindre à ta sœur pour tuer l'assassin de ton père, Égisthe ; car je ne dois plus rien te cacher. Jusques à quand resteras-tu dans ce lâche repos? Conserves-tu encore quelque espérance, toi qui, privée de l'héritage paternel, n'as plus qu'à pleurer, qu'à gémir le reste de tes jours, et à vieillir sans époux, sans hymen? Car ne te flatte pas que ce bonheur te soit jamais permis. Égisthe n'est pas assez imprudent pour souffrir qu'il naisse de nous

ὥς ἐστιν οὔτις ἡμῖν,	qu'elle est nulle à nous,
ἀλλὰ Ἅδης ἀπεστέρηκε	mais *que* Pluton *nous en* a privées
λαβὼν,	*les* emportant,
καὶ λελείμμεθον μόνα.	et *que* nous sommes laissées seules.
Ἐγὼ δὲ, ἕως μὲν	Mais moi, tant que d'un côté
εἰςήκουον	j'entendais-dire
τὸν κασίγνητον	*mon* frère
θάλλοντα ἔτι βίῳ,	florissant encore de vie,
εἶχον ἐλπίδας	j'avais des espérances
αὐτὸν ἵξεσθαί ποτε	lui devoir venir un jour
πράκτορα φόνου πατρός·	vengeur du meurtre de *notre* père;
νῦν δὲ ἡνίκα οὐκ ἔστιν ἔτι,	mais maintenant qu'il n'est plus,
βλέπω δὴ εἰς σὲ,	je jette-les-yeux enfin sur toi,
ὅπως μὴ κατοκνήσεις κτανεῖν	pour que tu n'hésites pas à tuer
ξὺν τῇδε ἀδελφῇ	avec cette sœur (moi ta sœur)
τὸν αὐτόχειρα	celui *qui-a-commis*-de-sa-propre main
φόνου πατρῴου,	le meurtre de *notre* père,
Αἴγισθον.	Égisthe.
Δεῖ γάρ με	Car il faut moi
κρύπτειν ἔτι οὐδέν σε.	ne cacher plus rien à toi.
Ποῖ γὰρ	Car jusqu'à quand
μενεῖς ῥᾴθυμος	resteras-tu insouciante
βλέψασα ἐς τίνα ἐλπίδων	regardant quelle de *tes* espérances
ἔτι ὀρθήν;	*étant* encore debout?
ᾗ πάρεστι μὲν	*toi* à laquelle il est-permis d'un côté
στένειν	de gémir
ἐστερημένη κτῆσιν	étant privée de la possession
πλούτου πατρῴου,	de l'opulence paternelle,
πάρεστι δὲ	de l'autre côté il est permis
ἀλγεῖν	de souffrir
γηράσκουσαν	vieillissant
ἐς τοσόνδε τοῦ χρόνου	à un tel *degré* de l'âge
ἄλεκτρα	sans-lit
ἀνυμέναιά τε.	et sans-hymen.
Καὶ μέντοι	Et toutefois
μηκέτι ἐλπίσῃς	n'espère plus
ὅπως τεύξει ποτὲ τῶνδε·	que tu obtiendras jamais ces choses;
οὐ γὰρ Αἴγισθός ἐστιν	car Egisthe n'est pas
ὧδε ἄβουλος	si imprudent
ὥστε ἐᾶσαι βλαστεῖν ποτε	que de laisser germer jamais

βλαστεῖν ἐᾶσαι, πημονὴν αὐτῷ σαφῆ.
Ἀλλ' ἢν ἐπίσπῃ τοῖς ἐμοῖς βουλεύμασι,
πρῶτον μὲν εὐσέβειαν [1] ἐκ πατρὸς κάτω
θανόντος οἴσει, τοῦ κασιγνήτου θ' ἅμα·
ἔπειτα δ', ὥσπερ ἐξέφυς, ἐλευθέρα
καλεῖ τὸ λοιπὸν, καὶ γάμων ἐπαξίων
τεύξει· φιλεῖ γὰρ πρὸς τὰ χρηστὰ πᾶς ὁρᾷν.
Λόγῳ [2] γε μὴν εὔκλειαν οὐχ ὁρᾷς ὅσην
σαυτῇ τε κἀμοὶ προσϐαλεῖς πεισθεῖσά μοι;
Τίς γάρ ποτ' ἀστῶν ἢ ξένων ἡμᾶς ἰδὼν
τοιοῖσδ' ἐπαίνοις οὐχὶ δεξιώσεται;
Ἴδεσθε τώδε τὼ κασιγνήτω, φίλοι,
ὣ τὸν πατρῷον οἶκον ἐξεσωσάτην,
ὣ τοῖσιν ἐχθροῖς εὖ βεβηκόσιν ποτὲ,
ψυχῆς ἀφειδήσαντε, προὐστήτην φόνου.
Τούτω φιλεῖν χρή· τώδε χρὴ πάντας σέβειν·
τώδ' ἔν θ' ἑορταῖς ἔν τε πανδήμῳ πόλει
τιμᾶν ἅπαντας οὕνεκ' ἀνδρείας χρεών.

des enfants qui assureraient sa perte. Mais, si tu suis mes conseils, d'abord ta piété plaira aux mânes d'un père et d'un frère chéri ; ensuite tu redeviendras libre, comme tu étais née, et tu formeras un hymen digne de toi. Car la gloire attire tous les regards. Ne vois-tu pas quel honneur tu feras rejaillir sur nous en suivant mes conseils? Quel citoyen, quel étranger, en nous voyant, ne nous accueillera pas avec des louanges? Voyez, dira-t-on, ces deux sœurs qui ont sauvé la maison de leur père, et qui, prodigues de leur vie, ont immolé des ennemis puissants. Elles ont droit à l'amour, au respect de tous : dans les fêtes et dans les solennités, tous doivent les honorer

σὸν γένος ἢ καὶ ἐμὸν,	ta race ou aussi la mienne,
πημονὴν σαφῆ αὐτῷ.	malheur manifeste pour lui.
Ἀλλὰ ἢν ἐπίσπῃ	Mais si tu suis
βουλεύμασι τοῖς ἐμοῖς,	les conseils miens,
πρῶτον μὲν	d'abord d'un côté
οἴσει εὐσέβειαν	tu remporteras la gloire-de-la-piété
ἐκ πατρὸς θανόντος	de la part du père mort
κάτω,	*vivant* en-bas (dans les enfers),
ἅμα τε τοῦ κασιγνήτου·	et à la fois du frère ;
ἔπειτα δὲ καλεῖ τὸ λοιπὸν	et puis tu seras appelée désormais
ἐλευθέρα,	libre,
ὥςπερ ἐξέφυς,	comme tu es-née,
καὶ τεύξει γάμων	et tu obtiendras un mariage
ἐπαξίων·	digne de *toi ;*
πᾶς γὰρ φιλεῖ	car chacun aime
ὁρᾷν πρὸς τὰ χρηστά.	à regarder les choses honnêtes.
Λόγῳ γε μὴν	Et certes par la renommée
οὐχ ὁρᾷς ὅσην εὔκλειαν	ne vois-tu pas quelle grande-gloire
προςβαλεῖς σαυτῇ τε	tu attacheras et à toi-même
καὶ ἐμοὶ,	et à moi,
πεισθεῖσά μοι ;	ayant obéi à moi ?
Τίς γὰρ ἀστῶν	Car qui des citadins
ἢ ξένων,	ou des étrangers,
ἰδὼν ἡμᾶς,	ayant vu nous,
οὐχὶ δεξιώσεταί ποτε	ne *nous* accueillera pas un jour
τοιοῖςδε ἐπαίνοις ;	avec de pareilles louanges ?
Ἴδεσθε, φίλοι,	Voyez, amis,
τώδε τὼ κασιγνήτω,	ces-deux sœurs,
ὢ ἐξεσωσάτην	qui ont sauvé
οἶκον τὸν πατρῷον,	la maison paternelle,
ὢ προεστήτην φόνου	qui ont administré (donné) la mort
τοῖσιν ἐχθροῖς	à *leurs* ennemis
βεβηκόσιν εὖ ποτε,	allant bien jadis,
ἀφειδήσαντε ψυχῆς.	n'ayant-pas-ménagé *leur* vie.
Χρὴ φιλεῖν τούτω·	Il faut aimer ces-deux *sœurs* ;
χρὴ πάντας σέβειν τώδε·	il faut tous vénérer elles ;
χρεὼν ἅπαντας τιμᾷν τώδε	il faut tous honorer elles
ἔν τε ἑορταῖς	et dans les fêtes
ἔν τε πόλει πανδήμῳ	et dans la ville avec-tout-*son*-peuple
οὕνεκα ἀνδρείας	à cause de *leur* courage.

Τοιαῦτά τοι νὼ πᾶς τις ἐξερεῖ βροτῶν,
ζώσαιν θανούσαιν θ' ὥστε μὴ 'κλιπεῖν κλέος.
Ἀλλ', ὦ φίλη, πείσθητι, συμπόνει πατρὶ,
ξύγκαμν' ἀδελφῷ, παῦσον ἐκ κακῶν ἐμὲ,
παῦσον δὲ σαυτὴν, τοῦτο γιγνώσκουσ', ὅτι
ζῆν αἰσχρὸν αἰσχρῶς τοῖς καλῶς πεφυκόσιν.

ΧΟΡΟΣ.

Ἐν τοῖς τοιούτοις ἐστὶν ἡ προμηθία
καὶ τῷ λέγοντι καὶ κλύοντι σύμμαχος [1].

ΧΡΥΣΟΘΕΜΙΣ.

Καὶ πρίν γε φωνεῖν, ὦ γυναῖκες, εἰ φρενῶν
ἐτύγχαν' αὕτη μὴ κακῶν, ἐσώζετ' ἂν
τὴν εὐλάβειαν, ὥσπερ οὐχὶ σώζεται.
Ποῖ γάρ ποτ' ἐμβλέψασα, τοιοῦτον θράσος
αὐτή θ' ὁπλίζει, κἄμ' ὑπηρετεῖν καλεῖς;
Οὐκ εἰσορᾷς; γυνὴ μὲν, οὐκ ἀνὴρ, ἔφυς,
σθένεις δ' ἔλασσον τῶν ἐναντίων χερί·
δαίμων δὲ τοῖς μὲν εὐτυχὴς καθ' ἡμέραν,
ἡμῖν δ' ἀποῤῥεῖ κἀπὶ μηδὲν ἔρχεται.

pour leur courage. Voilà ce que chacun dira de nous, et notre gloire sera immortelle. Chère sœur, laisse-toi persuader, venge ton père, viens en aide à ton frère, délivre-moi de mes maux, délivre-toi toi-même, et songe que vivre dans l'opprobre est indigne d'une âme bien née.

LE CHOEUR. Dans de telles conjonctures, la prudence est nécessaire à celui qui parle et à celui qui écoute.

CHRYSOTHÉMIS. Chères compagnes, si son esprit n'eût été égaré, elle aurait, avant de parler, consulté la prudence qu'elle semble avoir oubliée. Car enfin, ma sœur, quel est ton espoir en t'armant d'une telle audace, et en m'appelant à te seconder? Ne vois-tu pas la faiblesse de ton sexe et la supériorité de tes ennemis? Chaque jour accroît leur bonheur, tandis que la fortune nous trahit et nous aban-

Πᾶς τίς τοι βροτῶν	Chacun certes des mortels
ἐξερεῖ τοιαῦτα	proclamera de pareilles choses
νῷ,	sur nous,
ὥςτε κλέος	de sorte que la gloire
μὴ ἐκλιπεῖν	n'abandonnera pas
ζώσαιν θανούσαιν τε.	nous vivantes et mortes.
Ἀλλὰ πείσθητι, ὦ φίλη,	Eh bien, obéis, ô amie,
συμπόνει πατρὶ,	travaille pour *ton* père,
ξύγκαμνε ἀδελφῷ,	coopère avec *ta* sœur,
παῦσον ἐμὲ ἐκ κακῶν,	fais-sortir moi de *mes* maux,
παῦσον δὲ σαυτὴν,	et fais-*en*-sortir toi-même,
γιγνώσκουσα τοῦτο,	sachant ceci,
ὅτι αἰσχρὸν τοῖς καλῶς πεφυκόσι	qu'il *est* honteux aux bien nés
ζῆν αἰσχρῶς.	de vivre honteusement.
ΧΟΡΟΣ.	LE CHOEUR.
Ἐν τοῖς τοιούτοις	Dans de pareilles *circonstances*
ἡ προμηθία ἐστὶ σύμμαχος	la prudence est une alliée
καὶ τῷ λέγοντι	et pour *celui* qui-parle,
καὶ κλύοντι.	et pour *celui* qui-écoute.
ΧΡΥΣΟΘΕΜΙΣ. Ὦ γυναῖκες,	CHRYSOTHÉMIS. O femmes,
καὶ πρίν γε φωνεῖν,	même avant certes de parler,
ἐσώζετο ἂν	elle aurait conservé
τὴν εὐλάβειαν,	la circonspection,
ὥςπερ οὐχὶ σώζεται,	comme elle ne *la* conserve pas,
εἰ αὐτὴ μὴ ἐτύγχανε	si elle-même elle n'eût été
φρενῶν κακῶν.	d'un esprit vicieux.
Ποῖ γὰρ ἐμβλέψασά ποτε	Car où ayant regardé enfin
ὁπλίζει τε αὐτὴ	t'armes-tu toi-même
θράσος τοιοῦτον,	d'une audace telle,
καὶ καλεῖς ἐμὲ ὑπηρετεῖν;	et provoques-tu moi à *t'*aider ?
Οὐκ εἰςορᾷς;	Ne vois-tu pas?
ἔφυς γυνὴ μὲν,	tu es-née femme en-vérité,
οὐκ ἀνὴρ,	non pas homme,
σθένεις δὲ ἔλασσον	de l'autre côté tu peux moins
χερὶ	par *ta* main
τῶν ἐναντίων·	que *tes* adversaires;
δαίμων δὲ εὐτυχὴς	mais le Dieu *est* favorable
τοῖς μὲν κατὰ ἡμέραν,	à ceux-ci aujourd'hui,
ἀποῤῥεῖ δὲ ἡμῖν,	mais il se soustrait à nous,
καὶ ἔρχεται ἐπὶ μηδέν.	et s'en va en rien.

Τίς οὖν, τοιοῦτον ἄνδρα βουλεύων ἑλεῖν,
ἄλυπος ἄτης ἐξαπαλλαχθήσεται [1];
Ὅρα, κακῶς πράσσοντε, μὴ μείζω κακὰ
κτησώμεθ᾽, εἴ τις τούσδ᾽ ἀκούσεται λόγους.
Λύει γὰρ ἡμᾶς οὐδὲν, οὐδ᾽ ἐπωφελεῖ [2],
βάξιν καλὴν λαβόντε, δυσκλεῶς θανεῖν.
Οὐ γὰρ θανεῖν ἔχθιστον, ἀλλ᾽ ὅταν θανεῖν
χρῄζων τις, εἶτα μηδὲ τοῦτ᾽ ἔχῃ λαβεῖν [3].
Ἀλλ᾽ ἀντιάζω, πρὶν πανωλέθρους τὸ πᾶν [4]
ἡμᾶς τ᾽ ὀλέσθαι κἀξερημῶσαι γένος,
κατάσχες ὀργήν. Καὶ τὰ μὲν λελεγμένα
ἄρρητ᾽ ἐγώ σοι κἀτελῆ φυλάξομαι·
αὐτὴ δὲ νοῦν σχὲς ἀλλὰ τῷ χρόνῳ ποτὲ,
σθένουσα μηδὲν, τοῖς κρατοῦσιν εἰκάθειν.

ΧΟΡΟΣ.

Πείθου. Προνοίας οὐδὲν ἀνθρώποις ἔφυ
κέρδος λαβεῖν ἄμεινον, οὐδὲ νοῦ σοφοῦ.

ΗΛΕΚΤΡΑ.

Ἀπροσδόκητον οὐδὲν εἴρηκας· καλῶς δ᾽
ᾔδη σ᾽ ἀποῤῥίψουσαν ἀπηγγελλόμην.

donne. Qui donc, voulant tuer un prince tel qu'Égisthe, pourra le faire impunément ? Crains d'ajouter encore à nos malheurs, si on entendait de pareils discours. La gloire nous servira peu, si elle est suivie d'une mort indigne. Et encore le plus grand des maux n'est pas de mourir, mais d'appeler la mort sans pouvoir l'obtenir. Je t'en supplie, avant que notre perte soit consommée et notre famille anéantie, modère tes transports. Pour tes paroles, je les oublierai et les couvrirai d'un éternel silence. Rappelle ta raison, et que ta faiblesse t'apprenne enfin à céder à la puissance.

LE CHŒUR. Cède à ses conseils. La prévoyance et la sagesse sont pour les hommes les biens les plus précieux.

ÉLECTRE. Ta réponse ne me surprend pas : je m'attendais à tes

Τίς οὖν ἐξαπαλλαχθήσεται	Qui donc s'en-tirerait
ἄλυπος ἄτης	sain-*et*-sauf de malheur
βουλεύων ἑλεῖν	méditant de prendre (tuer)
τοιοῦτον ἄνδρα ;	un tel homme ?
Ὅρα, μὴ κτησώμεθα	Prends garde que nous n'acquérions
κακὰ μείζω	des maux plus grands,
πράσσοντε κακῶς,	nous trouvant *déjà* mal,
εἴ τις ἀκούσεται	si quelqu'un vient à entendre
τούσδε λόγους.	ces paroles.
Λύει γὰρ ἡμᾶς οὐδὲν	Car il ne délivre nous en rien
οὐδὲ ἐπωφελεῖ	ni ne *nous* est-utile
θανεῖν δυσκλεῶς	de mourir sans-gloire
λαβόντε βάξιν καλήν.	ayant obtenu une renommée belle.
Θανεῖν γὰρ	Car mourir
οὐκ ἔχθιστον,	n'est pas la plus odieuse chose,
ἀλλὰ ὅταν τις	mais quand quelqu'un
χρήζων θανεῖν,	voulant mourir,
εἶτα μηδὲ ἔχῃ	ensuite ne peut pas même
λαβεῖν τοῦτο.	obtenir cela.
Ἀλλὰ ἀντιάζω,	Mais je *te* conjure,
κατάσχες ὀργὴν,	retiens *ta* fureur,
πρὶν ἡμᾶς τε ὀλέσθαι	avant que nous périssions
πανωλέθρους τὸ πᾶν,	tout-à-fait-perdues en tout,
καὶ ἐξερημῶσαι γένος.	et que nous dévastions la famille.
Καὶ ἐγὼ φυλάξομαί σοι	Et moi je garderai à toi
τὰ μὲν λελεγμένα	d'un côté les *choses* dites
ἄῤῥητα καὶ ἀτελῆ·	*comme* non-dites et non-achevées ;
αὐτὴ δὲ σχὲς νοῦν	mais toi-même aie l'esprit
ἀλλὰ τῷ χρόνῳ ποτὲ	au moins avec le temps enfin
εἰκάθειν τοῖς κρατοῦσι	de céder aux puissants
σθένουσα μηδέν.	*toi* qui ne peux rien.
ΧΟΡΟΣ. Πείθου.	LE CHOEUR. Obéis.
Οὐδὲν κέρδος ἔφυ	Aucun gain *ne* fut
ἄμεινον ἀνθρώποις	meilleur aux hommes
λαβεῖν,	à obtenir,
προνοίας	que la prudence
οὐδὲ νοῦ σοφοῦ.	ni *qu'*un esprit sage.
ΗΛΕΚΤΡΑ. Εἴρηκας	ÉLECTRE. Tu *n'*as dit
οὐδὲν ἀπροσδόκητον·	rien d'inattendu :
ἤδη δὲ καλῶς	et je savais bien

Ἀλλ' αὐτόχειρί μοι μόνῃ τε δραστέον
τοὔργον τόδ'· οὐ γὰρ δὴ κενόν γ' ἀφήσομεν.

ΧΡΥΣΟΘΕΜΙΣ.

Φεῦ.
Εἴθ' ὤφελες τοιάδε τὴν γνώμην, πατρὸς
θνήσκοντος, εἶναι· πᾶν γὰρ ἂν κατειργάσω [1].

ΗΛΕΚΤΡΑ.

Ἀλλ' ἦν φύσιν γε, τὸν δὲ νοῦν ἥσσων τότε.

ΧΡΥΣΟΘΕΜΙΣ.

Ἄσκει τοιαύτη νοῦν δι' αἰῶνος μένειν.

ΗΛΕΚΤΡΑ.

Ὡς οὐχὶ συνδράσουσα νουθετεῖς τάδε.

ΧΡΥΣΟΘΕΜΙΣ.

Εἰκὸς γὰρ ἐγχειροῦντα καὶ πράσσειν κακῶς [2].

ΗΛΕΚΤΡΑ.

Ζηλῶ σε τοῦ νοῦ, τῆς δὲ δειλίας στυγῶ.

ΧΡΥΣΟΘΕΜΙΣ.

Ἀνέξομαι κλύουσα [3] χὤταν εὖ λέγῃς.

ΗΛΕΚΤΡΑ.

Ἀλλ' οὔποτ' ἐξ ἐμοῦ γε μὴ πάθῃς τόδε.

ΧΡΥΣΟΘΕΜΙΣ.

Μακρὸς τὸ κρῖναι [4] ταῦτα χὠ λοιπὸς χρόνος.

ΗΛΕΚΤΡΑ.

Ἄπελθε· σοὶ γὰρ ὠφέλησις οὐκ ἔνι.

refus. Eh bien! je saurai seule exécuter moi-même mon projet; je ne l'aurai pas formé en vain.

CHRYSOTHÉMIS. Hélas! que n'avais-tu ces sentiments, lorsque l'on égorgeait notre père! Tu aurais tout achevé.

ÉLECTRE. Ils étaient dans mon cœur; mais la raison me manquait encore.

CHRYSOTHÉMIS. Conserve toujours ce même caractère.

ÉLECTRE. Ce conseil annonce que tu ne veux pas me seconder.

CHRYSOTHÉMIS. Une mauvaise entreprise est presque toujours suivie d'un mauvais succès.

ÉLECTRE. J'envie ta prudence, mais je hais ta lâcheté.

CHRYSOTHÉMIS. Un jour, hélas! je t'entendrai louer mes conseils.

ÉLECTRE. C'est ce que tu n'obtiendras jamais de moi.

CHRYSOTHÉMIS. L'avenir en décidera.

ÉLECTRE. Retire-toi : tu ne peux m'être d'aucun secours.

σὲ ἀποῤῥίψουσαν ἃ ἐπηγγελλόμην. Ἀλλὰ τόδε τὸ ἔργον δραστέον μοι αὐτόχειρι μόνῃ τε· οὐ γὰρ δὴ ἀφήσομεν κενόν γε.
ΧΡΥΣΟΘΕΜΙΣ. Φεῦ. Εἴθε ὤφελες εἶναι τοιάδε τὴν γνώμην, πατρὸς θνήσκοντος· κατειργάσω γὰρ ἂν πᾶν.
ΗΛΕΚΤΡΑ. Ἀλλὰ ἦν φύσιν γε, ἥσσων δὲ τότε τὸν νοῦν.
ΧΡΥΣΟΘΕΜΙΣ. Ἄσκει μένειν τοιαύτη νοῦν διὰ αἰῶνος.
ΗΛΕΚΤΡΑ. Νουθετεῖς τάδε ὡς οὐχὶ συνδράσουσα.
ΧΡΥΣΟΘΕΜΙΣ. Εἰκὸς γὰρ ἐγχειροῦντα κακῶς καὶ πράσσειν.
ΗΛΕΚΤΡΑ. Ζηλῶ σε τοῦ νοῦ, στυγῶ δὲ τῆς δειλίας.
ΧΡΥΣΟΘΕΜΙΣ. Ἀνέξομαι κλύουσα καὶ ὅταν λέγῃς εὖ.
ΗΛΕΚΤΡΑ. Ἀλλὰ οὔποτε μὴ πάθῃς τόδε ἐξ ἐμοῦ γε.
ΧΡΥΣΟΘΕΜΙΣ. Καὶ ὁ χρόνος λοιπὸς μακρὸς τὸ κρῖναι ταῦτα.
ΗΛΕΚΤΡΑ. Ἄπελθε· οὐ γὰρ ἔνι σοι ὠφέλησις.

toi devant rejeter *les choses* que j'annonçais. Mais cette action est à faire à moi, de-*ma*-propre-main et à *moi* seule; car certes nous ne *la* laisserons pas vaine certes.
CHRYSOTHÉMIS. Hélas ! Puisses-tu avoir été semblable dans *ton* opinion, *notre* père périssant ! car tu aurais accompli tout.
ÉLECTRE. Mais je *l'*étais par *mon* naturel certes, mais inférieure alors par la raison.
CHRYSOTHÉMIS. Exerce-toi à rester telle par l'esprit pendant la durée-de-la-vie.
ÉLECTRE. Tu conseilles ces choses comme ne devant pas coopérer.
CHRYSOTHÉMIS. C'est qu'il est juste *celui* entreprenant mal aussi s'*en* trouver *mal*.
ÉLECTRE. J'envie toi *pour ton* esprit, mais je *te* hais pour *ta* lâcheté.
CHRYSOTHÉMIS. J'endurerai entendant aussi quand tu diras du bien *de moi*.
ÉLECTRE. Mais *il n'est* jamais *à craindre* que tu éprouves cela de la part de moi au moins.
CHRYSOTHÉMIS. Le temps qui-reste aussi est long pour juger ces choses.
ÉLECTRE. Va-t-en; car il n'est-en toi *aucune* utilité.

ΧΡΥΣΟΘΕΜΙΣ.
Ἔνεστιν· ἀλλὰ σοὶ μάθησις οὐ πάρα.
ΗΛΕΚΤΡΑ.
Ἐλθοῦσα μητρὶ ταῦτα πάντ᾿ ἔξειπε σῇ.
ΧΡΥΣΟΘΕΜΙΣ.
Οὐδ᾿ αὖ τοσοῦτον ἔχθος ἐχθαίρω σ᾿ ἐγώ.
ΗΛΕΚΤΡΑ.
Ἀλλ᾿ οὖν ἐπίστω γ᾿[2] οἷ μ᾿ ἀτιμίας ἄγεις.
ΧΡΥΣΟΘΕΜΙΣ.
Ἀτιμίας μὲν οὔ, προμηθείας δέ σου.
ΗΛΕΚΤΡΑ.
Τῷ σῷ δικαίῳ δῆτ᾿ ἐπισπέσθαι με δεῖ;
ΧΡΥΣΟΘΕΜΙΣ.
Ὅταν γὰρ εὖ φρονῇς, τόθ᾿ ἡγήσει σὺ νῷν.
ΗΛΕΚΤΡΑ.
Ἦ δεινὸν εὖ λέγουσαν ἐξαμαρτάνειν[3].
ΧΡΥΣΟΘΕΜΙΣ.
Εἴρηκας ὀρθῶς ᾧ σὺ πρόσκεισαι κακῷ.
ΗΛΕΚΤΡΑ.
Τί δ᾿; οὐ δοκῶ σοι ταῦτα σὺν δίκῃ λέγειν;
ΧΡΥΣΟΘΕΜΙΣ.
Ἀλλ᾿ ἔστιν ἔνθα χἡ δίκη βλάβην φέρει.
ΗΛΕΚΤΡΑ.
Τούτοις ἐγὼ ζῆν τοῖς νόμοις οὐ βούλομαι.

CHRYSOTHÉMIS. Je le pourrais; mais tu ne veux rien écouter.

ÉLECTRE. Va tout raconter à ta mère.

CHRYSOTHÉMIS. Non, je ne te hais pas à ce point.

ÉLECTRE. Vois cependant à quel déshonneur tu veux m'engager.

CHRYSOTHÉMIS. Ce n'est pas au déshonneur, mais à la prudence.

ÉLECTRE. Quoi! ce qui te semble juste, je dois donc y souscrire?

CHRYSOTHÉMIS. Quand tu auras ta raison, je me soumettrai à tes conseils.

ÉLECTRE. Il est étrange de parler bien et d'agir mal.

CHRYSOTHÉMIS. Oui, tu dis vrai, tel est ton malheur.

ÉLECTRE. Quoi! ce que je te propose te semble-t-il injuste?

CHRYSOTHÉMIS. Les projets les plus justes sont quelquefois funestes.

ÉLECTRE. Je ne veux point suivre de pareilles maximes.

ΧΡΥΣΟΘΕΜΙΣ. Ἔνεστιν·	CHRYSOTHÉMIS. Il-y-*en*-a;
ἀλλὰ μάθησις	mais le désir-d'apprendre
οὐ πάρα σοί.	n'est-pas-présent à toi.
ΗΛΕΚΤΡΑ. Ἔξειπε	ÉLECTRE. Dis-hautement
πάντα ταῦτα	toutes ces choses
μητρὶ σῇ	à la mère tienne
ἐλθοῦσα.	étant allée *vers elle*.
ΧΡΥΣΟΘΕΜΙΣ.	CHRYSOTHÉMIS.
Οὐδὲ αὖ	Mais à mon tour
ἐγὼ ἐχθαίρω σε	moi je ne hais pas toi
τοσοῦτον ἔχθος.	d'une si grande haine.
ΗΛΕΚΤΡΑ.	ÉLECTRE.
Ἀλλὰ οὖν ἐπίστω γε	Mais du moins sache
οἷ ἀτιμίας	à-quel-point de déshonneur
ἄγεις με.	tu conduis moi.
ΧΡΥΣΟΘΕΜΙΣ.	CHRYSOTHÉMIS.
Οὐ μὲν ἀτιμίας,	Non certes pas de déshonneur,
προμηθείας δέ σου.	mais de prévoyance pour toi.
ΗΛΕΚΤΡΑ. Δεῖ δῆτά	ÉLECTRE. Il faut donc
μέ ἐπισπέσθαι	moi suivre
δικαίῳ τῷ σῷ.	la justice tienne.
ΧΡΥΣΟΘΕΜΙΣ.	CHRYSOTHÉMIS.
Ὅταν γὰρ φρονῇς εὖ,	Car quand tu penseras bien,
τότε σὺ ἡγήσει νῷν.	alors toi tu guideras nous.
ΗΛΕΚΤΡΑ. Ἦ δεινὸν	ÉLECTRE. Vraiment *c'est* affreux
ἐξαμαρτάνειν	agir-mal
λέγουσαν εὖ.	disant bien.
ΧΡΥΣΟΘΕΜΙΣ.	CHRYSOTHÉMIS.
Εἴρηκας ὀρθῶς	Tu as dit juste
κακῷ ᾧ σὺ πρόσκεισαι.	le mal dans lequel tu es tombée.
ΗΛΕΚΤΡΑ. Τί δέ;	ELECTRE. Mais quoi?
οὐ δοκῶ σοι	je ne parais pas à toi
λέγειν ταῦτα σὺν δίκῃ;	dire ces choses avec justice?
ΧΡΥΣΟΘΕΜΙΣ.	CHRYSOTHÉMIS.
Ἀλλὰ ἔστιν	Mais il est *des cas*
ἔνθα καὶ ἡ δίκη	où même la justice
φέρει βλάβην.	porte dommage.
ΗΛΕΚΤΡΑ.	ÉLECTRE.
Ἐγὼ οὐ βούλομαι	Moi je ne veux pas
ζῆν τούτοις τοῖς νόμοις.	vivre d'après ces lois.

ΧΡΥΣΟΘΕΜΙΣ.

Ἀλλ' εἰ ποιήσεις ταῦτ', ἐπαινέσεις ἐμέ [1].

ΗΛΕΚΤΡΑ.

Καὶ μὴν ποιήσω γ', οὐδὲν ἐκπλαγεῖσά σε.

ΧΡΥΣΟΘΕΜΙΣ.

Καὶ τοῦτ' ἀληθές; οὐδὲ βουλεύσει πάλιν;

ΗΛΕΚΤΡΑ.

Βουλῆς γὰρ οὐδέν ἐστιν ἔχθιον κακῆς.

ΧΡΥΣΟΘΕΜΙΣ.

Φρονεῖν [2] ἔοικας οὐδὲν, ὧν ἐγὼ λέγω.

ΗΛΕΚΤΡΑ.

Πάλαι δέδοκται ταῦτα, κοὐ νεωστί μοι.

ΧΡΥΣΟΘΕΜΙΣ.

Ἄπειμι τοίνυν· οὔτε γὰρ σὺ τἄμ' ἔπη
τολμᾷς ἐπαινεῖν, οὔτ' ἐγὼ τοὺς σοὺς τρόπους.

ΗΛΕΚΤΡΑ.

Ἀλλ' εἴσιθ'. Οὔ σοι μὴ μεθέψομαί ποτε,
οὐδ' ἢν σφόδρ' ἱμείρουσα τυγχάνῃς· ἐπεὶ
πολλῆς ἀνοίας καὶ τὸ θηρᾶσθαι κενά [3].

ΧΡΥΣΟΘΕΜΙΣ.

Ἀλλ', εἰ σεαυτῇ τυγχάνεις δοκοῦσά τι
φρονεῖν, φρόνει τοιαῦθ'· ὅταν γὰρ ἐν κακοῖς
ἤδη βεβήκῃς, τἄμ' ἐπαινέσεις ἔπη.

CHRYSOTHÉMIS. Si tu exécutes ton projet, tu loueras ma prudence.

ÉLECTRE. Oui, je l'exécuterai, tu ne saurais m'intimider.

CHRYSOTHÉMIS. Il est donc vrai? Tu ne changeras pas d'avis?

ÉLECTRE. Rien de plus odieux que de lâches conseils.

CHRYSOTHÉMIS. Ton esprit est donc fermé à tous mes discours?

ÉLECTRE. Ce n'est pas d'aujourd'hui que ma résolution est prise.

CHRYSOTHÉMIS. Eh bien! je me retire; car tu n'approuves pas mes paroles, et moi je blâme ta conduite.

ÉLECTRE. Pars donc. Jamais, quels que soient tes désirs, je n'aurai aucun rapport avec toi : c'est le comble de la folie de chercher ce qui ne saurait être.

CHRYSOTHÉMIS. Suis donc tes lumières, puisque tu les crois certaines : lorsque tu seras dans le malheur, tu approuveras mes paroles.

ΧΡΥΣΟΘΕΜΙΣ.	CHRYSOTHÉMIS.
Ἀλλ' εἰ ποιήσεις ταῦτα,	Mais si tu fais ces choses,
ἐπαινέσεις ἐμέ.	tu loueras moi.
ΗΛΕΚΤΡΑ. Καὶ μὴν	ÉLECTRE. Et cependant
ποιήσω γε,	je *les* ferai certes,
οὐδὲν ἐκπλαγεῖσά σε.	nullement effrayée quant à toi.
ΧΡΥΣΟΘΕΜΙΣ.	CHRYSOTHÉMIS.
Καὶ τοῦτο ἀληθές;	Et ceci *est-il* vrai?
οὐδὲ βουλεύσει	et tu ne délibéreras pas
πάλιν;	en sens-inverse?
ΗΛΕΚΤΡΑ.	ÉLECTRE.
Οὐδὲν γάρ ἐστιν ἔχθιον	C'est que rien n'est plus odieux
βουλῆς κακῆς.	qu'un conseil mauvais.
ΧΡΥΣΟΘΕΜΙΣ.	CHRYSOTHÉMIS.
Ἔοικας φρονεῖν οὐδὲν,	Tu ne parais penser rien
ὧν ἐγὼ λέγω.	*des choses* que moi je dis.
ΗΛΕΚΤΡΑ. Ταῦτα	ÉLECTRE. Ces choses
δέδοκταί μοι	ont semblé-bonnes-à moi
πάλαι,	depuis longtemps,
καὶ οὐ νεωστί.	et non récemment.
ΧΡΥΣΟΘΕΜΙΣ.	CHRYSOTHÉMIS.
Ἄπειμι τοίνυν·	Je m'en vais donc;
οὔτε γὰρ σὺ τολμᾷς ἐπαινεῖν	car ni toi tu n'oses (ne peux) louer
ἔπη τὰ ἐμὰ,	les paroles miennes,
οὔτε ἐγὼ τρόπους τοὺς σούς.	ni moi les mœurs tiennes.
ΗΛΕΚΤΡΑ. Ἀλλὰ εἴσιθι.	ÉLECTRE. Eh bien entre.
Οὐ μὴ	*Il* n'est pas *à craindre*
μεθέψομαί ποτέ σοι,	*que* je recherche jamais toi,
οὐδὲ ἢν τυγχάνῃς	pas même si tu te trouves-être
σφόδρα ἱμείρουσα·	fortement *le* désirant;
ἐπεὶ καὶ	puisque aussi *il est*
πολλῆς ἀνοίας	d'une grande stupidité
τὸ θηρᾶσθαι κενά.	de poursuivre des choses vaines.
ΧΡΥΣΟΘΕΜΙΣ. Ἀλλὰ,	CHRYSOTHÉMIS. Eh bien,
εἰ τυγχάνεις	si tu te trouves
δοκοῦσα σεαυτῇ φρονεῖν	paraissant à toi-même penser
τὶ,	quelque chose *de bon*,
φρόνει τοιαῦτα·	pense de telles choses;
ὅταν γὰρ βεβήκῃς ἤδη	car quand tu seras venue déjà
ἐν κακοῖς,	dans les malheurs,
ἐπαινέσεις ἔπη τὰ ἐμά.	tu loueras les paroles miennes.

ΧΟΡΟΣ.

(Στροφὴ α′.)

Τί τοὺς ἄνωθεν φρονιμωτάτους
οἰωνοὺς [1] ἐσορώμενοι
τροφᾶς κηδομένους, ἀφ' ὧν τε
βλάστωσιν, ἀφ' ὧν τ' ὄνησιν εὕρω-
σι, τάδ' οὐκ ἐπ' ἴσας τελοῦμεν [2];
ἀλλ', οὐ τὰν Διὸς ἀστραπὰν
καὶ τὰν οὐρανίαν Θέμιν,
δαρὸν οὐκ ἀπόνητοι.
Ὦ χθονία βροτοῖσι φάμα [3],
κατά μοι βόασον οἰκτρὰν
ὄπα τοῖς ἔνερθ' Ἀτρείδαις [4],
ἀχόρευτα φέρουσ' ὀνείδη·

(Ἀντιστροφὴ α′.)

ὅτι σφιν ἤδη τὰ μὲν ἐκ δόμων [5]
νοσεῖ δή· τὰ δὲ πρὸς τέκνων
διπλῆ φύλοπις οὐκ ἔτ' ἐξι-
σοῦται φιλοτασίῳ διαίτᾳ.

LE CHOEUR. Pourquoi, voyant dans les airs les oiseaux les plus intelligents pourvoir à la subsistance de ceux auxquels ils doivent la vie et la nourriture, pourquoi ne les imitons-nous pas? Mais, j'en atteste la foudre de Jupiter et la céleste Justice, cette ingratitude ne sera pas longtemps impunie. O Renommée, toi qui pénètres au sein de la terre, fais entendre une voix lamentable aux mânes des Atrides, et annonce-leur les malheurs et l'opprobre.

Dis-leur les maux de leur famille; dis-leur aussi que la discorde a séparé deux sœurs et détruit leur douce union. Seule et délaissée,

Στροφὴ α'.	*Strophe I.*
ΧΟΡΟΣ.	LE CHOEUR.
Τί ἐσορώμενοι	Pourquoi en regardant
φρονιμωτάτους οἰωνοὺς	les plus intelligents oiseaux
τοὺς ἄνωθεν	*qui sont* en haut
κηδομένους	prenant-soin
τροφᾶς	de la nourriture
ἀπὸ ὧν τε βλάστωσιν,	*de ceux* dont ils sont-issus,
ἀπὸ ὧν τε εὕρωσιν	et de la part desquels ils ont trouvé
ὄνησιν,	utilité,
οὐ τελοῦμεν	n'accomplirons-nous pas
τάδε ἐπὶ ἴσας;	ces choses également?
Ἀλλὰ οὐκ,	Certes non,
ἀστραπὰν τὰν Διός,	par la foudre de Jupiter,
καὶ Θέμιν	et par Thémis
τὰν οὐρανίαν,	la céleste,
οὐκ ἀπόνητοι	*ils* ne *seront* pas sans-labeurs
δαρόν.	longtemps.
Ὦ φάμα	O renommée
βροτοῖσι	des mortels
χθονία,	qui-vas-aux-enfers,
καταβόασόν μοι	crie-en-bas à moi
ὄπα οἰκτρὰν	la parole lugubre
Ἀτρείδαις	aux Atrides
τοῖς ἔνερθε,	*qui sont* en bas,
φέρουσα	apportant
ὀνείδη	des-choses-honteuses
ἀχόρευτα.	sans-chœurs-de-danse;
Ἀντιστροφὴ α'.	*Antistrophe I.*
Ὅτι ἤδη	Que maintenant
τὰ μὲν	d'un côté les choses
ἐκ δόμων	de *leurs* demeures
νοσεῖ δὴ	sont-malades certes
σφίν·	à eux;
τὰ δὲ	de l'autre côté quant aux choses
πρὸς τέκνων,	de la part des enfants,
φύλοπις διπλῆ	la discorde double
οὐκ ἔτι ἐξισοῦται	n'est-plus-mise-à-l'unisson
διαίτᾳ	par un genre-de-vie
φιλοτασίῳ.	amical.

Πρόδοτος δὲ μόνα σαλεύει
Ἠλέκτρα, τὸν ἀεὶ [1], πατρὸς
δειλαία, στενάχουσ', ὅπως
ἁ πάνδυρτος ἀηδὼν,
οὔτε τι τοῦ θανεῖν προμηθὴς,
τό τε μὴ βλέπειν ἑτοίμα [2],
διδύμαν ἑλοῦσ' [3] Ἐρινύν.
Τίς ἂν εὔπατρις [4] ὧδε βλάστοι;

(Στροφὴ β'.)

Οὐδεὶς τῶν ἀγαθῶν γὰρ, ζῶν κακῶς,
εὔκλειαν αἰσχῦναι θέλει
νώνυμος, ὦ παῖ, ὦ παῖ,
ὡς καὶ σὺ πάγκλαυτον αἰ-
ῶνα κοινὸν [b] εἵλου,
τὸ μὴ καλὸν καθοπλίσασα [6],
δύο φέρεσθαι ἐν ἑνὶ λόγῳ,
σοφά τ' ἀρίστα τε παῖς κεκλῆσθαι.

(Ἀντιστροφὴ β'.)

Ζώης μοι καθύπερθεν χειρὶ [7]

Électre est en proie à la douleur; l'infortunée ne cesse de pleurer sur son père, ainsi qu'un rossignol plaintif : peu lui importe la vie, elle est prête à mourir, pourvu qu'elle immole les deux furies. Fut-il jamais une fille aussi généreuse?

Non, même au sein du malheur, un noble cœur ne consent pas à obscurcir, à flétrir sa gloire. Ainsi, ma fille, tu as choisi une existence pleine d'amertume et de larmes, afin de t'armer contre le crime et de mériter le titre glorieux de la plus sage et de la plus courageuse des filles.

Puissent la fortune et la puissance t'élever autant au-dessus de tes

Ἠλέκτρα δὲ	Et Électre
σαλεύει μόνα	est-ballottée seule
πρόδοτος,	trahie,
στενάχουσα πατρὸς	gémissant sur *son* père
τὸν ἀεὶ,	toujours,
δειλαία,	l'infortunée,
ὅπως ἀηδὼν	comme le rossignol
ἁ πάνδυρτος,	plaintif,
οὔτε προμηθής τι	et ne se précautionnant en rien
τοῦ θανεῖν	contre le mourir
ἑτοίμα τε	et prête
τὸ μὴ βλέπειν	à ne pas voir *la lumière du jour*,
ἑλοῦσα	ayant pris (tué)
Ἐρινὺν διδύμαν.	la Furie double.
Τίς βλάστοι ἂν	Qui pourrait naître
ὧδε εὔπατρις;	si pieuse-à-l'égard-de-*ses*-parents ?
Στροφὴ β′.	*Strophe II.*
Ὦ παῖ,	O *mon* enfant,
παῖ,	*mon* enfant,
οὐδεὶς τῶν ἀγαθῶν	aucun des hommes bons
θέλει ζῶν κακῶς	*ne* veut vivant mal
αἰσχῦναι	ternir
εὔκλειαν	*sa* gloire
νώνυμος,	*pour devenir* sans-nom,
ὡς καὶ σὺ	comme toi aussi
εἵλου	tu as choisi
αἰῶνα	la vie
πάγκλαυτον,	très-lamentable,
κοινὸν,	commune (aux enfers),
καθοπλίσασα	ayant armé
τὸ μὴ καλὸν	*ce qui* n'*est* pas bon,
φέρεσθαι δύο	de façon à remporter deux *gloires*
ἐν ἑνὶ λόγῳ,	par une seule chose,
κεκλῆσθαι παῖς	d'être appelée un enfant
σοφά τε	et sage
ἀρίστα τε.	et très-bonne.
Ἀντιστροφὴ β′.	*Antistrophe II.*
Ζώης μοι	Puisses-tu vivre à moi
καθύπερθεν	au dessus
ἐχθρῶν τεῶν	des ennemis tiens

καὶ πλούτῳ τεῶν ἐχθρῶν, ὅσον
νῦν ὑπόχειρ ναίεις·
ἐπεί σ' ἐφεύρηκα μοί-
ρᾳ μὲν οὐκ ἐν ἐσθλᾷ
βεβῶσαν· ἃ δὲ μέγιστ' ἔβλαστε
νόμιμα, τῶνδε φερομέναν
ἄριστα τᾷ Ζηνὸς εὐσεβείᾳ.

ΟΡΕΣΤΗΣ.

Ἆρ', ὦ γυναῖκες, ὀρθά τ' εἰσηκούσαμεν,
ὀρθῶς δ' [1] ὁδοιποροῦμεν ἔνθα χρῄζομεν;

ΧΟΡΟΣ.

Τί δ' ἐξερευνᾷς, καὶ τί βουληθεὶς πάρει;

ΟΡΕΣΤΗΣ.

Αἴγισθον, ἔνθ' ᾤκηκεν [2], ἱστορῶ πάλαι.

ΧΟΡΟΣ.

Ἀλλ' εὖ θ' ἱκάνεις, χὠ φράσας ἀζήμιος.

ΟΡΕΣΤΗΣ.

Τίς οὖν ἂν ὑμῶν τοῖς ἔσω φράσειεν ἂν
ἡμῶν ποθεινὴν κοινόπουν παρουσίαν;

ΧΟΡΟΣ.

Ἥδ', εἰ τὸν ἄγχιστόν γε κηρύσσειν χρεών.

ennemis, que tu es maintenant abaissée au-dessous d'eux ! Car je te vois, malgré la rigueur du destin, fidèle à la piété envers Jupiter et aux plus saintes lois des hommes.

ORESTE. Femmes, nous a-t-on bien instruits ? Sommes-nous arrivés au lieu que nous cherchons ?

LE CHOEUR. Que cherches-tu ? Quel dessein t'amène?

ORESTE. Je demande depuis longtemps le palais d'Égisthe.

LE CHOEUR. Le voici; on ne t'a pas trompé.

ORESTE. Qui de vous pourrait aller dans le palais annoncer notre arrivée qu'on attend avec impatience?

LE CHOEUR. Elle sans doute, s'il convient au plus proche parent de porter ce message.

χειρὶ	et par la main
καὶ πλούτῳ,	et par l'opulence,
ὅσον ναίεις νῦν	autant que tu vis maintenant
ὑπόχειρ·	sous-*leur*-main ;
ἐπεὶ ἐφεύρηκά σε	puisque j'ai trouvé toi
βεβῶσαν	étant
ἐν μοίρᾳ	dans un sort
οὐκ ἐσθλᾷ μέν·	non bon en vérité ;
ἃ δὲ ἔβλαστε	mais *les choses* qui ont germé
νόμιμα μέγιστα,	*comme* les lois les plus grandes,
τῶνδε	de celles-ci
φερομέναν ἄριστα	remportant le premier-*prix*
εὐσεβείᾳ	par la piété
τᾷ Ζηνός.	envers Jupiter.
ΟΡΕΣΤΗΣ. Ὦ γυναῖκες,	ORESTE. O femmes,
ἆρά τε εἰσηκούσαμεν	est-ce que nous avons entendu
ὀρθὰ,	juste,
ὁδοιποροῦμεν δὲ ὀρθῶς	de l'autre côté cheminons-nous juste,
ἔνθα χρῄζομεν ;	*là* où nous voulons ?
ΧΟΡΟΣ. Τί δὲ	LE CHOEUR. Mais quoi
ἐξερευνᾷς,	recherches-tu,
καὶ τί βουληθεὶς	et quoi ayant voulu
πάρει ;	es-tu présent ?
ΟΡΕΣΤΗΣ. Πάλαι	ORESTE. Depuis longtemps
ἱστορῶ Αἴγισθον,	je cherche Égisthe,
ἔνθα ᾤκηκεν.	où il a placé-*son*-habitation.
ΧΟΡΟΣ. Ἀλλὰ	LE CHOEUR. Mais
ἱκάνεις τε εὖ,	et tu es venu bien,
καὶ ὁ φράσας	et *celui* qui-*t'*a-renseigné
ἀζήμιος.	est non-digne-d'amende.
ΟΡΕΣΤΗΣ.	ORESTE.
Τίς ἂν ὑμῶν	Qui donc de vous
φράσειεν ἂν	pourrait annoncer
τοῖς ἔσω	à ceux qui sont dedans
παρουσίαν ἡμῶν	la présence de nous
ποθεινὴν	désirable
κοινόπουν ;	aux-pieds-communs (de nous venus ensemble) ?
ΧΟΡΟΣ. Ἥδε,	LE CHOEUR. Celle-ci,
εἰ χρεὼν κηρύσσειν	s'il faut proclamer
τὸν ἄγχιστόν γε.	le plus-proche-*parent* au moins.

ΟΡΕΣΤΗΣ.
Ἴθ', ὦ γύναι, δήλωσον εἰσελθοῦσ' ὅτι
Φωκῆς ματεύουσ' ἄνδρες Αἴγισθόν τινες.

ΗΛΕΚΤΡΑ.
Οἴ μοι τάλαιν'· οὐ δή ποθ' ἧς ἠκούσαμεν
φήμης φέροντες ἐμφανῆ τεκμήρια;

ΟΡΕΣΤΗΣ.
Οὐκ οἶδα τὴν σὴν κληδόν'· ἀλλά μοι γέρων
ἐφεῖτ' Ὀρέστου Στρόφιος ἀγγεῖλαι πέρι.

ΗΛΕΚΤΡΑ.
Τί δ' ἔστιν, ὦ ξέν'; Ὥς μ' ὑπέρχεται φόβος.

ΟΡΕΣΤΗΣ.
Φέροντες αὐτοῦ σμικρὰ λείψαν' [1] ἐν βραχεῖ
τεύχει θανόντος, ὡς ὁρᾷς, κομίζομεν.

ΗΛΕΚΤΡΑ.
Οἲ 'γὼ τάλαινα, τοῦτ' ἐκεῖν' ἤδη σαφές·
πρόχειρον ἄχθος, ὡς ἔοικε, δέρκομαι.

ΟΡΕΣΤΗΣ.
Εἴπερ τι [2] κλαίεις τῶν Ὀρεστείων κακῶν,
τόδ' ἄγγος ἴσθι σῶμα τοὐκείνου στέγον.

ΗΛΕΚΤΡΑ.
Ὦ ξεῖνε, δός νυν, πρὸς θεῶν, εἴπερ τόδε
κέκευθεν αὐτὸν τεῦχος, ἐς χεῖρας λαβεῖν,

ORESTE. O femme, va dire que des Phocéens demandent Égisthe.

ÉLECTRE. Ah ! malheureuse que je suis ! Venez-vous par des preuves certaines confirmer le récit que nous avons entendu ?

ORESTE. Je ne sais de quel récit tu parles ; un vieillard, nommé Strophius, m'a chargé d'un message concernant Oreste.

ÉLECTRE. Qu'y a-t-il, étranger ? Je suis saisie d'effroi.

ORESTE. Dans cette urne étroite que tu vois nous apportons ses faibles restes.

ÉLECTRE. Ah ! malheureuse ! Il est donc vrai ! L'objet de ma douleur est devant mes yeux.

ORESTE. Si tu pleures les malheurs d'Oreste, sache que cette urne renferme son corps.

ÉLECTRE. O étranger, donne, au nom des dieux : si cette urne

ΟΡΕΣΤΗΣ. Ὦ γύναι,	ORESTE. O femme,
ἴθι, δήλωσον,	va, déclare,
εἰςελθοῦσα,	étant entrée,
ὅτι τινὲς ἄνδρες Φωκῆς	que certains hommes Phocéens
ματεύουσιν Αἴγισθον.	cherchent Égisthe.
ΗΛΕΚΤΡΑ.	ÉLECTRE.
Οἴμοι τάλαινα·	Hélas infortunée *que je suis;*
οὐ δή ποτε φέροντες	ne serait-ce pas portant
τεκμήρια ἐμφανῆ	des preuves manifestes
φήμης,	de la nouvelle
ἧς ἠκούσαμεν;	que nous avons entendue?
ΟΡΕΣΤΗΣ. Οὐκ οἶδα	ORESTE. Je ne sais pas
κληδόνα τὴν σήν·	la vocifération tienne;
ἀλλὰ γέρων Στρόφιος	mais le vieillard Strophius
ἐφεῖτό μοι	a ordonné à moi
ἀγγεῖλαι περὶ Ὀρέστου.	d'apporter-des-nouvelles sur Oreste.
ΗΛΕΚΤΡΑ. Ὦ ξένε,	ÉLECTRE. O étranger,
τί δὲ ἔστιν;	mais qu'est-*ce?*
ὡς φόβος ὑπέρχεταί με.	comme la peur se-glisse-sous moi!
ΟΡΕΣΤΗΣ. Ὡς ὁρᾷς,	ORESTE. Comme tu vois,
κομίζομεν λείψανα σμικρὰ	nous apportons les restes petits
αὐτοῦ θανόντος	de lui mort,
φέροντες	*les* portant
ἐν τεύχει βραχεῖ.	dans une urne petite.
ΗΛΕΚΤΡΑ.	ÉLECTRE.
Οἲ τάλαινα ἐγώ·	O malheureuse *que* je *suis;*
τοῦτο ἤδη σαφὲς ἐκεῖνο·	c'*est* évidemment cela;
δέρκομαι, ὡς ἔοικεν,	je vois, à ce qu'il paraît,
ἄχθος πρόχειρον.	le malheur sous-la-main.
ΟΡΕΣΤΗΣ.	ORESTE.
Εἴπερ κλαίεις τι	Si tu pleures quelque chose
κακῶν τῶν Ὀρεστείων	des maux d'-Oreste,
ἴσθι τόδε ἄγγος	sache ce vase
στέγον σῶμα τὸ ἐκείνου.	couvrant le corps de lui.
ΗΛΕΚΤΡΑ. Ὦ ξεῖνε,	ÉLECTRE. O étranger,
εἴπερ τόδε τεῦχος	si cette urne
κέκευθεν αὐτὸν,	cache lui,
δός νυν,	permets-*moi* donc,
πρὸς θεῶν,	au nom des dieux
λαβεῖν ἐς χεῖρας,	de *la* prendre dans *mes* mains,

ὅπως ἐμαυτὴν καὶ γένος τὸ πᾶν ὁμοῦ
ξὺν τῇδε κλαύσω κἀποδύρωμαι σποδῷ.

ΟΡΕΣΤΗΣ.

Δόθ', ἥτις ἐστὶ, προσφέροντες [1]. Οὐ γὰρ ὡς
ἐν δυσμενείᾳ γ' οὖσ' ἐπαιτεῖται τάδε·
ἀλλ' ἢ φίλων τις, ἢ πρὸς αἵματος [2] φύσιν.

ΗΛΕΚΤΡΑ.

Ὦ φιλτάτου μνημεῖον ἀνθρώπων ἐμοὶ,
ψυχῆς Ὀρέστου λοιπὸν, ὥς σ' ἀπ' ἐλπίδων [3],
οὐχ ὧνπερ ἐξέπεμπον, εἰσεδεξάμην !
Νῦν μὲν γὰρ οὐδὲν ὄντα βαστάζω χεροῖν·
δόμων δέ σ', ὦ παῖ, λαμπρὸν ἐξέπεμψ' ἐγώ.
Ὡς ὤφελον πάροιθεν ἐκλιπεῖν βίον,
πρὶν ἐς ξένην σε γαῖαν ἐκπέμψαι, χεροῖν
κλέψασα ταῖνδε, κἀνασώσασθαι φόνου,
ὅπως θανὼν ἔκεισο τῇ τόθ' ἡμέρᾳ,
τύμβου πατρῴου κοινὸν εἰληχὼς μέρος.
Νῦν δ' ἐκτὸς οἴκων, κἀπὶ γῆς ἄλλης, φυγὰς,

contient ses restes, permets que je la prenne entre mes mains, et que je pleure sur sa cendre mes infortunes et celles de ma famille.

ORESTE. Approchez, remettez-lui cette urne; quelle qu'elle soit, ce n'est point dans un esprit de haine qu'elle la demande. Le sang ou l'amitié l'unissait sans doute à lui.

ÉLECTRE. Monument du mortel que j'aimai le plus, seul reste d'un frère chéri, est-ce ainsi que j'espérais te revoir, quand je t'éloignai de ces lieux? Je ne tiens aujourd'hui que ta cendre; tu étais plein de vie, cher enfant, lorsque je te fis partir de ce palais. Ah! que n'ai-je perdu le jour avant de t'envoyer sur une terre étrangère, après t'avoir dérobé de mes mains au trépas! Tu serais mort en ce jour, mais tu aurais partagé le tombeau d'un père. Aujourd'hui fugitif, tu es mort tristement dans l'exil, loin de ta patrie, loin des bras de ta

ὅπως κλαύσω καὶ ἀποδύρωμαι	afin que je pleure et déplore
ἐμαυτὴν καὶ τὸ πᾶν γένος	moi-même et toute *notre* race
ὁμοῦ ξὺν τῇδε σποδῷ.	simultanément avec cette cendre.
ΟΡΕΣΤΗΣ. Δότε,	ORESTE. Donnez
προςφέροντες,	en *l'*apportant,
ἥτις ἐστίν.	quelle qu'elle soit.
Οὐ γὰρ ἐπαιτεῖται	Car elle ne demande pas
τάδε,	ces choses (ces cendres),
ὡς οὖσα ἐν δυςμενείᾳ γε,	comme étant en inimitié certes,
ἀλλὰ ἤ τις φίλων,	mais *c'est* ou une des amies,
ἢ πρὸς αἵματος	ou *une femme* du *même* sang
φύσιν.	par la naissance.
ΗΛΕΚΤΡΑ. Ὦ μνημεῖον	ÉLECTRE. O monument
φιλτάτου ἐμοὶ ἀνθρώπων,	du plus cher à moi des hommes,
λοιπὸν ψυχῆς Ὀρέστου,	reste de l'âme d'Oreste,
ὡς εἰςεδεξάμην σε	comme j'ai reçu toi
ἀπὸ ἐλπίδων,	différemment des espérances,
οὐχ ὧνπερ	*et* non *avec celles* avec lesquelles
ἐξέπεμπον.	je *t'*avais envoyé-dehors.
Νῦν μὲν γὰρ	Car maintenant d'un côté
βαστάζω χεροῖν	je porte dans mes mains
ὄντα οὐδέν·	*toi* n'étant rien;
ἐγὼ δὲ ἐξέπεμψά σε	mais moi j'ai envoyé toi
δομῶν	hors de *nos* demeures
λαμπρὸν, ὦ παῖ.	brillant, ô *mon* enfant.
Ὡς ὤφελον πάροιθεν	Puissé-je auparavant
ἐκλιπεῖν βίον,	avoir quitté la vie,
πρὶν ἐκπέμψαι σε	avant que d'avoir envoyé-dehors toi
ἐς γαῖαν ξένην,	en terre étrangère,
κλέψασα	*t'*ayant emporté-furtivement
ταῖνδε χεροῖν,	de ces mains,
καὶ ἀνασώσασθαι φόνου,	et que de *t'*avoir sauvé de la mort,
ὅπως ἔκεισο θανὼν	afin que tu fusses couché mort,
ἡμέρᾳ τῇ τότε,	au jour d'alors,
εἰληχὼς	ayant eu-en-partage
μέρος κοινὸν	une part commune
τύμβου πατρῴου.	de la tombe paternelle!
Νῦν δὲ	Mais maintenant
ἀπώλου κακῶς	tu as péri misérablement
ἐκτὸς οἴκων	hors des demeures *paternelles*

κακῶς ἀπώλου, σῆς κασιγνήτης δίχα·
κοὔτ' ἐν φίλαισι χερσὶν ἡ τάλαιν' ἐγὼ
λουτροῖς σ' ἐκόσμησ', οὔτε παμφλέκτου πυρὸς
ἀνειλόμην, ὡς εἰκὸς, ἄθλιον βάρος.
Ἀλλ' ἐν ξέναισι χερσὶ κηδευθεὶς, τάλας,
σμικρὸς προσήκεις ὄγκος ἐν σμικρῷ κύτει.
Οἴ μοι τάλαινα τῆς ἐμῆς πάλαι τροφῆς
ἀνωφελήτου, τὴν ἐγὼ θάμ' ἀμφὶ σοὶ
πόνῳ γλυκεῖ παρέσχον· οὔτε γάρ ποτε
μητρὸς σύ γ' ἦσθα μᾶλλον ἢ κἀμοῦ φίλος·
οὔθ' οἱ κατ' οἶκον ἦσαν, ἀλλ' ἐγὼ τροφός·
ἐγὼ δ' ἀδελφή σοι προσηυδώμην ἀεί.
Νῦν δ' ἐκλέλοιπε ταῦτ' ἐν ἡμέρᾳ μιᾷ
θανόντα σὺν σοί. Πάντα γὰρ ξυναρπάσας,
θύελλ' ὅπως, βέβηκας. Οἴχεται πατήρ,
τέθνηκ' ἐγώ· σὺ φροῦδος αὐτὸς [1] εἶ θανών·
γελῶσι δ' ἐχθροί, μαίνεται δ' ὑφ' ἡδονῆς

sœur; et mes mains, hélas! n'ont pu laver ce corps, ni enlever ce triste fardeau du milieu des cendres du bûcher. Malheureuse! des mains étrangères t'ont rendu ce dernier devoir, et je ne reçois de toi qu'un peu de poussière dans une urne étroite. Hélas! voilà donc le fruit des soins pénibles et doux que je prodiguai si souvent à ton enfance! Une mère n'eut jamais pour toi autant de tendresse. Dans la maison, nul autre que moi ne veillait à ta nourriture : c'était toujours ta sœur dont tu invoquais le nom. Tout ce bonheur s'est évanoui en un jour avec toi : ta mort, comme un soudain orage, m'a tout enlevé. Notre père n'est plus, moi je suis morte, toi-même tu as péri. Cependant nos ennemis triomphent, une mère dénaturée s'eni-

καὶ ἐπὶ γῆς ἄλλης,	et sur une terre autre,
φυγάς,	exilé,
κασιγνήτης σῆς δίχα·	loin de ta sœur;
καὶ ἐγὼ ἡ τάλαινα	et moi l'infortunée
οὔτε ἐκόσμησά σε λουτροῖς	je n'ai pas orné toi par des bains
ἐν χερσὶ φίλαισιν,	avec des mains chéries,
οὔτε ἀνειλόμην	ni je n'ai pas enlevé
βάρος ἄθλιον	le fardeau malheureux
πυρὸς παμφλέκτου,	du feu qui-consume-tout,
ὡς εἰκός.	comme *c'était* juste.
Ἀλλὰ κηδευθείς, τάλας,	Mais ayant été soigné, infortuné,
ἐν χερσὶ ξέναισι,	par des mains étrangères,
προςήκεις ὄγκος σμικρὸς	tu arrives masse petite
ἐν κύτει σμικρῷ.	dans un vase petit.
Οἴμοι τάλαινα	Hélas, infortunée *que je suis*
ἐμῆς τροφῆς τῆς πάλαι	pour ma nourriture d'autrefois
ἀνωφελήτου,	inutile,
τὴν ἐγὼ	que moi
παρέσχον θάμα ἀμφὶ σοὶ	je donnais souvent à toi
πόνῳ γλυκεῖ·	avec une peine douce;
οὔτε γάρ ποτε σύ γε ἦσθα	car jamais toi tu n'étais
μᾶλλον φίλος μητρὸς	plus cher à *ta* mère
ἢ καὶ ἐμοῦ,	qu'à moi,
οὔτε οἱ κατὰ οἶκον	et ceux *qui étaient* dans la maison
ἦσαν,	n'étaient *tes nourriciers*,
ἀλλὰ ἐγὼ τροφός·	mais moi *j'étais ta* nourrice;
ἐγὼ δὲ προςηυδώμην ἀεὶ	et moi je fus appelée toujours
ἀδελφή σοι.	sœur par toi.
Νῦν δὲ	Mais à présent
ταῦτα ἐκλέλοιπε,	ces choses se sont évanouies,
θανόντα σὺν σοὶ ἐν μιᾷ ἡμέρᾳ.	mortes avec toi en un jour.
Βέβηκας γὰρ	Car tu t'en-es-allé
ξυναρπάσας πάντα,	*les* ayant emportées toutes,
ὅπως θύελλα.	comme un ouragan.
Πατὴρ οἴχεται,	*Mon* père est parti (mort),
ἐγὼ τέθνηκα·	moi je suis morte;
σὺ αὐτὸς εἶ φροῦδος	toi-même tu as disparu
θανών·	étant mort;
ἐχθροὶ δὲ γελῶσι,	mais *nos* ennemis rient,
μήτηρ δὲ ἀμήτωρ	et la mère non-mère

μήτηρ ἀμήτωρ, ἧς ἐμοὶ σὺ πολλάκις
φήμας λάθρα προὔπεμπες ὡς φανούμενος
τιμωρὸς αὐτός. Ἀλλὰ ταῦθ' ὁ δυστυχὴς
δαίμων ὁ σός τε κἀμὸς ἐξαφείλετο,
ὅς σ' ὧδέ μοι προὔπεμψεν, ἀντὶ φιλτάτης
μορφῆς σποδόν τε καὶ σκιὰν ἀνωφελῆ.
Οἴ μοί μοι.
Ὦ δέμας οἰκτρόν. Φεῦ, φεῦ.
Ὦ δεινοτάτας, οἴ μοί μοι,
πεμφθεὶς κελεύθους, φίλταθ', ὥς μ' ἀπώλεσας·
ἀπώλεσας δῆτ', ὦ κασίγνητον κάρα.
Τοιγὰρ σὺ δέξαι μ' ἐς τὸ σὸν τόδε στέγος,
τὴν μηδὲν εἰς τὸ μηδὲν, ὡς ξὺν σοὶ κάτω
ναίω τὸ λοιπόν. Καὶ γὰρ, ἡνίκ' ἦσθ' ἄνω,
ξὺν σοὶ μετεῖχον τῶν ἴσων· καὶ νῦν ποθῶ
τοῦ σοῦ θανοῦσα μὴ 'πολείπεσθαι τάφου.
Τοὺς γὰρ θανόντας οὐχ ὁρῶ λυπουμένους.

ΧΟΡΟΣ.

Θνητοῦ πέφυκας πατρὸς, Ἠλέκτρα, φρόνει·

vre de joie : souvent par de secrets messages tu m'avais promis de la punir. Mais un dieu ennemi de ton bonheur et du mien a renversé tous nos projets, et ne m'envoie au lieu de tes traits chéris qu'une froide cendre et une ombre vaine. Hélas ! hélas ! tristes dépouilles ! Malheur à moi ! Fatal voyage ! Frère chéri ! tu m'as perdue, oui, tu m'as perdue pour jamais. Reçois-moi dans ton dernier séjour ; unis une ombre à une ombre ; que désormais j'habite avec toi les enfers. Tant que tu étais sur la terre, je partageais ta destinée : aujourd'hui je veux mourir et partager ta tombe. Les morts ne sont plus malheureux.

LE CHOEUR. Songe, Électre, que ton père était mortel ; Oreste

μαίνεται ὑπὸ ἡδονῆς,	est-folle de joie,
ἧς	*la mère* de laquelle
ὡς φανούμενος	comme devant paraître
τιμωρὸς αὐτὸς	vengeur *toi*-même
σὺ προέπεμπες ἐμοὶ πολλάκις	tu envoyais à moi souvent
φήμας λάθρα.	des nouvelles secrètement.
Ἀλλὰ δαίμων ὁ δυστυχὴς	Mais le sort défavorable
ὁ σός τε καὶ ἐμὸς	et tien et mien
ἐξαφείλετο ταῦτα,	a emporté ces choses,
ὃς προέπεμψέ σε ὧδέ μοι,	*le sort* qui a envoyé toi ainsi à moi
σποδόν τε	*étant* et cendre
καὶ σκιὰν ἀνωφελῆ	et une ombre inutile
ἀντὶ μορφῆς φιλτάτης.	au lieu d'une forme très-chérie.
Οἴ μοί μοι.	Hélas, hélas.
Ὦ δέμας οἰκτρόν.	O corps lamentable.
Φεῦ, φεῦ.	Hélas, hélas.
Ὦ πεμφθεὶς	O toi qui-as-été-envoyé
κελεύθους δεινοτάτας,	par les voies les plus affreuses,
οἴ μοί μοι,	hélas, hélas,
ὡς ἀπώλεσάς με,	comme tu as tué moi,
φίλτατε·	très-cher;
ἀπώλεσας δῆτα,	tu *m*'as tuée certes,
ὦ κάρα κασίγνητον.	ô tête fraternelle.
Τοιγὰρ σὺ δέξαι με	Donc toi reçois moi
ἐς τόδε στέγος τὸ σὸν	dans ce couvert tien,
τὴν μηδὲν	*moi* qui ne *suis* rien
εἰς τὸ μηδὲν,	dans ce qui n'*est* rien,
ὡς ναίω κάτω	afin que j'habite en bas
ξὺν σοὶ τὸ λοιπόν.	avec toi désormais.
Καὶ γὰρ ἡνίκα ἦσθα ἄνω,	Car quand tu étais en haut,
μετεῖχον ξὺν σοὶ	je prenais-part avec toi
τῶν ἴσων·	aux mêmes choses;
καὶ νῦν ποθῶ	et maintenant je désire
μὴ ἀπολείπεσθαι τάφου τοῦ σοῦ	ne pas-être-éloignée de ta tombe
θανοῦσα.	étant morte.
Οὐ γὰρ ὁρῶ	Car je ne vois pas
τοὺς θανόντας	les morts
λυπουμένους.	être affligés.
ΧΟΡΟΣ. Ἠλέκτρα, φρόνει,	LE CHOEUR. Électre, considère,
πέφυκας πατρὸς θνητοῦ·	tu es-issue d'un père mortel;

θνητὸς δ' Ὀρέστης, ὥστε μὴ λίαν στένε.
Πᾶσιν γὰρ ἡμῖν τοῦτ' ὀφείλεται παθεῖν.

ΟΡΕΣΤΗΣ.

Φεῦ, φεῦ, τί λέξω; ποῖ λόγων, ἀμηχανῶν,
ἔλθω; κρατεῖν γὰρ οὐκ ἔτι γλώσσης σθένω.

ΗΛΕΚΤΡΑ.

Τί δ' ἔσχες ἄλγος; πρὸς τί τοῦτ' εἰπὼν κυρεῖς;

ΟΡΕΣΤΗΣ.

Ἦ σὸν τὸ κλεινὸν εἶδος Ἠλέκτρας τόδε;

ΗΛΕΚΤΡΑ.

Τόδ' ἔστ' ἐκεῖνο, καὶ μάλ' ἀθλίως ἔχον.

ΟΡΕΣΤΗΣ.

Οἴ μοι ταλαίνης ἆρα τῆσδε συμφορᾶς.

ΗΛΕΚΤΡΑ.

Τί δήποτ', ὦ ξέν', ἀμφ' ἐμοὶ στένεις τάδε;

ΟΡΕΣΤΗΣ.

Ὦ σῶμ' ἀτίμως κἀθέως ἐφθαρμένον.

ΗΛΕΚΤΡΑ.

Οὔ τοί ποτ' ἄλλην ἢ 'μὲ δυσφημεῖς, ξένε.

ΟΡΕΣΤΗΣ.

Φεῦ τῆς ἀνύμφου δυσμόρου τε σῆς τροφῆς.

ΗΛΕΚΤΡΑ.

Τί δήποτ', ὦ ξέν', ὧδ' ἐπισκοπῶν στένεις;

l'était aussi ; modère donc ta douleur. Le même sort nous attend tous.

ORESTE. Dieux ! que dirai-je? Par où commencer dans mon trouble? Je ne puis plus me taire.

ÉLECTRE. Quelle douleur te saisit? Que signifie ce langage?

ORESTE. Est-ce donc l'illustre Électre que je vois?

ÉLECTRE. Elle-même, et dans un état bien déplorable.

ORESTE. O cruelle infortune!

ÉLECTRE. Étranger, pourquoi gémir ainsi sur mon sort?

ORESTE. O beauté flétrie par d'indignes outrages!

ÉLECTRE. Oui, c'est bien moi que tu plains, étranger.

ORESTE. Quelle existence dans l'isolement et la misère!

ÉLECTRE. Pourquoi, étranger, soupires-tu ainsi en me regardant?

Ὀρέστης δὲ θνητός·	Oreste de son côté *était* mortel;
ὥςτε μὴ στένε λίαν.	ainsi ne gémis pas trop.
Τοῦτο γὰρ ὀφείλεται	Car ceci est dû
ἡμῖν πᾶσι	à nous tous
παθεῖν.	à souffrir.
ΟΡΕΣΤΗΣ. Φεῦ, φεῦ,	ORESTE. Hélas, hélas,
τί λέξω;	que dirai-je?
ποῖ λόγων ἔλθω,	où dans les paroles irai-je,
ἀμηχανῶν;	étant embarrassé?
οὐ γὰρ σθένω ἔτι	car je ne puis plus
κρατεῖν γλώσσης.	maîtriser *ma* langue.
ΗΛΕΚΤΡΑ.	ÉLECTRE.
Τί δὲ ἄλγος ἔσχες;	Mais quelle douleur avais-tu?
πρὸς τί κυρεῖς	par rapport à quoi te trouves-tu
εἰπὼν τοῦτο;	ayant dit cela?
ΟΡΕΣΤΗΣ.	ORESTE.
Ἦ τόδε σὸν	Est-ce que cette *figure* tienne
εἶδος κλεινὸν Ἠλέκτρας;	*est* la figure illustre d'Électre?
ΗΛΕΚΤΡΑ. Τόδε ἐστὶν ἐκεῖνο,	ÉLECTRE. C'est elle,
καὶ ἔχον μάλα ἀθλίως.	et se portant très misérablement.
ΟΡΕΣΤΗΣ. Οἴμοι ἄρα	ORESTE. Hélas alors
τῆςδε συμφορᾶς ταλαίνης.	à cause de cette calamité funeste.
ΗΛΕΚΤΡΑ. Ὦ ξένε,	ÉLECTRE. O étranger,
οὐ δή ποτε στένεις	certes tu ne gémis donc pas
τάδε	ces choses (ainsi)
ἀμφὶ ἐμοί;	à cause de moi?
ΟΡΕΣΤΗΣ. Ὦ σῶμα	ORESTE. O corps
ἐφθαρμένον	altéré
ἀτίμως	ignominieusement
καὶ ἀθέως.	et d'une-manière-impie.
ΗΛΕΚΤΡΑ. Ὦ ξένε,	ÉLECTRE. O étranger,
οὔτοι δυςφημεῖς ποτε	certes tu ne déplores pas
ἄλλην ἢ ἐμέ.	une autre que moi.
ΟΡΕΣΤΗΣ. Φεῦ	ORESTE. Hélas
τροφῆς τῆς σῆς	à cause de la vie tienne
ἀνύμφου	sans-mariage
δυςμόρου τε.	et infortunée
ΗΛΕΚΤΡΑ. Ὦ ξένε,	ÉLECTRE. O étranger,
τί δήποτε στένεις	de quoi donc enfin gémis-tu
ἐπισκοπῶν ὧδε;	*me* regardant ainsi?

ΟΡΕΣΤΗΣ.
Ὡς οὐκ ἄρ' ᾔδη τῶν ἐμῶν οὐδὲν κακῶν.
ΗΛΕΚΤΡΑ.
Ἐν τῷ διέγνως τοῦτο τῶν εἰρημένων;
ΟΡΕΣΤΗΣ.
Ὁρῶν σε πολλοῖς ἐμπρέπουσαν [1] ἄλγεσι.
ΗΛΕΚΤΡΑ.
Καὶ μὴν ὁρᾷς γε παῦρα τῶν ἐμῶν κακῶν.
ΟΡΕΣΤΗΣ.
Καὶ πῶς γένοιτ' ἂν τῶνδ' ἔτ' ἐχθίω βλέπειν;
ΗΛΕΚΤΡΑ.
Ὁθούνεκ' εἰμὶ τοῖς φονεῦσι σύντροφος.
ΟΡΕΣΤΗΣ.
Τοῖς τοῦ; πόθεν τοῦτ' ἐξεσήμηνας κακόν [2];
ΗΛΕΚΤΡΑ.
Τοῖς πατρός. Εἶτα τοῖσδε δουλεύω βίᾳ.
ΟΡΕΣΤΗΣ.
Τίς γάρ σ' ἀνάγκῃ τῇδε προτρέπει βροτῶν;
ΗΛΕΚΤΡΑ.
Μήτηρ καλεῖται· μητρὶ δ' οὐδὲν ἐξισοῖ.
ΟΡΕΣΤΗΣ.
Τί δρῶσα; πότερα χερσὶν, ἢ λύμῃ βίου;
ΗΛΕΚΤΡΑ.
Καὶ χερσὶ, καὶ λύμαισι, καὶ πᾶσιν κακοῖς.

ORESTE. Que j'étais loin de connaître tous mes maux

ÉLECTRE. Qu'ai-je dit qui te les fit connaître?

ORESTE. Il m'a suffi de voir tes souffrances.

ÉLECTRE. Ah! tu ne vois encore qu'une faible partie de mes maux.

ORESTE. Et pourrait-on rien voir de plus cruel?

ÉLECTRE. Oui, puisque je vis avec les meurtriers....

ORESTE. De qui? que veux-tu dire?

ÉLECTRE. De mon père, et de plus je suis forcée d'être leur esclave.

ORESTE. Et qui t'impose cette nécessité?

ÉLECTRE. Celle qu'on appelle ma mère; mais elle n'en a que le nom.

ORESTE. Quels moyens emploie-t-elle? La violence ou les privations?

ÉLECTRE. La violence, les privations, toutes les rigueurs enfin.

ΟΡΕΣΤΗΣ.	ORESTE.
Ὡς οὐκ ᾔδη ἄρα	C'est que je ne savais en vérité
οὐδὲν κακῶν τῶν ἐμῶν.	rien des maux miens.
ΗΛΕΚΤΡΑ. Ἐν τῷ	ÉLECTRE. En quoi
τῶν εἰρημένων	parmi les choses dites
διέγνως τοῦτο ;	as-tu reconnu cela ?
ΟΡΕΣΤΗΣ. Ὁρῶν	ORESTE. En voyant
σὲ ἐμπρέπουσαν	toi distinguée
πολλοῖς ἄλγεσιν.	par de nombreuses souffrances.
ΗΛΕΚΤΡΑ. Καὶ μὴν	ÉLECTRE. Et cependant
ὁρᾷς γε παῦρα	tu vois certes peu
κακῶν τῶν ἐμῶν.	des maux miens.
ΟΡΕΣΤΗΣ. Καὶ πῶς γένοιτο ἂν	ORESTE. Et comment arriverait-il
βλέπειν	de voir
ἐχθίω ἔτι	des choses plus odieuses encore
τῶνδε ;	que celles-ci ?
ΗΛΕΚΤΡΑ. Ὁθούνεκα	ÉLECTRE. Parce que
εἰμὶ σύντροφος τοῖς φονεῦσιν.	je suis vivant-avec les meurtriers
ΟΡΕΣΤΗΣ. Τοῖς τοῦ ;	ORESTE Les meurtriers de qui ?
πόθεν ἐξεσήμηνας	d'où as-tu annoncé
τοῦτο κακόν ;	ce malheur ?
ΗΛΕΚΤΡΑ.	ÉLECTRE.
Τοῖς πατρός.	Les *meurtriers* de *mon* père.
Εἶτα δουλεύω τοῖσδε	Puis je suis-esclave de ceux-ci
βίᾳ.	par-la-force.
ΟΡΕΣΤΗΣ.	ORESTE.
Τίς γὰρ βροτῶν	Qui donc parmi les mortels
προτρέπει σε	pousse toi
τῇδε ἀνάγκῃ ;	dans cette contrainte (servitude) ?
ΗΛΕΚΤΡΑ.	ÉLECTRE.
Καλεῖται μήτηρ ·	Elle est appelée mère ;
ἐξισοῖ δὲ οὐδὲν	mais elle ne fait-rien-de-semblable
μητρί.	à une mère.
ΟΡΕΣΤΗΣ. Τί δρῶσα,	ORESTE. Quoi faisant ?
πότερα χερσὶν	est-ce avec les mains,
ἢ λύμῃ	ou par l'infection
βίου ;	de la vie (nourriture) ?
ΗΛΕΚΤΡΑ. Καὶ χερσὶ	ÉLECTRE. Et avec les mains
καὶ λύμαισι	et avec des turpitudes
καὶ πᾶσιν κακοῖς.	et avec tous les maux.

ΟΡΕΣΤΗΣ.

Οὐδ' οὑπαρήξων, οὐδ' ὁ κωλύσων πάρα;

ΗΛΕΚΤΡΑ.

Οὐ δῆθ'· ὃς ἦν γάρ μοι, σὺ προὔθηκας σποδόν.

ΟΡΕΣΤΗΣ.

Ὦ δύσποτμ', ὡς ὁρῶν σ' ἐποικτείρω πάλαι.

ΗΛΕΚΤΡΑ.

Μόνος βροτῶν νυν ἴσθ' ἐποικτείρας ποτέ.

ΟΡΕΣΤΗΣ.

Μόνος γὰρ ἥκω τοῖς ἴσοις ἀλγῶν κακοῖς.

ΗΛΕΚΤΡΑ.

Οὐ δήποθ' ἡμῖν ξυγγενὴς ἥκεις ποθέν;

ΟΡΕΣΤΗΣ.

Ἐγὼ φράσαιμ' ἄν, εἰ τὸ τῶνδ' εὔνουν πάρα.

ΗΛΕΚΤΡΑ.

Ἀλλ' ἔστιν εὔνουν, ὥστε πρὸς πιστὰς ἐρεῖς.

ΟΡΕΣΤΗΣ.

Μέθες τόδ' ἄγγος[1] νῦν, ὅπως τὸ πᾶν μάθῃς.

ΗΛΕΚΤΡΑ.

Μὴ δῆτα, πρὸς θεῶν, τοῦτό μ' ἐργάσῃ, ξένε.

ΟΡΕΣΤΗΣ.

Πείθου λέγοντι, κοὐχ ἁμαρτήσει ποτέ[2].

ORESTE. Et tu n'as point d'ami pour te défendre contre ses fureurs?

ÉLECTRE. Non : j'en avais un, et tu m'apportes sa cendre.

ORESTE. Malheureuse! que ta vue excite ma compassion!

ÉLECTRE. Tu es le seul mortel sensible à ma misère.

ORESTE. C'est que je suis le seul qui souffre de tes douleurs.

ÉLECTRE. Serais-tu quelqu'un de nos proches?

ORESTE. Je parlerai, si je puis compter sur la fidélité de tes compagnes.

ÉLECTRE. Leur amour m'est connu; tu peux parler sans crainte.

ORESTE. Quitte donc cette urne : tu sauras tout ensuite.

ÉLECTRE. Étranger, au nom des dieux, ne me l'enlève pas.

ORESTE. Crois-moi, tu n'auras pas lieu de t'en repentir.

ΟΡΕΣΤΗΣ.
Οὐδὲ πάρα
ὁ ἐπαρήξων
οὐδὲ ὁ κωλύσων ;
ΗΛΕΚΤΡΑ.
Οὐ δῆτα·
ὃς γὰρ ἦν μοι,
σὺ προέθηκας σποδόν.
ΟΡΕΣΤΗΣ. Ὦ δύςποτμε,
ὡς ἐποικτείρω σε
πάλαι
ὁρῶν.
ΗΛΕΚΤΡΑ. Ἴσθι νυν
ἐποικτείρας ποτὲ
μόνος βροτῶν.
ΟΡΕΣΤΗΣ.
Ἥκω γὰρ
μόνος ἀλγῶν
κακοῖς τοῖς ἴσοις.
ΗΛΕΚΤΡΑ.
Οὐ δήποτε ἥκεις
ποθὲν
ξυγγενὴς ἡμῖν;
ΟΡΕΣΤΗΣ.
Ἐγὼ φράσαιμι ἄν,
εἰ τὸ τῶνδε πάρα
εὔνουν.
ΗΛΕΚΤΡΑ. Ἀλλὰ
ἐστὶν εὔνουν,
ὥςτε ἐρεῖς
πρὸς πιστάς.
ΟΡΕΣΤΗΣ.
Μέθες νῦν τόδε ἄγγος,
ὅπως μάθῃς τὸ πᾶν.
ΗΛΕΚΤΡΑ. Ξένε,
μὴ δῆτα ἐργάσῃ με τοῦτο,
πρὸς θεῶν.
ΟΡΕΣΤΗΣ. Πείθου
λέγοντι,
καὶ οὔποτε ἁμαρτήσει.

ORESTE.
Et il n'est-présent
ni celui qui doit *te* secourir
ni celui qui doit *l'*empêcher ?
ÉLECTRE.
Non certes ;
car celui qui était à moi,
toi tu *l'*as présenté *étant* cendre.
ORESTE. O infortunée,
comme je plains toi
depuis longtemps
en *te* voyant.
ÉLECTRE. Sache donc
*m'*ayant plainte (que tu m'as plainte)
seul parmi les mortels.
ORESTE.
C'est que je suis venu
seul souffrant
de maux égaux.
ÉLECTRE.
Tu n'es certes pas venu
de quelque part
étant parent à nous ?
ORESTE.
Moi je *le* dirais,
si le *chœur* de celles-ci est-présent
étant bienveillant.
ÉLECTRE. Mais
il est bienveillant,
de sorte que tu parleras
à des-*gens* dignes-de-confiance.
ORESTE.
Abandonne maintenant ce vase,
afin que tu apprennes le tout.
ÉLECTRE. Étranger,
ne fais donc pas à moi cela,
au nom des dieux.
ORESTE. Obéis
à *moi* qui-*te*-*le* dis,
et jamais tu ne feras-mal.

ΗΛΕΚΤΡΑ.
Μή, πρὸς γενείου, μὴ 'ξέλῃ τὰ φίλτατα.
ΟΡΕΣΤΗΣ.
Οὔ φημ' ἐάσειν.
ΗΛΕΚΤΡΑ.
Ὦ τάλαιν' ἐγὼ σέθεν,
Ὀρέστα, τῆς σῆς εἰ στερήσομαι ταφῆς.
ΟΡΕΣΤΗΣ.
Εὔφημα φώνει· πρὸς δίκης γὰρ οὐ στένεις.
ΗΛΕΚΤΡΑ.
Πῶς τὸν θανόντ' ἀδελφὸν οὐ δίκῃ στένω;
ΟΡΕΣΤΗΣ.
Οὔ σοι προσήκει τήνδε προσφωνεῖν φάτιν.
ΗΛΕΚΤΡΑ.
Οὕτως ἄτιμός εἰμι τοῦ τεθνηκότος;
ΟΡΕΣΤΗΣ.
Ἄτιμος οὐδενὸς σύ· τοῦτο δ' οὐχὶ σόν.
ΗΛΕΚΤΡΑ.
Εἴπερ γ' Ὀρέστου σῶμα βαστάζω τόδε.
ΟΡΕΣΤΗΣ.
Ἀλλ' οὐκ Ὀρέστου, πλὴν λόγῳ γ' ἠσκημένον.
ΗΛΕΚΤΡΑ.
Ποῦ δ' ἔστ' ἐκείνου τοῦ ταλαιπώρου τάφος;
ΟΡΕΣΤΗΣ.
Οὐκ ἔστι· τοῦ γὰρ ζῶντος οὐκ ἔστιν τάφος.
ΗΛΕΚΤΡΑ.
Πῶς εἶπας, ὦ παῖ[1];

ÉLECTRE. Ah! je t'en conjure, ne me sépare pas de ces restes chéris.

ORESTE. Je ne souffrirai pas que tu les gardes encore.

ÉLECTRE. Quel est mon malheur, cher Oreste, si je suis privée de ta cendre!

ORESTE. Cesse ce langage funeste, tu as tort de gémir.

ÉLECTRE. Quoi! j'ai tort de gémir sur la mort d'un frère?

ORESTE. Il ne te convient pas de parler ainsi.

ÉLECTRE. Suis-je donc indigne de celui qui n'est plus?

ORESTE. Indigne! non, sans doute. Mais cette urne n'est rien pour toi.

ÉLECTRE. Cependant, si ce sont les cendres d'Oreste que je tiens!

ORESTE. Ce ne sont pas celles d'Oreste : elles n'en ont que le nom.

ÉLECTRE. Où donc est le tombeau de cet infortuné?

ORESTE. Il n'en a pas : les vivants n'ont point de tombeau.

ÉLECTRE. O ciel! qu'as-tu dit?

ΗΛΕΚΤΡΑ.	ÉLECTRE.
Μὴ πρὸς γενείου,	Non, par *ton* menton (ta barbe),
μὴ ἐξέλῃ	ne *m'*enlève pas
τὰ φίλτατα.	les choses les plus chères.
ΟΡΕΣΤΗΣ. Οὔ φημι	ORESTE. Je dis ne pas
ἐάσειν.	devoir *te les* laisser.
ΗΛΕΚΤΡΑ.	ÉLECTRE.
Ὢ τάλαινα ἐγὼ	O malheureuse *que* je *suis*
σέθεν, Ὀρέστα,	à cause de toi, Oreste,
εἰ στερήσομαι	si je dois être privée
ταφῆς τῆς σῆς.	du sépulcre tien.
ΟΡΕΣΤΗΣ.	ORESTE.
Φώνει εὔφημα·	Dis des choses de-bon-augure ;
οὐ γὰρ στένεις πρὸς δίκης.	car tu ne gémis pas avec justice.
ΗΛΕΚΤΡΑ.	ÉLECTRE.
Πῶς οὐ στένω	Comment ne gémirais-je pas
δίκῃ	avec justice
ἀδελφὸν τὸν θανόντα;	sur mon frère mort?
ΟΡΕΣΤΗΣ.	ORESTE.
Οὐ προσήκει σοι	Il ne convient pas à toi
προσφωνεῖν τήνδε φάτιν.	d'adresser *à lui* ce discours.
ΗΛΕΚΤΡΑ.	ÉLECTRE.
Εἰμὶ οὕτως ἄτιμος	Suis-je tellement indigne (méprisée)
τοῦ τεθνηκότος;	du mort?
ΟΡΕΣΤΗΣ. Σὺ	ORESTE. Toi
ἄτιμος οὐδενός·	tu n'*es* indigne de personne ;
τοῦτο δὲ οὐχὶ σόν.	mais ceci n'*est* pas tien.
ΗΛΕΚΤΡΑ.	ÉLECTRE.
Εἴπερ γε βαστάζω	Au moins si je porte
τόδε σῶμα Ὀρέστου.	ce corps *qui est celui* d'Oreste.
ΟΡΕΣΤΗΣ. Ἀλλὰ	ORESTE. Mais
οὐκ Ὀρέστου,	*il* n'*est* pas d'Oreste,
πλὴν ἠσκημένον λόγῳ γε.	si ce n'est arrangé par la parole.
ΗΛΕΚΤΡΑ. Ποῦ δὲ ἔστι τάφος	ÉLECTRE. Mais où est le sépulcre
ἐκείνου τοῦ ταλαιπώρου;	de lui l'infortuné?
ΟΡΕΣΤΗΣ. Οὐκ ἔστιν·	ORESTE. Il n'est (n'existe) pas ;
οὐ γάρ ἐστι τάφος	car il n'est (n'y a) pas de sépulcre
τοῦ ζῶντος.	de *celui qui est* vivant.
ΗΛΕΚΤΡΑ. Ὦ παῖ,	ÉLECTRE. O *mon* fils,
πῶς εἶπας;	comment as-tu dit?

ΟΡΕΣΤΗΣ.
Ψεῦδος οὐδὲν ὧν λέγω.
ΗΛΕΚΤΡΑ.
Ἦ ζῇ γὰρ ἀνήρ;
ΟΡΕΣΤΗΣ.
Εἴπερ ἔμψυχός γ' ἐγώ.
ΗΛΕΚΤΡΑ.
Ἦ γὰρ σὺ κεῖνος;
ΟΡΕΣΤΗΣ.
Τήνδε προσβλέψασά μου
Σφραγῖδα πατρὸς, ἔκμαθ' εἰ σαφῆ λέγω.
ΗΛΕΚΤΡΑ.
Ὦ φίλτατον φῶς.
ΟΡΕΣΤΗΣ.
Φίλτατον, ξυμμαρτυρῶ.
ΗΛΕΚΤΡΑ.
Ὦ φθέγμ' [1], ἀφίκου;
ΟΡΕΣΤΗΣ.
Μηκέτ' ἄλλοθεν πύθῃ.
ΗΛΕΚΤΡΑ.
Ἔχω σε χερσίν;
ΟΡΕΣΤΗΣ.
Ὡς τὰ λοίπ' ἔχοις ἀεί.
ΗΛΕΚΤΡΑ.
Ὦ φίλταται γυναῖκες, ὦ πολίτιδες,
ὁρᾶτ' Ὀρέστην τόνδε, μηχαναῖσι μὲν
θανόντα, νῦν δὲ μηχαναῖς σεσωσμένον.
ΧΟΡΟΣ.
Ὁρῶμεν, ὦ παῖ, κἀπὶ συμφοραῖσί μοι
γεγηθὸς ἕρπει δάκρυον ὀμμάτων ἄπο [2].

ORESTE. La vérité.
ÉLECTRE. Oreste vit encore?
ORESTE. Oui, puisque je respire.
ÉLECTRE. Tu serais Oreste?
ORESTE. Regarde cet anneau de mon père, et vois si je dis vrai.
ÉLECTRE. O jour heureux!
ORESTE. Oui, mille fois heureux!
ÉLECTRE. O douce voix, tu es enfin venue.
ORESTE. Oui, c'est la voix de ton frère.
ÉLECTRE. Quoi! c'est toi que je tiens?
ORESTE. Puissions-nous ne plus nous séparer!
ÉLECTRE. Filles de Mycènes, chères compagnes, voyez cet Oreste que la ruse avait fait mourir, et que la ruse a fait revivre aujourd'hui.
LE CHOEUR. Nous le voyons, ma fille, et cet heureux événement fait couler de nos yeux des larmes de joie.

ΟΡΕΣΤΗΣ. Οὐδὲν
ὧν λέγω
ψεῦδος.
ΗΛΕΚΤΡΑ.
Ἦ ὁ ἀνὴρ ζῇ γάρ;
ΟΡΕΣΤΗΣ.
Εἴπερ ἐγὼ ἔμψυχός γε.
ΗΛΕΚΤΡΑ.
Ἦ σὺ γὰρ κεῖνος;
ΟΡΕΣΤΗΣ.
Προςβλέψασα
τήνδε σφραγῖδά μου
πατρὸς,
ἔκμαθε, εἰ λέγω
σαφῆ.
ΗΛΕΚΤΡΑ.
Ὦ φῶς φίλτατον.
ΟΡΕΣΤΗΣ. Φίλτατον,
ξυμμαρτυρῶ.
ΗΛΕΚΤΡΑ. Ὦ φθέγμα,
ἀφίκου;
ΟΡΕΣΤΗΣ.
Μηκέτι πύθῃ ἄλλοθεν.
ΗΛΕΚΤΡΑ.
Ἔχω σε χερσίν;
ΟΡΕΣΤΗΣ. Ὡς ἔχοις
ἀεὶ τὰ λοιπά.
ΗΛΕΚΤΡΑ.
Ὦ πολίτιδες,
ὦ γυναῖκες φίλταται,
ὁρᾶτε Ὀρέστην τόνδε
θανόντα μηχαναῖσι μὲν,
νῦν δὲ σεσωσμένον
μηχαναῖς.
ΧΟΡΟΣ. Ὦ παῖ,
ὁρῶμεν,
καὶ δάκρυον γεγηθὸς
ἕρπει
ἀπὸ ὀμμάτων μοι
ἐπὶ συμφοραῖσιν.

ORESTE. Rien
dans les choses que je dis
n'est mensonge.
ÉLECTRE.
L'homme vit donc?
ORESTE.
Si moi au-moins *je suis* vivant.
ÉLECTRE.
Toi *tu es* donc lui?
ORESTE.
Ayant jeté-les-yeux
sur cette bague de moi
de *notre* père,
apprends (vois) si je dis
des choses évidentes.
ÉLECTRE.
O lumière très-chérie.
ORESTE. Très-chérie,
je *l'*atteste-avec *toi.*
ÉLECTRE. O voix,
tu es arrivée?
ORESTE.
Ne t'enquiers plus d'un autre côté.
ÉLECTRE.
Je tiens toi entre *mes* mains?
ORESTE. Puisses-tu tenir *moi*
toujours dorénavant!
ÉLECTRE.
O citoyennes,
ô femmes très-chères,
voyez Oreste que voici
mort par des artifices d'un côté,
mais à-présent sauvé
par des artifices.
LE CHOEUR. O *ma* fille,
nous *le* voyons,
et une larme joyeuse
serpente
en descendant des yeux à moi
sur *ces* accidents-heureux.

ΗΛΕΚΤΡΑ.

(Στροφή.)

Ἰὼ γοναὶ,
γοναὶ σωμάτων ἐμοὶ φιλτάτων,
ἐμόλετ' ἀρτίως,
ἐφεύρετ', ἤλθετ', εἴδεθ' οὓς ἐχρῄζετε.

ΟΡΕΣΤΗΣ.

Πάρεσμεν· ἀλλὰ σῖγ' ἔχουσα πρόσμενε.

ΗΛΕΚΤΡΑ.

Τί δ' ἔστι;

ΟΡΕΣΤΗΣ.

Σιγᾷν ἄμεινον, μή τις ἔνδοθεν κλύῃ.

ΗΛΕΚΤΡΑ.

Ἀλλ', οὐ τὰν Ἄρτεμιν,
τὰν αἰὲν ἀδμήταν
τόδε μὲν οὔ ποτ' ἀξιώσω τρέσαι
περισσὸν ἄχθος ἔνδον
γυναικῶν ὂν αἰεί.

ΟΡΕΣΤΗΣ.

Ὅρα γε μέντοι κἀν γυναιξὶν ὡς Ἄρης
ἔνεστιν· εὖ δ' ἔξοισθα πειραθεῖσά που [1].

ÉLECTRE. Rejeton d'un père chéri, te voilà enfin de retour! Tu as retrouvé, tu as revu ceux que tu brûlais de revoir!

ORESTE. Oui, c'est moi : mais garde le silence.

ÉLECTRE. Comment?

ORESTE. Crains, si tu parles, d'être entendue de ce palais.

ÉLECTRE. Non, j'en atteste la chaste Diane, je ne redoute plus cette vaine troupe de femmes qui ne sortent pas de la maison.

ORESTE. Prends garde : Mars arme quelquefois le bras d'une femme, tu le sais par une triste expérience.

Στροφή.	*Strophe.*
ΗΛΕΚΤΡΑ.	ÉLECTRE.
Ἰὼ γοναὶ,	O rejetons,
γοναὶ σωμάτων	rejetons des corps
φιλτάτων ἐμοὶ,	les plus chers à moi,
ἐμόλετε	vous êtes venus
ἀρτίως,	récemment,
ἐφεύρετε,	vous avez trouvé,
ἤλθετε,	vous êtes arrivés,
εἴδετε,	vous avez vu
οὓς ἐχρῄζετε.	ceux que vous vouliez.
ΟΡΕΣΤΗΣ.	ORESTE.
Πάρεσμεν·	Nous sommes-présents ;
ἀλλὰ πρόςμενε	mais reste
ἔχουσα σῖγα.	étant silencieuse.
ΗΛΕΚΤΡΑ.	ÉLECTRE.
Τί δὲ ἔστιν;	Mais qu'est-*ce ?*
ΟΡΕΣΤΗΣ.	ORESTE.
Ἄμεινον	*Il vaut* mieux
σιγᾶν,	se taire,
μή τις κλύῃ	afin que personne n'entende
ἔνδοθεν.	dans l'intérieur.
ΗΛΕΚΤΡΑ.	ÉLECTRE.
Ἀλλὰ,	Mais,
οὐ τὰν Ἄρτεμιν	non par Diane
τὰν ἀεὶ ἀδμήταν,	toujours indomptée,
οὔποτε ἀξιώσω	jamais je ne trouverai-nécessaire
τρέσαι	de trembler
τόδε μὲν ἄχθος	devant ce poids en-vérité
περισσὸν	superflu (vain)
γυναικῶν	des femmes
ὂν ἀεὶ	étant toujours
ἔνδον.	à-l'intérieur.
ΟΡΕΣΤΗΣ.	ORESTE.
Ὅρα γε	Vois au-moins
μέντοι,	cependant,
ὡς Ἄρης	que Mars (un esprit belliqueux)
καὶ ἔνεστιν ἐν γυναιξίν·	aussi se trouve-dans les femmes ;
ἔξοισθα δὲ εὖ	mais tu *le* sais-bien
πειραθεῖσά που.	*l*'ayant éprouvé peut-être.

ΗΛΕΚΤΡΑ.

Ὀτοτοτοῖ, τοτοῖ.
Ἀνέφελον ἐπέβαλες
οὔ ποτε καταλύσιμον,
οὐδέποτε λησόμενον [1]
ἁμέτερον
οἷον ἔφυ κακόν.

ΟΡΕΣΤΗΣ.

Ἔξοιδα, ναὶ, ταῦτ'· ἀλλ' ὅταν παρουσία [2]
φράζῃ, τότ' ἔργων τῶνδε μεμνῆσθαι χρεών.

ΗΛΕΚΤΡΑ.

(Ἀντιστροφή.)

Ὁ πᾶς ἐμοὶ
ὁ πᾶς ἂν πρέποι παρὼν ἐννέπειν
τάδε δίκα χρόνος.
Μόλις γὰρ ἔσχον νῦν ἐλεύθερον στόμα.

ΟΡΕΣΤΗΣ.

Ξύμφημι κἀγώ. Τοιγαροῦν σώζου τόδε [3].

ΗΛΕΚΤΡΑ.

Τί δρῶσα;

ΟΡΕΣΤΗΣ.

Οὗ μή 'στι καιρὸς, μὴ μακρὰν βούλου λέγειν.

ΗΛΕΚΤΡΑ.

Τίς οὖν ἂν ἀξίαν
γε, σοῦ πεφηνότος,
μεταβάλοιτ' ἂν ὧδε σιγὰν λόγων;
ἐπεί σε νῦν ἀφράστως
ἀέλπτως τ' ἐσεῖδον.

ÉLECTRE. Ah! tu remets devant mes yeux des maux pour lesquels il n'y a ni expiation ni oubli.

ORESTE. Je les connais, et quand la présence de nos ennemis parlera, alors il faudra s'en souvenir.

ÉLECTRE. Tous les temps, oui, tous les temps conviennent à mes justes plaintes; ma voix vient enfin de retrouver sa liberté.

ORESTE. J'en conviens. Songe à la conserver.

ÉLECTRE. Que faut-il faire?

ORESTE. Savoir garder le silence à propos.

ÉLECTRE. Et qui pourrait avec justice me forcer au silence, quand tu reparais à mes yeux, quand je te revois soudain, contre tout espoir?

ΗΛΕΚΤΡΑ.	ÉLECTRE.
Ὀτοτοτοτοῖ, τοτοῖ,	Hélas, hélas,
ἐπέβαλες	tu as appliqué-dessus (mentionné)
κακὸν ἀνέφελον	un malheur sans-nuages
καταλύσιμον οὔποτε,	ne devant-se-dissoudre jamais,
οἷον ἔφυ	tel que fut
ἁμέτερον.	le nôtre.
ΟΡΕΣΤΗΣ. Ναὶ,	ORESTE. Oui,
ἔξοιδα ταῦτα·	je sais-bien ces choses ;
ἀλλὰ ὅταν παρουσία	mais quand la chose-présente
φράζῃ,	*le* conseillera,
τότε χρεὼν μεμνῆσθαι	alors il faudra se souvenir
τῶνδε ἔργων.	de ces faits.
ΗΛΕΚΤΡΑ.	ÉLECTRE.
Ὁ πᾶς ὁ πᾶς χρόνος	Tout, tout le temps
παρὼν	présent
πρέποι ἂν ἐμοὶ	conviendrait à moi
ἐννέπειν τάδε	*pour* dire ces choses
δίκᾳ.	avec-justice.
Ἔσχον γὰρ μόλις νῦν	Car j'ai eu à peine maintenant
στόμα ἐλεύθερον.	la bouche libre.
ΟΡΕΣΤΗΣ. Καὶ ἐγὼ	ORESTE. Moi aussi
ξύμφημι.	je consens.
Τοιγαροῦν σῴζου τόδε.	A cause de cela garde ceci.
ΗΛΕΚΤΡΑ.	ÉLECTRE.
Τί δρῶσα ;	Quoi faisant ?
ΟΡΕΣΤΗΣ. Μὴ βούλου	ORESTE. Ne veuille pas
λέγειν μακρὰν	dire longuement
οὗ μή ἐστι καιρός.	*ce* qu'il n'est pas à-propos *de dire*.
ΗΛΕΚΤΡΑ.	ÉLECTRE.
Τίς οὖν ἂν	Qui donc
μεταβάλοιτο ἂν ὧδε	changerait ainsi
σιγὰν	le silence
ἀξίαν γε	*étant* juste en-vérité
λόγων,	contre les paroles,
σοῦ πεφηνότος,	toi ayant paru,
ἐπεὶ νῦν	puisque maintenant
ἐςεῖδόν σε	j'ai vu toi
ἀφράστως	d'une manière imprévue
ἀέλπτως τε ;	et contre-*toute*-espérance ?

ΟΡΕΣΤΗΣ.

Τότ' εἶδες, ὅτε θεοί μ' ἐπώτρυναν μολεῖν.

ΗΛΕΚΤΡΑ.

Ἔφρασας ὑπερτέραν
τᾶς πάρος ἔτι χάριτος,
εἴ σε θεὸς ἐπόρισεν
ἁμέτερα πρὸς μέλαθρα·
δαιμόνιον
αὐτὸ τίθημ' ἐγώ.

ΟΡΕΣΤΗΣ.

Τὰ μέν σ' ὀκνῶ χαίρουσαν εἰργάθειν· τὰ δὲ
δέδοικα λίαν ἡδονῇ νικωμένην.

ΗΛΕΚΤΡΑ.

(Ἐπῳδός.)

Ἰὼ χρόνῳ μακρῷ φιλτάταν ὁδὸν
ἐπαξιώσας ὧδέ μοι φανῆναι,
μή τί με πολύστονον ὧδ' ἰδὼν,

ΟΡΕΣΤΗΣ.

Τί μὴ ποιήσω;

ΗΛΕΚΤΡΑ.

μή μ' ἀποστερήσῃς
τῶν σῶν προσώπων ἀδονὰν [1] μεθέσθαι.

ΟΡΕΣΤΗΣ.

Ἦ κάρτα κἂν ἄλλοισι θυμοίμην ἰδών.

ORESTE. Tu m'as revu, aussitôt que les dieux m'ont ordonné de venir.

ÉLECTRE. Ah! cette parole met le comble à ma joie. Ainsi c'est un dieu qui t'amène dans notre palais : quel heureux présage!

ORESTE. C'est à regret que j'arrête tes transports ; mais je crains l'excès de ta joie.

ÉLECTRE. O toi dont la douce présence m'est enfin rendue après tant d'années, ne va pas, en me voyant dans les larmes....

ORESTE. Que veux-tu de moi?

ÉLECTRE. Ne va pas me priver du plaisir que j'ai de te revoir.

ORESTE. Non, sans doute, et je m'indignerais qu'un autre voulût t'en priver.

ΟΡΕΣΤΗΣ.
Εἶδες τότε
ὅτε θεοὶ ἐπώτρυνάν με
μολεῖν.

ΗΛΕΚΤΡΑ.
Ἔφρασας
ὑπερτέραν ἔτι
χάριτος τῆς πάρος,
εἰ θεὸς
ἐπόρισέ σε
πρὸς μέλαθρα ἁμέτερα·
ἐγὼ τίθημι αὐτὸ
δαιμόνιον.

ΟΡΕΣΤΗΣ. Ὀκνῶ
τὰ μὲν εἰργάθειν σε
χαίρουσαν,
τὰ δὲ δέδοικα
νικωμένην λίαν
ἡδονῇ.

Ἐπῳδός.

ΗΛΕΚΤΡΑ
Ἰὼ
ἐπαξιώσας
φανῆναι ὧδέ μοι
ὁδὸν φιλτάταν
χρόνῳ μακρῷ,
ἰδὼν
ὧδε πολύστονον,
μή τί με —

ΟΡΕΣΤΗΣ.
Τί μὴ ποιήσω;

ΗΛΕΚΤΡΑ.
Μὴ ἀποστερήσῃς με
ἡδονὰν
προςώπων τῶν σῶν
μεθέσθαι.

ΟΡΕΣΤΗΣ. Ἦ
θυμοίμην ἂν κάρτα
καὶ ἄλλοισιν
ἰδών.

ORESTE.
Tu *m'*as vu alors
que les dieux ont poussé moi
à venir.

ÉLECTRE.
Tu as annoncé
une joie supérieure encore
à la joie d'auparavant,
si le Dieu
a ouvert-le-chemin à toi
vers les demeures nôtres;
moi je place (j'estime) ceci
divin.

ORESTE. Je crains
d'un côté de retenir toi
te-réjouissant,
de l'autre je crains
toi étant vaincue trop
par le plaisir.

Épode.

ÉLECTRE.
O
toi qui as daigné
paraître ainsi à moi
par un voyage très-cher
après un temps long,
*m'*ayant vue
si accablée-de-malheurs
ne me —

ORESTE.
Que *veux-tu que* je ne fasse pas ?

ÉLECTRE.
Ne prive pas moi
du plaisir
du visage tien
*au point que moi l'*abandonner (le perdre).

ORESTE. Vraiment
je serais-irrité fortement
même contre les autres
les ayant vus *t'en-priver*.

ΗΛΕΚΤΡΑ.

Ξυναινεῖς;

ΟΡΕΣΤΗΣ.

Τί μὴν οὔ;

ΗΛΕΚΤΡΑ.

Ὦ φίλαι, ἔκλυον ἂν
ἐγὼ οὐδ' ἂν ἤλπισ' [1] αὐδάν.
Ἔσχον ὀργὰν, ἄναυδον
οὐδὲ σὺν βοᾷ κλύουσα, τάλαινα.
Νῦν δ' ἔχω σε· προὐφάνης δὲ
φιλτάταν ἔχων πρόσοψιν,
ἅς ἐγὼ οὐδ' ἂν ἐν κακοῖς λαθοίμαν.

ΟΡΕΣΤΗΣ.

Τὰ μὲν [2] περισσεύοντα τῶν λόγων ἄφες,
καὶ μήτε μήτηρ ὡς κακὴ δίδασκέ με,
μήθ' ὡς πατρῴαν κτῆσιν Αἴγισθος δόμων
ἀντλεῖ, τὰ δ' ἐκχεῖ, τὰ δὲ διασπείρει μάτην [3].
Χρόνου γὰρ ἄν σοι καιρὸν [4] ἐξείργοι λόγος.
Ἃ δ' ἁρμόσει μοι τῷ παρόντι νῦν χρόνῳ
σήμαιν', ὅπου φανέντες, ἢ κεκρυμμένοι,
γελῶντας ἐχθροὺς παύσομεν τῇ νῦν ὁδῷ.
Οὕτως δ', ὅπως μήτηρ σε μὴ 'πιγνώσεται
φαιδρῷ προσώπῳ, νῷν ἐπελθόντοιν [5] δόμους·
ἀλλ', ὡς ἐπ' ἄτῃ τῇ μάτην λελεγμένῃ,

ÉLECTRE. Tu l'approuves donc?

ORESTE. Comment le blâmerais-je?

ÉLECTRE. Mes amies, quand une nouvelle inattendue frappa mon oreille, ma douleur fut muette, j'étouffai mes cris en entendant ce récit fatal. Maintenant je te tiens dans mes bras, j'ai revu ces traits chéris que je ne pourrais oublier, même au sein du malheur.

ORESTE. Laissons les paroles inutiles. Ne me parle pas des cruautés d'une mère, ne me dis pas comme Égisthe prodigue les trésors de mon père, comme il les épuise et les dissipe : l'occasion s'échapperait durant ces discours. Apprends-moi ce qu'exige le moment présent : en quels lieux nous devons nous cacher ou paraître, pour faire cesser la joie de nos ennemis. Prends garde qu'à notre entrée dans le palais ton visage riant ne te trahisse aux yeux de ma mère; affecte de

ΗΛΕΚΤΡΑ. Ξυναινεῖς;
ΟΡΕΣΤΗΣ. Τί μὴν οὔ;
ΗΛΕΚΤΡΑ. Ὦ φίλαι,
ἔκλυον αὐδὰν
ἂν ἐγὼ οὐδὲ ἂν ἤλπισα.
Ἔσχον κλύουσα
ὀργὰν ἄναυδον
οὐδὲ σὺν βοᾷ,
τάλαινα.
Νῦν δὲ ἔχω σε·
προεφάνης δὲ
ἔχων πρόσοψιν
φιλτάταν,
ἃς ἐγὼ λαθοίμην ἂν
οὐδὲ ἐν κακοῖς.
ΟΡΕΣΤΗΣ. Ἄφες
τὰ μὲν περισσεύοντα
τῶν λόγων,
καὶ δίδασκέ με
μήτε ὡς μήτηρ κακὴ,
μήτε ὡς Αἴγισθος ἀντλεῖ
κτῆσιν πατρῴαν δόμων,
ἐκχεῖ τὰ δέ,
διασπείρει τὰ δὲ μάτην.
Λόγος γάρ σοι
ἐξείργοι ἂν
καιρὸν χρόνου.
Σήμαινε δὲ,
ἃ ἁρμόσει μοι
χρόνῳ τῷ παρόντι νῦν,
ὅπου φανέντες
ἢ κεκρυμμένοι,
παύσομεν
ἐχθροὺς γελῶντας
ὁδῷ τῇ νῦν.
Οὕτω δὲ
ὅπως μήτηρ μὴ ἐπιγνώσεταί σε
προσώπῳ φαιδρῷ,
νῷν ἐπελθόντοιν δόμους·
ἀλλὰ στέναζε,

ÉLECTRE. Tu approuves?
ORESTE. Pourquoi donc pas?
ÉLECTRE. O *mes* amies,
j'ai entendu la voix
que je n'espérais pas même *entendre*.
Je comprimais en écoutant
ma colère muette
et non pas avec des cris,
infortunée *que j'étais*.
Mais maintenant je tiens toi;
et tu es apparu
ayant la figure
la plus chérie,
que moi je *n*'oublierais
pas même dans les malheurs.
ORESTE. Abandonne
les choses d'un côté superflues
dans *tes* discours,
et *n*'informe moi
ni comme la mère *est* méchante,
ni comme Egisthe épuise
la possession paternelle du palais,
épanche (prodigue) ces choses-ci,
dissipe celles-là vainement.
Car le discours à toi
pourrait écarter
l'opportunité du temps.
Mais indique-*moi*
les choses qui conviendront à moi
pour le temps présent maintenant,
où ayant paru
ou étant cachés,
nous ferons-cesser
les ennemis riant
par le chemin (l'arrivée) d'à-présent
Mais *fais* de sorte
que la mère ne reconnaisse pas toi
à *ta* figure joyeuse,
nous étant entrés dans le palais;
mais gémis,

στέναζ'· ὅταν γὰρ εὐτυχήσωμεν, τότε
χαίρειν παρέσται καὶ γελᾶν ἐλευθέρως.

ΗΛΕΚΤΡΑ.

Ἀλλ', ὦ κασίγνηθ', ὧδ' ὅπως [1] καὶ σοὶ φίλον,
καὶ τοὐμὸν ἔσται τῇδ'· ἐπεὶ τὰς ἡδονὰς,
πρὸς σοῦ λαβοῦσα, κοὐκ ἐμὰς, ἐκτησάμην.
Κοὐδ' ἂν σὲ [2] λυπήσασα βουλοίμην βραχὺ
αὐτὴ μέγ' εὑρεῖν κέρδος· οὐ γὰρ ἂν καλῶς
ὑπηρετοίην τῷ παρόντι δαίμονι.
Ἀλλ' οἶσθα μὲν τἀνθένδε (πῶς γὰρ οὔ;), κλύων
ὁθούνεκ' Αἴγισθος μὲν οὐ κατὰ στέγας,
μήτηρ δ' ἐν οἴκοις· ἣν σὺ μὴ δείσῃς ποθ', ὡς
γέλωτι φαιδρὸν τοὐμὸν ὄψεται κάρα·
μῖσός τε γὰρ παλαιὸν ἐντέτηκέ [3] μοι,
κἀπεὶ σ' ἐσεῖδον, οὔ ποτ' ἐκλήξω χαρᾷ
δακρυῤῥοοῦσα. Πῶς γὰρ ἂν λήξαιμ' ἐγὼ,
ἥτις μιᾷ σε τῇδ' ὁδῷ θανόντα τε
καὶ ζῶντ' ἐσεῖδον; Εἴργασαι δέ μ' ἄσκοπα·

pleurer ma mort faussement annoncée. Après le succès, nous pourrons librement faire éclater notre joie.

ÉLECTRE. O mon frère, ta volonté sera la mienne : c'est de toi que je tiens mon bonheur ; il ne m'appartient pas, et je ne voudrais pas, au prix du plus riche trésor, te causer la moindre peine : ce serait mal reconnaître la protection qu'un dieu nous accorde aujourd'hui. Tu sais le reste ; comment pourrais-tu l'ignorer ? Tu as appris qu'Égisthe est absent, et que ma mère est ici. Ne crains pas qu'elle voie le sourire sur mes lèvres. Une haine invétérée siége au fond de mon cœur. D'ailleurs la joie de ton retour fera toujours couler mes larmes. Comment en effet pourrais-je les retenir, après t'avoir vu, dans un même jour, mort et vivant ? Oui, tel a été sur moi l'effet

ὡς ἐπὶ ἄτῃ	comme sur le malheur
τῇ λελεγμένῃ μάτην ·	raconté faussement ;
ὅταν γὰρ εὐτυχήσωμεν,	car quand nous aurons réussi,
τότε παρέσται χαίρειν	alors il sera permis de se réjouir,
καὶ γελᾷν ἐλευθέρως.	et de rire librement.
ΗΛΕΚΤΡΑ. Ἀλλὰ,	ÉLECTRE. Mais,
ὦ κασίγνητε,	ô *mon* frère,
ὧδε ὅπως καὶ	ainsi comme aussi
φίλον σοὶ,	*il est* agréable à toi,
τῇδε καὶ τὸ ἐμὸν ἔσται ·	ainsi aussi la chose mienne sera ;
ἐπεὶ ἐκτησάμην τὰς ἡδονὰς	puisque j'ai acquis les joies
λαβοῦσα πρὸς σοῦ,	*les* ayant reçues de toi,
καὶ οὐκ ἐμάς.	et non *étant* miennes.
Καὶ οὐδὲ βουλοίμην ἂν	Et je ne voudrais pas même
αὐτὴ εὑρεῖν κέρδος μέγα,	moi-même trouver un gain grand,
λυπήσασα σὲ βραχύ ·	ayant attristé toi un peu ;
οὐ γὰρ ὑπηρετοίην ἂν καλῶς	car je ne seconderais pas bien
δαίμονι τῷ παρόντι.	le Dieu (le sort favorable) présent.
Ἀλλὰ οἶσθα μὲν	Mais tu sais en-vérité
τὰ ἐνθένδε,	*les choses* qui-suivent,
πῶς γὰρ οὔ ;	car comment ne *les saurais-tu* pas?
κλύων	ayant entendu
ὁθούνεκα Αἴγισθος μὲν	qu'Égisthe d'un côté
οὐ κατὰ στέγας,	n'*est* pas à la maison,
μήτηρ δὲ	mais que la mère
ἐν οἴκοις ·	*est* dans le palais ;
ἣν σὺ μὴ δείσῃς ποτὲ	laquelle toi ne crains jamais
ὡς ὄψεται κάρα τὸ ἐμὸν	qu'elle voie la tête mienne
φαιδρὸν γέλωτι ·	brillante de rire ;
μῖσός τε γὰρ παλαιὸν	car et une haine ancienne
ἐντέτηκέ μοι,	s'est empreinte (gravée) dans moi,
καὶ ἐπεὶ ἐξεῖδόν σε,	et depuis que j'ai vu toi,
οὔποτε ἐκλήξω	je ne cesserai jamais
δακρυῤῥοοῦσα χαρᾷ.	faisant-couler-des-larmes de joie.
Πῶς γὰρ ἂν λήξαιμι ἐγὼ	Car comment cesserais-je, moi,
ἥτις ἐξεῖδόν σε	qui ai vu toi
τῇδε μιᾷ ὁδῷ	dans cet unique voyage (arrivée)
θανόντα τε καὶ ζῶντα ;	et mort et vivant ?
Εἴργασαι δέ με	Mais tu as fait à moi
ἄσκοπα ·	des choses imprévues ;

ὥστ', εἰ πατήρ μοι ζῶν ἵκοιτο, μηκέτ' ἂν
τέρας νομίζειν αὐτὸ, πιστεύειν δ' ὁρᾷν.
῞Οτ'[1] οὖν τοιαύτην ἡμὶν ἐξήκεις ὁδὸν,
ἄρχ' αὐτὸς, ὥς σοι θυμός. Ὡς ἐγὼ μόνη
οὐκ ἂν δυοῖν ἥμαρτον· ἢ γὰρ ἂν καλῶς
ἔσωσ' ἐμαυτὴν, ἢ καλῶς ἀπωλόμην.

ΟΡΕΣΤΗΣ.

Σιγᾷν ἐπήνεσ'[2]· ὡς ἐπ' ἐξόδῳ κλύω
τῶν ἔνδοθεν χωροῦντος.

ΗΛΕΚΤΡΑ.

Εἴσιτ', ὦ ξένοι[3],
ἄλλως τε καὶ φέροντες, οἳ[4] ἂν οὔτε τις
δόμων ἀπώσαιτ', οὔτ' ἂν ἡσθείη λαβών.

ΠΑΙΔΑΓΩΓΟΣ.

Ὦ πλεῖστα μῶροι καὶ φρενῶν τητώμενοι,
πότερα παρ' οὐδὲν τοῦ βίου κήδεσθ' ἔτι,
ἢ νοῦς ἔνεστιν οὔ τις ὖμιν ἐγγενὴς,
ὅτ' οὐ παρ' αὐτοῖς, ἀλλ' ἐν αὐτοῖσιν κακοῖς
τοῖσιν μεγίστοις ὄντες οὐ γιγνώσκετε;

de ton retour, que si mon père revenait à la vie, ce ne serait plus pour moi un prodige, et j'en croirais mes yeux. Puisque tu nous es ainsi rendu, conduis-nous toi-même à ton gré. Si j'avais été seule, je n'aurais pas manqué, ou de me délivrer, ou de périr avec gloire.

ORESTE. Tais-toi; j'entends quelqu'un sortir du palais.

ÉLECTRE. Entrez, ô étrangers; ce que vous apportez ne saurait être rejeté ni reçu avec joie.

LE GOUVERNEUR. Imprudents, insensés que vous êtes, ne prenez-vous plus aucun soin de votre vie, ou bien êtes-vous assez aveugles pour ne pas voir que vous êtes, je ne dis pas près du péril, mais dans le péril même? Ah! si je ne veillais depuis longtemps à cette

ὥστε, εἰ πατὴρ ἵκοιτο μοὶ	de sorte que, si le père venait à moi
ζῶν,	vivant,
μηκέτι νομίζειν ἂν	*moi* ne plus croire
αὐτὸ τέρας,	ceci un prodige,
πιστεύειν δὲ ὁρᾷν.	mais croire *le* voir.
Ὅτε οὖν ἐξήκεις	Quand donc tu es parvenu
ἡμῖν	jusqu'à nous
ὁδὸν τοιαύτην,	par un voyage tel,
ἄρχε αὐτὸς,	guide toi-même,
ὡς θυμός σοι.	comme *est* la volonté à toi.
Ὡς ἐγὼ μόνη	Car moi seule
οὐκ ἂν ἥμαρτον	je n'aurais pas manqué
δυοῖν·	les deux choses ;
ἢ γὰρ ἔσωσα ἂν	car ou j'aurais sauvé
ἐμαυτὴν καλῶς,	moi-même noblement,
ἢ ἀπωλόμην καλῶς.	ou j'aurais péri noblement.
ΟΡΕΣΤΗΣ. Ἐπῄνεσα	ORESTE. J'ai loué (ordonné)
σιγᾷν·	de *te* taire ;
κλύω χωροῦντος	j'entends *quelqu'un* marchant
τῶν ἔνδοθεν	de ceux *qui sont* dedans
ὡς ἐπὶ ἐξόδῳ.	comme pour la sortie.
ΗΛΕΚΤΡΑ. Ὦ ξένοι, εἴσιτε,	ÉLECTRE. O étrangers, entrez,
ἄλλως τε καὶ φέροντες,	principalement portant
οἷα	*des choses* telles que
τὶς δόμων	aucune des demeures
οὔτε ἀπώσαιτο ἂν	ni ne repousserait
οὔτε ἡσθείη ἂν	ni ne se réjouirait
λαβών.	*les* ayant prises.
ΠΑΙΔΑΓΩΓΟΣ.	LE GOUVERNEUR.
Ὦ πλεῖστα μῶροι	O très-considérablement fous,
καὶ τητώμενοι φρενῶν,	et privés d'esprit,
πότερα	est-ce que
κήδεσθε ἔτι	vous ne vous préoccupez plus
τοῦ βίου παρὰ οὐδὲν,	de la vie en rien,
ἢ οὔτις νοῦς	ou aucun bon-sens
ἔνεστιν ὑμῖν ἐγγενὴς,	n'est-il en vous inné,
ὅτε οὐ γιγνώσκετε	quand vous ne comprenez pas
ὄντες οὐ παρὰ αὐτοῖς,	étant non pas près des *maux* mêmes,
ἀλλὰ ἐν κακοῖς αὐτοῖσι	mais dans les maux mêmes
τοῖσι μεγίστοις ;	les plus grands

Ἀλλ' εἰ σταθμοῖσι τοῖσδε μὴ 'κύρουν ἐγὼ
πάλαι φυλάσσων, ἦν ἂν ὗμιν ἐν δόμοις
τὰ δρώμεν' ὑμῶν πρόσθεν ἢ τὰ σώματα·
νῦν δ' εὐλάβειαν τῶνδε προὔθέμην ἐγώ.
Καὶ νῦν ἀπαλλαχθέντε τῶν μακρῶν λόγων,
καὶ τῆς ἀπλήστου τῆσδε σὺν χαρᾷ βοῆς,
εἴσω παρέλθεθ', ὡς τὸ μὲν μέλλειν κακὸν
ἐν τοῖς τοιούτοις ἔστ', ἀπηλλάχθαι δ' ἀκμή.

ΟΡΕΣΤΗΣ.

Πῶς οὖν ἔχει τἀντεῦθεν εἰσιόντι μοι;

ΠΑΙΔΑΓΩΓΟΣ.

Καλῶς· ὑπάρχει γάρ σε μὴ γνῶναί τινα.

ΟΡΕΣΤΗΣ.

Ἤγγειλας, ὡς ἔοικεν [1], ὡς τεθνηκότα.

ΠΑΙΔΑΓΩΓΟΣ.

Εἷς τῶν ἐν Ἅδου μάνθαν' ἐνθάδ' ὢν ἀνήρ.

ΟΡΕΣΤΗΣ.

Χαίρουσιν οὖν τούτοισιν; ἢ τίνες λόγοι;

ΠΑΙΔΑΓΩΓΟΣ.

Τελουμένων, εἴποιμ' ἄν· ὡς δὲ νῦν ἔχει,
καλῶς τὰ κείνων πάντα, καὶ τὰ μὴ καλῶς [2].

porte, vos projets auraient pénétré avant vous dans ce palais; mais j'ai su prévenir ce malheur. Laissez ces longs entretiens et ces transports d'une joie immodérée. Entrez : dans la circonstance où vous êtes, tout délai est fatal; voici le moment d'en finir.

ORESTE. Que vais-je trouver en entrant?

LE GOUVERNEUR. Tout va bien. Heureusement personne ne te connaît.

ORESTE. Tu as sans doute annoncé ma mort?

LE GOUVERNEUR. Sache qu'ici on te croit aux sombres bords

ORESTE. Et ils s'en réjouissent? Que disent-ils?

LE GOUVERNEUR. Je te le dirai quand tout sera consommé. En ce moment tout vous est favorable, même ce qui semble contraire.

Ἀλλὰ εἰ ἐγὼ μὴ ἐκύρουν
φυλάσσων πάλαι
τοῖσδε σταθμοῖσι,
τὰ δρώμενα ὑμῶν
ἦν ἂν ἐν δόμοις ὑμῖν
πρόσθεν ἢ τὰ σώματα·
νῦν δὲ
ἐγὼ προεθέμην τῶνδε
εὐλάβειαν.
Καὶ νῦν,
ἀπαλλαχθέντε
λόγων τῶν μακρῶν
καὶ τῆσδε βοῆς τῆς ἀπλήστου
σὺν χαρᾷ,
παρέλθετε εἴσω·
ὡς τὸ μὲν μέλλειν
ἐστὶ κακὸν
ἐν τοῖς τοιούτοις·
ἀκμὴ δὲ
ἀπηλλάχθαι.
ΟΡΕΣΤΗΣ. Πῶς οὖν ἔχει
τὰ ἐντεῦθεν
μοὶ εἰσιόντι.
ΠΑΙΔΑΓΩΓΟΣ. Καλῶς·
ὑπάρχει γὰρ
μή τινα γνῶναί σε.
ΟΡΕΣΤΗΣ. Ἤγγειλας,
ὡς ἔοικεν,
ὡς τεθνηκότα.
ΠΑΙΔΑΓΩΓΟΣ. Μάνθανε
ὢν ἐνθάδε εἷς ἀνὴρ τῶν
ἐν Ἅδου.
ΟΡΕΣΤΗΣ. Χαίρουσιν οὖν
τούτοισιν;
ἢ τίνες λόγοι;
ΠΑΙΔΑΓΩΓΟΣ. Εἴποιμι ἄν,
τελουμένων·
ὡς δὲ ἔχει νῦν,
πάντα τὰ κείνων καλῶς,
καὶ τὰ μὴ καλῶς.

Mais si moi je ne me trouvais pas
veillant depuis-longtemps
à ces portes,
les choses qui-se-font par vous
seraient dans les demeures à vous
avant que *vos* corps *n'y fussent;*
mais maintenant
moi j'ai placé-devant ces choses
la prudence.
Et maintenant,
débarrassés
des discours longs
et de cette vocifération insatiable,
avec (accompagnée de) joie,
entrez dedans;
car d'un côté le hésiter
est un mal
dans de pareilles *circonstances;*
mais *c'est* l'occasion opportune
pour en finir.
ORESTE. Comment donc sont
les choses qui-suivent
à moi entrant?
LE GOUVERNEUR. Bien;
car il se trouve
personne ne connaître toi.
ORESTE. Tu *m'*as annoncé,
à ce qu'il paraît,
comme *étant* mort.
LE GOUVERNEUR. Apprends
toi étant ici un homme de ceux
qui sont aux enfers.
ORESTE. Se réjouissent-ils donc
de ces choses?
ou quels *sont leurs* discours?
LE GOUVERNEUR. Je *les* dirais,
les affaires devant se terminer;
mais comme elles sont à présent,
toutes les choses d'eux *sont* bien,
même celles *qui* ne *sont* pas bien.

ΗΛΕΚΤΡΑ.

Τίς οὗτός ἐστ', ἀδελφέ; πρὸς θεῶν, φράσον.

ΟΡΕΣΤΗΣ.

Οὐχὶ ξυνίης;

ΗΛΕΚΤΡΑ.

Οὐδέ γ' εἰς θυμὸν φέρω.

ΟΡΕΣΤΗΣ.

Οὐκ οἶσθ', ὅτῳ μ' ἔδωκας ἐς χεῖράς ποτε;

ΗΛΕΚΤΡΑ.

Ποίῳ; τί φωνεῖς;

ΟΡΕΣΤΗΣ.

Οὗ τὸ Φωκέων πέδον
ὑπεξεπέμφθην, σῇ προμηθείᾳ, χεροῖν.

ΗΛΕΚΤΡΑ.

Ἦ κεῖνος οὗτος, ὅν ποτ' ἐκ πολλῶν ἐγὼ
μόνον προσεῦρον πιστὸν ἐν πατρὸς φόνῳ;

ΟΡΕΣΤΗΣ.

Ὅδ' ἐστι. Μή μ' ἔλεγχε πλείοσιν λόγοις.

ΗΛΕΚΤΡΑ.

Ὦ φίλτατον φῶς, ὦ μόνος σωτὴρ δόμων
Ἀγαμέμνονος, πῶς ἦλθες; ἦ σὺ κεῖνος εἶ,
ὃς τόνδε κἄμ' ἔσωσας ἐκ πολλῶν πόνων;
Ὦ φίλταται μὲν χεῖρες [1], ἥδιστον δ' ἔχων
ποδῶν ὑπηρέτημα, πῶς οὕτω πάλαι
ξυνών μ' ἔληθες, οὐδ' ἔφαινες, ἀλλά με
λόγοις ἀπώλλυς, ἔργ' ἔχων ἥδιστά μοι;

ÉLECTRE. Mon frère, quel est cet homme? Je t'en conjure, dis-le-moi.

ORESTE. Tu ne le reconnais pas?

ÉLECTRE. Je n'en ai aucune idée.

ORESTE. Tu ne reconnais pas celui aux mains duquel tu m'as confié jadis?

ÉLECTRE. Qui donc? Que dis-tu?

ORESTE. Celui que ta prudence chargea de me conduire secrètement en Phocide.

ÉLECTRE. Quoi! c'est cet homme que j'ai trouvé seul fidèle quand on égorgea mon père?

ORESTE. C'est lui; ne m'en demande pas davantage.

ÉLECTRE. O jour heureux! Unique sauveur de la race d'Agamemnon, comment es-tu venu? Quoi! c'est toi qui nous as l'un et l'autre sauvés de tant de maux? Mains chéries! Voyage fortuné! Pourquoi, soigneux de te cacher, t'es-tu si longtemps dérobé à mes yeux? Pourquoi me donnais-tu la mort par tes paroles, quand tu

ΗΛΕΚΤΡΑ. Ἀδελφὲ,	**ÉLECTRE.** *Mon* frère,
τίς ἐστιν οὗτος;	qui est celui-ci?
πρὸς θεῶν, φράσον.	au nom des dieux, dis-*moi*.
ΟΡΕΣΤΗΣ.	**ORESTE.**
Οὐχὶ ξυνίης;	Ne *le* connais-tu pas?
ΗΛΕΚΤΡΑ.	**ÉLECTRE.**
Οὐδέ γε φέρω	Je ne *le* porte pas même
ἐς θυμόν.	à mon âme (je ne m'en souviens pas).
ΟΡΕΣΤΗΣ. Οὐκ οἶσθα,	**ORESTE.** Ne sais-tu pas
ὅτῳ ἔδωκάς με	à qui tu as donné moi
ἐς χεῖράς ποτε;	en mains autrefois?
ΗΛΕΚΤΡΑ. Ποίῳ;	**ÉLECTRE.** A qui?
τί φωνεῖς;	que dis-tu?
ΟΡΕΣΤΗΣ. Οὗ χεροῖν	**ORESTE.** Par les mains duquel
ὑπεξεπέμφθην	je fus envoyé-secrètement-dehors
πέδον τὸ Φωκέων,	vers la plaine des Phocéens,
σῇ προμηθείᾳ.	par ta prévoyance.
ΗΛΕΚΤΡΑ.	**ÉLECTRE.**
Ἦ οὗτος κεῖνος,	Celui-ci *est*-il lui,
ὃν ἐγὼ προσεῦρόν ποτε	que moi je trouvai jadis
μόνον πιστὸν ἐκ πολλῶν	seul fidèle dans le-grand-nombre
ἐν φόνῳ πατρός;	au meurtre de *notre* père?
ΟΡΕΣΤΗΣ. Ἔστιν ὅδε.	**ORESTE.** *C*'est lui.
Μή ἔλεγχέ με	Ne questionne pas moi
λόγοις πλείοσιν.	par des paroles plus nombreuses.
ΗΛΕΚΤΡΑ. Ὦ φῶς φίλτατον,	**ÉLECTRE.** O lumière très-chère,
ὦ μόνος σωτὴρ	ô seul sauveur
δόμων Ἀγαμέμνονος,	de la maison d'Agamemnon,
πῶς ἦλθες;	comment es-tu venu?
ἦ σὺ εἶ κεῖνος,	est-ce que toi tu es celui,
ὃς ἔσωσας τόνδε καὶ ἐμὲ	qui a sauvé celui-ci et moi
ἐκ πολλῶν πόνων;	de nombreux maux?
Ὦ χεῖρες φίλταται μὲν,	O mains très-chères d'un côté,
ἔχων δὲ	*toi*-qui-as de l'autre
ὑπηρέτημα ἥδιστον ποδῶν,	un ministère très-agréable des pieds,
πῶς ἔληθές με	comment as-tu échappé à moi
ξυνὼν	étant-avec *moi*
οὕτω πάλαι,	si longtemps,
οὐδὲ ἔφαινες,	et n'as-tu pas déclaré *toi*,
ἀλλὰ ἀπώλλυς με λόγοις,	mais tuais-tu moi par des paroles,

Χαῖρ', ὦ πάτερ· πατέρα γὰρ εἰσορᾶν δοκῶ·
χαῖρ'· ἴσθι δ' ὡς μάλιστά σ' ἀνθρώπων ἐγὼ
ἤχθηρα κἀφίλησ' ἐν ἡμέρᾳ μιᾷ.

ΠΑΙΔΑΓΩΓΟΣ.

Ἀρκεῖν δοκεῖ μοι. Τοὺς γὰρ ἐν μέσῳ λόγους [1]
πολλαὶ κυκλοῦσι νύκτες ἡμέραι τ' ἴσαι,
αἳ ταῦτά σοι δείξουσιν, Ἠλέκτρα, σαφῆ.
Σφῷν δ' ἐννέπω γε τοῖν παρεστώτοιν, ὅτι
νῦν καιρὸς ἔρδειν. Νῦν Κλυταιμνήστρα μόνη,
νῦν οὔ τις ἀνδρῶν ἔνδον· εἰ δ' ἐφέξετον,
φροντίζεθ' ὡς τούτοις τε καὶ σοφωτέροις
ἄλλοισι τούτων πλείοσιν μαχούμενοι.

ΟΡΕΣΤΗΣ.

Οὐκ ἂν μακρῶν ἔθ' ἡμὶν οὐδὲν ἂν λόγων,
Πυλάδη, τόδ' εἴη τοὖργον [2]· ἀλλ' ὅσον τάχος
χωρεῖν ἔσω, πατρῷα προσκύσανθ' ἕδη [3]
θεῶν, ὅσοιπερ πρόπυλα ναίουσιν τάδε.

m'apportais le bonheur? Salut, ô mon père, car je crois voir un père en toi, salut. Sache que dans un même jour tu as été pour moi le plus odieux et le plus cher des hommes.

LE GOUVERNEUR. C'en est assez. De longs jours et de longues nuits te restent, ma fille, pour entendre le récit de nos aventures. Vous, Oreste et Pylade, je vous le dis, voici le moment d'agir. Maintenant Clytemnestre est seule : il n'y a que des femmes dans le palais. Si vous différez, songez que vous aurez à combattre des ennemis plus nombreux et plus prudents.

ORESTE. Laissons les discours superflus. Pylade, agissons; hâtons-nous d'entrer, après avoir adoré les images des dieux paternels qui occupent ces portiques.

ἔχων μοι
ἔργα ἥδιστα ;
Χαῖρε, ὦ πάτερ·
δοκῶ γὰρ εἰςορᾶν πατέρα·
χαῖρε·
ἴσθι δὲ
ὡς ἐγὼ ἤχθηρα καὶ ἐφίλησά σε
μάλιστα ἀνθρώπων
ἐν μιᾷ ἡμέρᾳ.
ΠΑΙΔΑΓΩΓΟΣ.
Δοκεῖ μοι ἀρκεῖν.
Πολλαὶ γὰρ νύκτες
ἡμέραι τε ἴσαι
κυκλοῦσι λόγους
τοὺς ἐν μέσῳ,
αἳ δείξουσι ταῦτα
σαφῆ σοί, Ἠλέκτρα.
Σφῷν γε δὲ
τοῖν παρεστώτοιν
ἐννέπω ὅτι νῦν
καιρὸς ἔρδειν.
Νῦν Κλυταιμνήστρα μόνη,
νῦν οὔτις ἀνδρῶν
ἔνδον·
εἰ δὲ ἐφέξετον,
φροντίζετε
ὡς μαχούμενοι
τούτοις τε
καὶ ἄλλοισι σοφωτέροις
πλείοσι τούτων.
ΟΡΕΣΤΗΣ. Πυλάδη,
τόδε οὐκ ἂν εἴη ἔτι
οὐδὲν ἔργον λόγων μακρῶν
ἡμῖν·
ἀλλὰ χωρεῖν ἔσω
ὅσον τάχος,
προςκύσαντε
ἕδη πατρῷα θεῶν,
ὅσοιπερ ναίουσι
τάδε πρόπυλα.

ayant pour moi
les faits les plus agréables ?
Réjouis-toi (salut), ô *mon* père ;
car je crois voir *mon* père ;
salut !
mais sache
que moi j'ai haï et aimé toi
le plus d'entre les hommes
dans un seul jour.
LE GOUVERNEUR.
Cela paraît à moi suffire.
Car beaucoup de nuits
et de jours égaux *en nombre*
roulent-autour les discours
dans le milieu,
lesquels montreront ces choses
claires à toi, ô Électre.
Mais à vous-deux
qui-vous-tenez-à-coté
je dis qu'à présent
il est temps d'agir.
Maintenant Clytemnestre *est* seule,
maintenant aucun des hommes
n'*est* dedans ;
mais si vous vous arrêtez,
considérez
comme devant (que vous devrez)
et avec ceux-ci [combattre
et avec d'autres plus sages
plus nombreux que ceux-ci.
ORESTE. Pylade,
ce ne sera plus
aucune affaire de paroles longues
pour nous;
mais d'aller dedans
avec autant de vitesse que *possible*,
ayant salué-avec-respect
les statues paternelles des dieux,
de tous *ceux* qui habitent
ces vestibules.

ΗΛΕΚΤΡΑ.

Ἄναξ Ἄπολλον, ἵλεως αὐτοῖν κλύε,
ἐμοῦ τε πρὸς τούτοισιν, ἥ σε πολλὰ δὴ,
ἀφ' ὧν ἔχοιμι, λιπαρεῖ προὔστην χερί.
Νῦν δ', ὦ Λύκει' Ἄπολλον, ἐξ οἵων ἔχω [1],
αἰτῶ, προπιτνῶ, λίσσομαι· γενοῦ πρόφρων
ἡμῖν ἀρωγὸς τῶνδε τῶν βουλευμάτων,
καὶ δεῖξον ἀνθρώποισι τἀπιτίμια
τῆς δυσσεβείας οἷα δωροῦνται θεοί.

ΧΟΡΟΣ.

(Στροφή.)

Ἴδεθ', ὅπῃ προνέμεται
τὸ δυσέριστον αἷμα [2] φυσῶν Ἄρης.
Βεβᾶσιν ἄρτι δωμάτων ὑπόστεγοι
μετάδρομοι κακῶν πανουργημάτων
ἄφυκτοι κύνες [3].
ὥστ' οὐ μακρὰν ἔτ' ἀμμένει
τοὐμὸν φρενῶν ὄνειρον αἰωρούμενον.

(Ἀντιστροφή.)

Παράγεται γὰρ ἐνέρων
δολιόπους ἀρωγὸς εἴσω στέγας,

ÉLECTRE. Puissant Apollon, écoute favorablement leur prière; écoute aussi ma voix, toi à qui mes mains ont souvent offert les dons que comportait ma misère. A présent, dieu Lycien, je t'invoque, car je n'ai que des vœux à t'offrir, je te supplie, je me prosterne devant toi, seconde nos projets par ta protection, et montre aux hommes quel prix les dieux réservent à l'impiété.

LE CHOEUR. Voyez comme le dieu Mars s'élance, altéré de vengeance et de sang. Déjà elles pénètrent dans le palais, les furies inévitables qui poursuivent les crimes. Bientôt les prédictions de mon cœur vont s'accomplir.

Le vengeur des morts entre d'un pas furtif dans l'antique palais de

ΗΛΕΚΤΡΑ. Ἄναξ Ἄπολλον,
κλύε αὐτοῖν ἵλεως,
ἐμοῦ τε πρὸς τούτοισιν,
ἣ προέστην σὲ,
χερὶ λιπαρεῖ
πολλὰ δὴ,
ἀπὸ ὧν ἔχοιμι.
Νῦν δὲ,
ὦ Ἄπολλον Λύκειε,
αἰτῶ, προπιτνῶ, λίσσομαι,
ἐξ οἵων ἔχω·
γενοῦ ἀρωγὸς πρόφρων ἡμῖν
τῶνδε τῶν βουλευμάτων,
καὶ δεῖξον ἀνθρώποισι
τὰ ἐπιτίμια τῆς δυσσεβείας,
οἷα θεοὶ δωροῦνται.

Στροφὴ α'.

ΧΟΡΟΣ.
Ἴδετε
ὅπη Ἄρης
φυσῶν
αἷμα δυσέριστον
προνέμεται.
Κύνες ἄφυκτοι
βεβᾶσιν ἄρτι
ὑπόστεγοι
δωμάτων,
μετάδρομοι
πανουργημάτων κακῶν·
ὥστε ὄνειρον τὸ ἐμὸν
αἰωρούμενον
φρενῶν
οὐκέτι ἀναμένει
μακράν.

Ἀντιστροφὴ α'.

Ἀρωγὸς γὰρ
δολιόπους
ἐνέρων
παράγεται εἴσω στέγας,
εἰς ἑδώλια

ÉLECTRE. Roi Apollon,
écoute eux-deux favorablement,
et moi après ceux-ci,
moi qui me suis-tenue-devant toi
avec une main (des offrandes) assidue
souvent déjà,
avec les choses que je pouvais avoir.
Mais maintenant,
ô Apollon Lycéen,
je *te* prie, me prosterne, implore
avec *les choses* que seules j'ai;
sois auxiliaire bienveillant pour nous
de ces conseils,
et montre aux hommes
les prix de l'impiété,
tels que les dieux *en* donnent.

Strophe I.

LE CHOEUR.
Voyez
où Mars
soufflant (respirant)
le sang aux-funestes-querelles
s'avance-en-paissant.
Les chiens inévitables
sont entrés tout-à-l'heure
sous-le-toit
des demeures,
courant-après (vengeurs)
des actions mauvaises;
de sorte que le songe mien
suspendu
de *mon* âme
ne tarde plus
longtemps.

Antistrophe I.

Car le vengeur
aux-pieds-furtifs
des mânes
s'introduit dans la maison,
dans les siéges

ἀρχαιόπλουτα πατρὸς εἰς ἑδώλια,
νεακόνητον αἷμα[1] χειροῖν ἔχων·
ὁ Μαίας δὲ παῖς
Ἑρμῆς σφ' ἄγει, δόλον σκότῳ
κρύψας, πρὸς αὐτὸ τέρμα, κοὐκέτ' ἀμμένει.

ΗΛΕΚΤΡΑ.

Ὦ φίλταται γυναῖκες, ἄνδρες αὐτίκα
τελοῦσι τοὔργον· ἀλλὰ σῖγα πρόσμενε.

ΧΟΡΟΣ.

Πῶς δή; τί νῦν πράσσουσιν;

ΗΛΕΚΤΡΑ.

Ἡ μὲν ἐς τάφον
λέβητα[2] κοσμεῖ, τὼ δ' ἐφέστατον πέλας.

ΧΟΡΟΣ.

Σὺ δ' ἐκτὸς ᾖξας πρὸς τί;

ΗΛΕΚΤΡΑ.

Φρουρήσουσ', ὅπως
Αἴγισθος ἡμᾶς μὴ λάθῃ μολὼν ἔσω.

ΚΛΥΤΑΙΜΝΗΣΤΡΑ.

Αἰαῖ. Ἰὼ στέγαι
φίλων ἔρημοι, τῶν δ' ἀπολλύντων πλέᾳ.

ΗΛΕΚΤΡΑ.

Βοᾷ τις ἔνδον. Οὐκ ἀκούετ', ὦ φίλαι;

ΧΟΡΟΣ.

Ἤκουσ' ἀνήκουστα
δύστανος, ὥστε φρῖξαι.

ses pères, tenant à la main l'épée aiguisée pour la vengeance. Le fils de Maïa, Mercure, couvre sa ruse d'un voile, et le conduit à son but : l'instant fatal est arrivé.

ÉLECTRE. Chères compagnes, ils vont exécuter leur projet; demeurez en silence.

LE CHOEUR. Comment ? Que font-ils ?

ÉLECTRE. Elle prépare l'urne pour la sépulture ; Oreste et Pylade sont à ses côtés.

LE CHOEUR. Mais toi, dans quel dessein es-tu sortie ?

ÉLECTRE. Pour empêcher Égisthe de nous surprendre par son retour.

CLYTEMNESTRE. Hélas ! hélas ! palais vide d'amis et rempli d'assassins !

ÉLECTRE. On crie dans l'intérieur. Ne l'entendez-vous pas, mes amies ?

LE CHOEUR. J'entends des cris funestes, et je frémis d'horreur.

ἀρχαιόπλουτα
πατρὸς,
ἔχων χεροῖν
αἷμα νεακόνητον·
Ἑρμῆς δὲ
παῖς ὁ Μαίας
ἄγει σφε
πρὸς τέρμα αὐτὸ,
κρύψας δόλον
σκότῳ,
καὶ οὐκ ἔτι ἀναμένει.

Στροφὴ β'.

ΗΛΕΚΤΡΑ.
Ὦ γυναῖκες φίλταται,
οἱ ἄνδρες τελοῦσι
τὸ ἔργον αὐτίκα·
ἀλλὰ πρόσμενε σῖγα.
ΧΟΡΟΣ. Πῶς δή;
τί πράσσουσι νῦν;
ΗΛΕΚΤΡΑ. Ἡ μὲν
κοσμεῖ λέβητα
ἐς τάφον,
τὼ δὲ ἐφέστατον πέλας.
ΧΟΡΟΣ. Σὺ δὲ
ἦξας ἐκτὸς πρὸς τί;
ΗΛΕΚΤΡΑ.
Φρουρήσουσα,
ὅπως Αἴγισθος μὴ λάθῃ ἡμᾶς
μολὼν ἔσω.
ΚΛΥΤΑΙΜΝΗΣΤΡΑ. Αἰαῖ.
Ἰὼ στέγαι
ἔρημοι φίλων, πλέα δὲ
τῶν ἀπολλύντων.
ΗΛΕΚΤΡΑ. Τὶς
βοᾷ ἔνδον.
Ὦ φίλαι, οὐκ ἀκούετε;
ΧΟΡΟΣ. Ἤκουσα
ἀνήκουστα
δύστανος,
ὥστε φρῖξαι.

d'antique-opulence
de *son* père,
tenant dans *ses* mains
son sang nouvellement-aiguisé;
et Mercure
le fils de Maia
conduit lui
jusqu'au terme même,
ayant caché la ruse
dans les ténèbres,
et il ne tarde plus.

Strophe II.

ÉLECTRE.
O femmes très-chères,
les hommes accomplissent
l'œuvre sur-le-champ;
mais attends en silence.
LE CHOEUR. Comment donc?
que font-ils maintenant?
ÉLECTRE. Celle-ci
apprête l'urne-funéraire
pour le sépulcre,
ces-deux-là assistent de près.
LE CHOEUR. Mais toi
tu t'es élancée dehors pourquoi?
ÉLECTRE.
Devant veiller (pour veiller),
afin qu'Égisthe n'échappe pas à nous
étant allé en dedans.
CLYTEMNESTRE. Hélas!
O demeures
vides d'amis, mais pleines
de *ceux* qui-tuent.
ÉLECTRE. Quelqu'un
crie dedans.
O amies, n'entendez-vous pas?
LE CHOEUR. J'ai entendu
des choses-qui-ne-sont-point-à-enten-
infortunée, [dre
de manière à frissonner.

ΚΛΥΤΑΙΜΝΗΣΤΡΑ.
Οἴ μοι τάλαιν', Αἴγισθε, ποῦ ποτ' ὢν κυρεῖς;
ΗΛΕΚΤΡΑ.
Ἰδού, μάλ' αὖ θροεῖ τις.
ΚΛΥΤΑΙΜΝΗΣΤΡΑ.
Ὦ τέκνον, τέκνον,
οἴκτειρε τὴν τεκοῦσαν.
ΗΛΕΚΤΡΑ.
Ἀλλ' οὐκ ἐκ σέθεν
ᾠκτείρεθ' οὗτος, οὐθ' ὁ γεννήσας πατήρ [1].
ΧΟΡΟΣ.
Ὦ πόλις, ὦ γενεὰ τάλαινα· νῦν σε
Μοῖρα καθαμερία φθίνει [2], φθίνει.
ΚΛΥΤΑΙΜΝΗΣΤΡΑ.
Ὤμοι, πέπληγμαι.
ΗΛΕΚΤΡΑ.
Παῖσον, εἰ σθένεις, διπλῆν [3].
ΚΛΥΤΑΙΜΝΗΣΤΡΑ.
Ὤμοι μάλ' αὖθις.
ΗΛΕΚΤΡΑ.
Εἰ γὰρ Αἰγίσθῳ γ' ὁμοῦ.
ΧΟΡΟΣ.
Τελοῦσ' ἀραί· ζῶσιν οἱ
γᾶς ὕπαι κείμενοι.
Παλίῤῥυτον γὰρ αἷμ' ὑπεξ-
αιροῦσι τῶν κτανόντων [4]
οἱ πάλαι θανόντες.

CLYTEMNESTRE. Malheureuse que je suis ! Égisthe, où es-tu ?

ÉLECTRE. Écoute, les cris redoublent.

CLYTEMNESTRE. O mon fils, mon fils, prends pitié de ta mère.

ÉLECTRE. Mais toi, tu n'as eu pitié ni de lui ni de son père.

LE CHOEUR. O ville, ô famille infortunée ! Voici, voici l'instant qui achève ta ruine.

CLYTEMNESTRE. Dieux ! je suis frappée.

ÉLECTRE. Frappe, frappe encore, si tu le peux.

CLYTEMNESTRE. Encore ! ah ! dieux !

ÉLECTRE. Puisse Égisthe partager son sort !

LE CHOEUR. Les imprécations sont accomplies. Ils vivent, ceux qui sont couchés sous la terre ; les morts sortent enfin du tombeau pour se baigner dans le sang de leurs assassins.

ΚΛΥΤΑΙΜΝΗΣΤΡΑ.	CLYTEMNESTRE.
Οἴμοι τάλαινα,	Hélas, infortunée *que je suis*,
Αἴγισθε,	Égisthe,
ποῦ ποτε κυρεῖς ὤν;	où donc te trouves-tu étant ?
ΗΛΕΚΤΡΑ. Ἰδού,	ÉLECTRE. Voilà !
τὶς θροεῖ μάλα αὖ.	quelqu'un crie certes encore.
ΚΛΥΤΑΙΜΝΗΣΤΡΑ.	CLYTEMNESTRE.
Ὦ τέκνον,	O *mon* enfant,
τέκνον,	*mon* enfant,
οἴκτειρε τὴν τεκοῦσαν.	aie-pitié de *celle* qui-t'a-enfanté.
ΗΛΕΚΤΡΑ.	ÉLECTRE.
Ἀλλὰ οὗτος	Mais celui-ci
οὐκ ᾠκτείρετο ἐκ σέθεν,	n'était-pas-pris-en-pitié par toi,
οὔτε πατὴρ	ni le père
ὁ γεννήσας.	qui-*l*'a-engendré.
ΧΟΡΟΣ. Ὦ πόλις,	LE CHOEUR. O ville,
ὦ γενεὰ τάλαινα·	ô race infortunée ;
νῦν μοῖρα	maintenant la destinée
καθαμερία	d'aujourd'hui
σὲ φθίνει, φθίνει.	te détruit, *te* détruit.
ΚΛΥΤΑΙΜΝΗΣΤΡΑ.	CLYTEMNESTRE.
Ὤμοι πέπληγμαι.	Hélas, je suis frappée.
ΗΛΕΚΤΡΑ. Παῖσον	ÉLECTRE. Frappe
διπλῆν,	un *coup* double,
εἰ σθένεις.	si tu peux.
ΚΛΥΤΑΙΜΝΗΣΤΡΑ.	CLYTEMNESTRE.
Ὤμοι μάλα αὖθις.	Malheur à moi certes de nouveau.
ΗΛΕΚΤΡΑ. Εἰ γὰρ	ÉLECTRE. Si donc
ὁμοῦ	à la fois
Αἰγίσθῳ γε.	*il y avait malheur* pour Égisthe.
ΧΟΡΟΣ. Ἀραὶ	LE CHOEUR. Les malédictions
τελοῦσιν·	s'accomplissent ;
οἱ κείμενοι	ceux-qui-reposent
ὑπαὶ γᾶς	sous la terre
ζῶσιν.	vivent.
Οἱ γὰρ θανόντες	Car ceux-qui-sont-morts
πάλαι	depuis longtemps
ὑπεξαιροῦσιν αἷμα	ôtent-secrètement le sang
παλίρρυτον	qui-reflue
τῶν κτανόντων.	de ceux-qui-ont-tué.

(Ἀντιστροφὴ β'.)

Καὶ μὴν πάρεισιν οἵδε· φοινία δὲ χεὶρ
στάζει θυηλῆς Ἄρεος[1]. Οὐδ' ἔχω λέγειν.

ΗΛΕΚΤΡΑ.

Ὀρέστα, πῶς κυρεῖτε;

ΟΡΕΣΤΗΣ.

Τἀν δόμοισι μὲν
καλῶς, Ἀπόλλων εἰ καλῶς ἐθέσπισε.

ΗΛΕΚΤΡΑ.

Τέθνηκεν ἡ τάλαινα;

ΟΡΕΣΤΗΣ.

Μηκέτ' ἐκφοβοῦ,
μητρῷον ὥς σε λῆμ' ἀτιμάσει ποτέ.

ΧΟΡΟΣ.

Παύσασθε[2]. Λεύσσω γὰρ
Αἴγισθον ἐκ προδήλου.

ΗΛΕΚΤΡΑ.

Ὦ παῖδες, οὐκ ἄψορρον;

ΟΡΕΣΤΗΣ.

Εἰσορᾶτε ποῦ
τὸν ἄνδρ';

ΗΛΕΚΤΡΑ.

Ἐφ' ἡμῖν οὗτος ἐκ προαστίου
χωρεῖ γεγηθώς. . . . .

ΧΟΡΟΣ.

Βᾶτε κατ' ἀντιθύρων [3] ὅσον τάχιστα.
Νῦν, τὰ πρὶν εὖ θέμενοι, τάδ' ὡς πάλιν.

ΟΡΕΣΤΗΣ.

Θάρσει· τελοῦμεν.

Les voici ; leurs mains dégouttent encore du sang de la victime immolée au dieu Mars. Qu'ont-ils fait ?

ÉLECTRE. Eh bien ! Oreste, où en êtes-vous ?

ORESTE. Dans le palais, tout va bien, si l'oracle d'Apollon n'est pas trompeur.

ÉLECTRE. Elle est morte, la malheureuse !

ORESTE. Ne crains plus les outrages d'une mère.

LE CHOEUR. Arrêtez ; j'aperçois Égisthe.

ÉLECTRE. Ah ! mes amies, retirez-vous.

ORESTE. Où le voyez-vous ?

ÉLECTRE. Il entre dans la ville, et s'avance plein de joie.

LE CHOEUR. Retirez-vous promptement sous le portique. Après ce premier succès, puissiez-vous réussir encore !

ORESTE. Rassure-toi ; nous achèverons.

Ἀντιστροφὴ β'.	*Antistrophe II.*
ΧΟΡΟΣ.	LE CHOEUR.
Καὶ μὴν οἵδε πάρεισι·	Et certes ceux-ci sont-présents ;
χεὶρ δὲ φοινία	et la main sanglante
στάζει θυηλῆς Ἄρεος.	dégoutte de l'offrande de Mars.
Οὐδὲ ἔχω λέγειν.	Et je n'ai pas même *que* dire.
ΗΛΕΚΤΡΑ.	ÉLECTRE.
Ὀρέστα,	Oreste,
πῶς κυρεῖτε;	comment êtes-vous?
ΟΡΕΣΤΗΣ.	ORESTE.
Τὰ ἐν δόμοισι	Les choses dans la maison
καλῶς μὲν,	en-vérité *sont* bien,
εἰ Ἀπόλλων	si Apollon
ἐθέσπισε καλῶς.	a ordonné bien.
ΗΛΕΚΤΡΑ. Ἡ τάλαινα	ÉLECTRE. L'infortunée
τέθνηκεν;	est-elle morte?
ΟΡΕΣΤΗΣ.	ORESTE.
Μηκέτι ἐκφοβοῦ	Ne crains plus
ὡς λῆμα μητρῷον	que l'insolence de-la-mère
ἀτιμάσει σέ ποτε.	n'insulte toi jamais.
ΧΟΡΟΣ. Παύσασθε.	LE CHOEUR. Cessez.
Λεύσσω γὰρ Αἴγισθον	Car je vois Égisthe
ἐκ προδήλου.	distinctement.
ΗΛΕΚΤΡΑ. Ὦ παῖδες,	ÉLECTRE. O *mes* enfants,
οὐκ ἄψορρον;	n'*allez vous* pas en arrière?
ΟΡΕΣΤΗΣ.	ORESTE.
Ποῦ εἰσορᾶτε τὸν ἄνδρα;	Où voyez-vous l'homme?
ΗΛΕΚΤΡΑ. Οὗτος	ÉLECTRE. Le voici
χωρεῖ γεγηθὼς	*qui* vient joyeux
ἐπὶ ἡμῖν	vers nous
ἐκ προαστίου.	du faubourg.
ΧΟΡΟΣ. Βᾶτε	LE CHOEUR. Allez
ὅσον τάχιστα	au plus vite
κατὰ ἀντιθύρων,	dans les vestibules,
ὡς θέμενοι εὖ	afin que ayant disposé bien
τὰ πρὶν,	les choses d'auparavant,
τάδε	*vous disposiez bien* celles-ci
πάλιν.	de nouveau.
ΟΡΕΣΤΗΣ. Θάρσει·	ORESTE. Aie-courage ;
τελοῦμεν.	nous *les* accomplirons.

ΗΛΕΚΤΡΑ.

Ἦ νοεῖς· ἔπειγέ νυν.

ΟΡΕΣΤΗΣ.

Καὶ δὴ βέβηκα.

ΗΛΕΚΤΡΑ.

Τἀνθάδ' ἂν μέλοιτ' ἐμοί.

ΧΟΡΟΣ.

Δι' ὠτὸς ἂν παῦρά γ' ὡς
ἠπίως [1] ἐννέπειν
πρὸς ἄνδρα τόνδε συμφέροι,
λαθραῖον ὡς ὀρούσῃ
πρὸς δίκας ἀγῶνα.

ΑΙΓΙΣΘΟΣ.

Τίς οἶδεν ὑμῶν ποῦ ποθ' οἱ Φωκῆς ξένοι,
οὕς φασ' Ὀρέστην ἡμὶν ἀγγεῖλαι βίον
λελοιπόθ' ἱππικοῖσιν ἐν ναυαγίοις;
Σέ τοι, σὲ κρίνω, ναὶ σέ, τὴν ἐν τῷ πάρος
χρόνῳ θρασεῖαν· ὡς μάλιστα σοὶ μέλειν
οἶμαι, μάλιστα δ' ἂν κατειδυῖαν φράσαι.

ΗΛΕΚΤΡΑ.

Ἔξοιδα· πῶς γὰρ οὐχί; συμφορᾶς γὰρ ἂν
ἔξωθεν εἴην τῶν ἐμῶν τῆς φιλτάτης [2].

ΑΙΓΙΣΘΟΣ.

Ποῦ δῆτ' ἂν εἶεν οἱ ξένοι; δίδασκέ με.

ΗΛΕΚΤΡΑ.

Ἔνδον. Φίλης γὰρ προξένου κατήνυσαν [3].

ÉLECTRE. Je l'espère aussi : hâte-toi.

ORESTE. Je me retire.

ÉLECTRE. J'aurai soin de tout en ce lieu.

LE CHOEUR. Il serait bon de lui adresser quelques douces paroles, pour le faire tomber dans le piége caché que lui prépare la justice.

ÉGISTHE. Qui de vous sait où sont les étrangers Phocéens qui sont venus, dit-on, nous annoncer qu'Oreste a péri dans un combat de chars? C'est toi que j'interroge, oui, toi qui jusqu'à ce jour as montré tant d'audace. Cet événement t'intéresse plus que tout autre et tu dois en être bien instruite.

ÉLECTRE. Je le sais, en effet : pourrais-je l'ignorer? Je serais étrangère à ce qui me touche le plus.

ÉGISTHE. Où donc sont ces étrangers? Dis-le moi.

ÉLECTRE. Dans le palais. Ils y ont trouvé un bon accueil.

ΗΛΕΚΤΡΑ. Ἔπειγέ νυν
ᾗ νοεῖς.
ΟΡΕΣΤΗΣ.
Καὶ δὴ βέβηκα.
ΗΛΕΚΤΡΑ. Τὰ ἐνθάδε
μέλοιτο ἂν ἐμοί.
ΧΟΡΟΣ. Συμφέροι ἂν
ἐννέπειν
διὰ ὠτὸς
ὡς ἠπίως
παῦρά γε
πρὸς τόνδε ἄνδρα,
ὡς ὀρούσῃ
πρὸς ἀγῶνα λαθραῖον
δίκας.
ΑΙΓΙΣΘΟΣ. Τίς ὑμῶν
οἶδε
ποῦ ποτε ξένοι
οἱ Φωκῆς
οὕς φασιν ἀγγεῖλαι ἡμῖν
Ὀρέστην λελοιπότα βίον
ἐν ναυαγίοις ἱππικοῖσιν;
σέ τοι, σὲ κρίνω,
ναὶ σὲ, τὴν θρασεῖαν
ἐν χρόνῳ τῷ πάρος·
ὡς οἶμαι μέλειν
μάλιστα σοὶ,
μάλιστα δὲ φράσαι ἂν
κατειδυῖαν.
ΗΛΕΚΤΡΑ. Ἔξοιδα·
πῶς γὰρ οὐχί;
εἴην γὰρ ἂν ἔξωθεν
συμφορᾶς φιλτάτης
τῶν ἐμῶν.
ΑΙΓΙΣΘΟΣ. Ποῦ δῆτα
οἱ ξένοι εἶεν ἄν;
δίδασκέ με.
ΗΛΕΚΤΡΑ. Ἔνδον.
Κατήνυσαν γὰρ
προξένου φίλης.

ÉLECTRE. Avance donc
là où tu as-l'intention.
ORESTE.
Et déjà je suis parti.
ÉLECTRE. Les choses ici
seront-soignées par moi.
LE CHOEUR. Il serait-utile
de dire
à l'oreille
doucement
peu de *paroles* certes
à cet homme,
afin qu'il s'élance
à la lutte cachée
de la vengeance.
ÉGISTHE. Qui d'entre vous
sait
où *sont* enfin les étrangers
de-la-Phocide
qu'on dit avoir annoncé à nous
Oreste ayant quitté la vie
dans des naufrages équestres?
c'est toi certes, toi *que* j'interroge,
oui toi, l'insolente
dans le temps d'auparavant;
car je pense *ceci* être-à-cœur
surtout à toi,
et *toi* surtout pouvoir le dire
le sachant-bien.
ELECTRE. Je *le* sais bien;
car comment non?
car je serais en dehors
de l'accident le plus cher
des miens.
EGISTHE. Où donc
les étrangers peuvent-ils-être?
enseigne moi.
ÉLECTRE. Dedans.
Car ils ont achevé *la route*
jusqu'à l'hôtesse chérie.

ΑΙΓΙΣΘΟΣ.

Ἦ καὶ θανόντ' ἤγγειλαν ὡς ἐτητύμως;

ΗΛΕΚΤΡΑ.

Οὐκ, ἀλλὰ κἀπέδειξαν, οὐ λόγῳ μόνον [1].

ΑΙΓΙΣΘΟΣ.

Πάρεστ' ἄρ' ἡμῖν, ὥστε κἀμφανῆ μαθεῖν;

ΗΛΕΚΤΡΑ.

Πάρεστι [2] δῆτα, καὶ μάλ' ἄζηλος θέα.

ΑΙΓΙΣΘΟΣ.

Ἦ πολλὰ χαίρειν μ' εἶπας, οὐκ εἰωθότως.

ΗΛΕΚΤΡΑ.

Χαίροις ἂν [3], εἴ σοι χαρτὰ τυγχάνει τάδε.

ΑΙΓΙΣΘΟΣ.

Σιγᾷν ἄνωγα, κἀναδεικνύναι πύλας [4],
πᾶσιν Μυκηναίοισιν Ἀργείοις θ' ὁρᾷν,
ὡς, εἴ τις αὐτῶν ἐλπίσιν κεναῖς πάρος
ἐξῄρετ' ἀνδρὸς τοῦδε, νῦν ὁρῶν νεκρὸν,
στόμια δέχηται τἀμὰ, μηδὲ πρὸς βίαν,
ἐμοῦ κολαστοῦ προστυχὼν, φύσῃ φρένας [5].

ΗΛΕΚΤΡΑ.

Καὶ δὴ τελεῖται τἀπ' ἐμοῦ. Τῷ γὰρ χρόνῳ
νοῦν ἔσχον, ὥστε συμφέρειν τοῖς κρείσσοσιν [6].

ÉGISTHE. Ont-ils annoncé la mort d'Oreste comme certaine?

ÉLECTRE. Ils ont fait plus : ils en ont apporté la preuve.

ÉGISTHE. En avons-nous des indices certains?

ÉLECTRE. Oui, et tu peux jouir d'un spectacle déplorable.

ÉGISTHE. Pour la première fois tes paroles me comblent de joie.

ÉLECTRE. Réjouis-toi, si tu as lieu de te réjouir.

ÉGISTHE. Qu'on fasse silence et qu'on ouvre les portes à tous les habitants de Mycènes et d'Argos, afin que si quelqu'un nourrissait encore un vain espoir du retour d'Oreste, il apprenne, en voyant son cadavre, à recevoir ma loi, sans attendre que la force ou les châtiments le rappellent à la raison.

ÉLECTRE. Pour moi, j'ai fait ce que je pouvais faire. Le temps m'a rendue sage et m'a appris à servir la puissance.

ΑΙΓΙΣΘΟΣ.
Ἦ καὶ ἤγγειλαν
θανόντα ὡς ἐτητύμως ;
ΗΛΕΚΤΡΑ. Οὐκ,
ἀλλὰ καὶ ἀπέδειξαν,
οὐ μόνον λόγῳ.
ΑΙΓΙΣΘΟΣ. Πάρεστιν ἄρα ἡμῖν,
ὥςτε μαθεῖν
καὶ ἐμφανῆ ;
ΗΛΕΚΤΡΑ. Πάρεστι δῆτα,
καὶ θέα
μάλα ἄζηλος.
ΑΙΓΙΣΘΟΣ. Ἦ εἶπας
μὲ χαίρειν πολλὰ
οὐκ εἰωθότως.
ΗΛΕΚΤΡΑ. Χαίροις ἄν,
εἰ τάδε τυγχάνει
χαρτά σοι.
ΑΙΓΙΣΘΟΣ.
Ἄνωγα σιγᾷν
καὶ ἀναδεικνύναι
πύλας
πᾶσι Μυκηναίοισιν Ἀργείοις τε
ὁρᾷν,
ὡς, εἴ τις ἀστῶν
ἐξῄρετο πάρος
ἐλπίσι κεναῖς
τοῦδε ἀνδρὸς,
δέχηται στόμια τὰ ἐμὰ,
ὁρῶν νεκρὸν νῦν,
μηδὲ φύσῃ φρένας
πρὸς βίαν,
προςτυχὼν
ἐμοῦ κολαστοῦ.
ΗΛΕΚΤΡΑ. Καὶ δὴ
τὰ ἀπὸ ἐμοῦ τελεῖται.
Ἔσχον γὰρ νοῦν
τῷ χρόνῳ
ὥςτε συμφέρειν
τοῖς κρείσσοσιν.

ÉGISTHE.
Est-ce que aussi ils ont annoncé
lui étant mort en-vérité ?
ÉLECTRE. Non,
mais ils *l'*ont même montré,
non pas seulement par la parole.
ÉGISTHE. Il-est-présent donc à nous,
de manière à *le* connaître
même manifestement ?
ÉLECTRE. Il est présent en effet,
et *c'est* un spectacle
très-peu-digne-d'envie.
ÉGISTHE. En vérité tu as dit
moi *devoir* me réjouir beaucoup
non pas d'après-*ton*-habitude.
ÉLECTRE. Réjouis-toi donc,
si ces choses se trouvent-être
réjouissantes pour toi.
ÉGISTHE.
Je *t'*ordonne de *te* taire
et de mettre-au-jour (ouvrir)
les portes
à tous les Mycéniens et Argiens
pour voir,
afin que, si quelqu'un des citoyens
était exalté auparavant
par des espérances vaines
sur cet homme,
il reçoive les mors miens,
le voyant mort maintenant,
et qu'il n'enfle pas *son* esprit
par la-violence,
ayant rencontré
moi vengeur.
ÉLECTRE. Et déjà
les choses quant à moi s'exécutent.
Car j'ai eu de l'esprit
avec le temps
au point de *m'*accommoder
avec de plus puissants.

ΑΙΓΙΣΘΟΣ.

Ὦ Ζεῦ, δέδορκα φάσμ', ἄνευ φθόνου μὲν, εὖ [1]
πεπτωκός· εἰ δ' ἔπεστι Νέμεσις, οὐ λέγω.
Χαλᾶτε πᾶν κάλυμμ' ἀπ' ὀφθαλμῶν, ὅπως
τὸ συγγενές τοι κἀπ' ἐμοῦ θρήνων τύχῃ.

ΟΡΕΣΤΗΣ.

Αὐτὸς σὺ βάσταζ'· οὐχ ἐμὸν τόδ', ἀλλὰ σὸν,
τὸ ταῦθ' ὁρᾷν τε καὶ προσηγορεῖν φίλως.

ΑΙΓΙΣΘΟΣ.

Ἀλλ' εὖ παραινεῖς, κἀπιπείσομαι· σὺ δὲ,
εἴ που κατ' οἶκόν μοι Κλυταιμνήστρα, κάλει.

ΟΡΕΣΤΗΣ.

Αὕτη [2] πέλας σοῦ. Μηκέτ' ἄλλοσε σκόπει.

ΑΙΓΙΣΘΟΣ.

Οἴ μοι, τί λεύσσω;

ΟΡΕΣΤΗΣ.

Τίνα φοβεῖ; τίν' ἀγνοεῖς;

ΑΙΓΙΣΘΟΣ.

Τίνων ποτ' ἀνδρῶν ἐν μέσοις ἀρκυστάτοις [3]
πέπτωχ' ὁ τλήμων;

ΟΡΕΣΤΗΣ.

Οὐ γὰρ αἰσθάνει πάλαι
ζῶντας θανοῦσιν οὕνεκ' ἀνταυδᾷς ἴσα;

ÉGISTHE. O Jupiter, si je puis le dire sans offenser les dieux, je vois un heureux spectacle; mais si cette parole est impie, je la rétracte. Levez le voile qui le cache à mes yeux, afin que je paye au sang qui nous lie un juste tribut de larmes.

ORESTE. Lève toi-même ce voile. C'est à toi, non à moi de contempler ces restes et de leur adresser des paroles amies.

ÉGISTHE. Oui, tu as raison, je suivrai ce conseil. Qu'on cherche Clytemnestre; elle est sans doute dans le palais.

ORESTE. La voici près de toi. Ne cherche point ailleurs.

ÉGISTHE. O ciel! que vois-je?

ORESTE. D'où naît ta frayeur? Ne reconnais-tu pas....

ÉGISTHE. Ah! malheureux! quelles mains ont dressé le piége où je suis tombé?

ORESTE. Ne vois-tu pas que tu parles à des vivants comme s'ils étaient morts?

ΑΙΓΙΣΘΟΣ. Ὦ Ζεῦ,	ÉGISTHE. O Jupiter,
δέδορκα φάσμα	je vois une apparition (forme)
πεπτωκὸς εὖ	qui-est-tombée dûment;
ἄνευ φθόνου μέν·	je le dis sans haine en-vérité,
εἰ δὲ νέμεσις	mais si le courroux-céleste
ἔπεστιν,	est-instant,
οὐ λέγω.	je ne *le* dis pas.
Χαλᾶτε πᾶν κάλυμμα	Lâchez (ôtez) toute couverture
ἀπὸ ὀφθαλμῶν,	des yeux,
ὅπως τὸ συγγενές τοι	afin que le corps-parent certes
τύχῃ θρήνων	obtienne des larmes
καὶ ἀπὸ ἐμοῦ.	aussi de moi.
ΟΡΕΣΤΗΣ. Σὺ	ORESTE. Toi
βάσταζε αὐτός·	touche *le* toi-même;
τόδε οὐκ ἐμὸν,	ceci n'*est* pas mien,
ἀλλὰ σὸν,	mais tien,
τὸ ὁρᾷν τε καὶ προσηγορεῖν	de voir et aussi d'adresser-la-parole
φίλως ταῦτα.	amicalement à ces *restes*.
ΑΙΓΙΣΘΟΣ. Ἀλλὰ	ÉGISTHE. Mais
παραινεῖς εὖ,	tu exhortes bien,
καὶ ἐπιπείσομαι·	et j'obéirai;
σὺ δὲ κάλει,	mais toi appelle,
εἰ Κλυταιμνήστρα μοι	si Clytemnestre *est* à moi
κατὰ οἶκόν που.	dans la maison quelque part.
ΟΡΕΣΤΗΣ. Αὕτη	ORESTE. La voici
πέλας σοῦ.	près de toi.
Μηκέτι σκόπει ἄλλοσε.	Ne regarde plus ailleurs.
ΑΙΓΙΣΘΟΣ. Οἴμοι,	ÉGISTHE. Hélas,
τί λεύσσω;	que vois-je?
ΟΡΕΣΤΗΣ. Τίνα φοβεῖ,	ORESTE. Qui crains-tu,
τίνα ἀγνοεῖς;	qui méconnais-tu?
ΑΙΓΙΣΘΟΣ.	ÉGISTHE.
Ἐν μέσοις ἀρκυστάτοις	Au milieu de-piéges
τίνων ἀνδρῶν ποτε	de quels hommes donc
πέπτωκα ὁ τλήμων;	suis-je tombé infortuné?
ΟΡΕΣΤΗΣ.	ORESTE.
Οὐ γὰρ αἰσθάνει	Est-ce que tu ne sens donc pas
πάλαι	depuis longtemps
οὕνεκα ἀνταυδᾷς ζῶντας	que tu parles à des vivants
ἴσα θανοῦσιν;	comme à des morts?

ΑΙΓΙΣΘΟΣ.

Οἴ μοι, ξυνῆκα τοὔπος. Οὐ γὰρ ἔσθ' ὅπως
ὅδ' οὐκ Ὀρέστης ἔσθ', ὁ προσφωνῶν ἐμέ.

ΟΡΕΣΤΗΣ.

Καὶ μάντις ὢν [1] ἄριστος, ἐσφάλλου πάλαι;

ΑΙΓΙΣΘΟΣ.

Ὄλωλα δὴ δείλαιος. Ἀλλά μοι πάρες
κἂν σμικρὸν εἰπεῖν.

ΗΛΕΚΤΡΑ.

Μὴ πέρα λέγειν ἔα,
πρὸς θεῶν, ἀδελφὲ, μηδὲ μηκύνειν λόγους.
Τί γὰρ βροτῶν [2] ἂν ξὺν κακοῖς μεμιγμένων
θνήσκειν ὁ μέλλων τοῦ χρόνου κέρδος φέροι;
Ἀλλ' ὡς τάχιστα κτεῖνε, καὶ κτανὼν πρόθες
ταφεῦσιν [3], ὧν τόνδ' εἰκός ἐστι τυγχάνειν,
ἄποπτον ἡμῶν· ὡς ἐμοὶ τόδ' ἂν κακῶν
μόνον γένοιτο τῶν πάλαι λυτήριον.

ΟΡΕΣΤΗΣ.

Χωροῖς [4] ἂν εἴσω ξὺν τάχει· λόγων γὰρ οὐ
νῦν ἐστὶν ἀγὼν, ἀλλὰ σῆς ψυχῆς πέρι.

ΑΙΓΙΣΘΟΣ.

Τί δ' ἐς δόμους ἄγεις με; πῶς, τόδ' εἰ καλὸν

ÉGISTHE. Ah! je comprends. Il n'y a qu'Oreste qui puisse me parler ainsi.

ORESTE. Habile devin, tu t'es longtemps abusé.

ÉGISTHE. Infortuné! je suis perdu : mais laisse-moi te parler un moment.

ÉLECTRE. Au nom des dieux, mon frère, ne le laisse point parler davantage ni prolonger un entretien inutile. Que sert à des malheureux accablés de mille maux le délai de quelques instants, lorsqu'il faut mourir? Hâte-toi de l'immoler et d'abandonner son corps, loin de nos yeux, à ceux qui l'enseveliront comme il le mérite. Que ce soit pour lui la seule expiation de mes longues douleurs.

ORESTE. Entre sans tarder : il ne s'agit pas maintenant de parler, mais de mourir.

ÉGISTHE. Pourquoi me conduis-tu dans le palais? Si ton action est

ΑΙΓΙΣΘΟΣ. Οἴμοι,
ξυνῆκα τὸ ἔπος.
Οὐ γάρ ἐστιν ὅπως ὅδε
ὁ προσφωνῶν ἐμὲ
οὐκ ἔστιν Ὀρέστης.
ΟΡΕΣΤΗΣ. Καὶ ὢν
μάντις ἄριστος,
ἐσφάλλου πάλαι;
ΑΙΓΙΣΘΟΣ.
Ὄλωλα δὴ
δείλαιος.
Ἀλλὰ πάρες μοι
εἰπεῖν καὶ σμικρὸν ἄν.
ΗΛΕΚΤΡΑ.
Μὴ ἔα
λέγειν πέρα,
πρὸς θεῶν, ἀδελφὲ,
μηδὲ μηκύνειν λόγους.
Τί γὰρ κέρδος φέροι ἂν
χρόνου
ὁ μέλλων θνήσκειν
βροτῶν μεμιγμένων
ξὺν κακοῖς;
Ἀλλὰ κτεῖνε ὡς τάχιστα,
καὶ κτανὼν
πρόθες ταφεῦσιν
ὧν ἐστιν εἰκὸς
τόνδε τυχεῖν
ἄποπτον ἡμῶν·
ὡς τόδε γένοιτο ἂν ἐμοὶ
μόνον λυτήριον
κακῶν τῶν πάλαι.
ΟΡΕΣΤΗΣ.
Χωροῖς ἂν εἴσω ξὺν τάχει·
ὁ ἀγὼν γὰρ
οὐκ ἔστι νῦν λόγων,
ἀλλὰ περὶ σῆς ψυχῆς.
ΑΙΓΙΣΘΟΣ. Τί δὲ
ἄγεις με ἐς δόμους;
πῶς δεῖ σκότου,

ÉGISTHE. Hélas,
j'ai compris la parole
Car il n'est pas possible que celui-ci
qui parle à moi
ne soit pas Oreste.
ORESTE. Et étant
le devin le meilleur,
tu t'es trompé récemment ?
ÉGISTHE.
Je suis perdu alors
infortuné *que je suis.*
Mais permets à moi
de dire seulement peu de chose.
ÉLECTRE.
Ne *le* laisse pas
dire au delà,
au nom des dieux, *mon* frère,
ni prolonger *les* paroles.
Car quel avantage remporterait
du temps
le devant mourir
parmi les mortels mêlés
avec des maux ?
Mais tue-*le* au plus vite,
et *l'*ayant tué
propose-*le* aux fossoyeurs
lesquels il est juste
celui-ci obtenir
loin-de-la-vue de nous ;
car *que* ceci soit à moi
la seule manière-de-compenser
les maux d'autrefois.
ORESTE.
Entre dedans avec vitesse ;
car la lutte
n'est pas maintenant de paroles,
mais sur ton âme (il s'agit de ta vie).
ÉGISTHE. Mais pourquoi
conduis-tu moi au palais ?
pourquoi faut-il des ténèbres,

τοὖργον, σκότου δεῖ, κοὐ πρόχειρος εἶ κτανεῖν;

ΟΡΕΣΤΗΣ.

Μὴ τάσσε· χώρει δ' ἔνθαπερ κατέκτανες
πατέρα τὸν ἀμὸν, αὖθ' ἵν' ἐν ταὐτῷ [1] θάνῃς.

ΑΙΓΙΣΘΟΣ.

Ἦ πᾶσ' ἀνάγκη τήνδε τὴν στέγην ἰδεῖν
τά τ' ὄντα καὶ μέλλοντα [2] Πελοπιδῶν κακά.

ΟΡΕΣΤΗΣ.

Τὰ γοῦν σ'· ἐγώ σοι μάντις εἰμὶ τῶνδ' ἄκρος.

ΑΙΓΙΣΘΟΣ.

Ἀλλ' οὐ πατρῴαν τὴν τέχνην ἐκόμπασας.

ΟΡΕΣΤΗΣ.

Πόλλ' ἀντιφωνεῖς, ἡ δ' ὁδὸς βραδύνεται.
Ἀλλ' ἕρφ'.

ΑΙΓΙΣΘΟΣ.

Ὑφηγοῦ.

ΟΡΕΣΤΗΣ.

Σοὶ βαδιστέον πάρος.

ΑΙΓΙΣΘΟΣ.

Ἦ μὴ φύγω σε;

ΟΡΕΣΤΗΣ.

Μὴ μὲν οὖν καθ' ἡδονὴν
θάνῃς· φυλάξαι δεῖ με τοῦτό σοι πικρόν.
Χρῆν δ' εὐθὺς εἶναι τήνδε τοῖς πᾶσιν δίκην,

belle, qu'est-il besoin des ténèbres ? Que ne frappes-tu sur-le-champ ?

ORESTE. Ne parle pas en maître : conduis-moi à l'endroit où tu as égorgé mon père, afin d'y mourir de même.

ÉGISTHE. Il faut donc que ce palais soit témoin des maux présents et à venir des Pélopides ?

ORESTE. Il le sera du moins de ta mort ; et ma prédiction est plus sûre que la tienne.

ÉGISTHE. Cet art dont tu te vantes n'était pas celui de ton père.

ORESTE. C'est trop discourir et retarder ton supplice. Marche.

ÉGISTHE. Conduis-moi.

ORESTE. C'est à toi de marcher devant moi.

ÉGISTHE. Crains-tu que je ne t'échappe ?

ORESTE. Non ; mais je veux t'ôter cette dernière satisfaction : ton

καὶ οὐκ εἶ πρόχειρος κτανεῖν,
εἰ τόδε τὸ ἔργον καλόν;
ΟΡΕΣΤΗΣ.
Μὴ τάσσε·
χώρει δὲ
ἔνθαπερ κατέκτανες
πατέρα τὸν ἀμὸν,
ἵνα θάνῃς αὖτε
ἐν τῷ αὐτῷ.
ΑΙΓΙΣΘΟΣ. Ἦ
πᾶσα ἀνάγκη
τήνδε τὴν στέγην ἰδεῖν
κακὰ τά τε ὄντα
καὶ μέλλοντα
Πελοπιδῶν.
ΟΡΕΣΤΗΣ.
Τὰ γοῦν σά·
ἐγώ εἰμί σοι
μάντις ἄκρος τῶνδε.
ΑΙΓΙΣΘΟΣ. Ἀλλὰ
οὐκ ἐκόμπασας
τὴν τέχνην πατρῴαν.
ΟΡΕΣΤΗΣ.
Ἀντιφωνεῖς
πολλὰ,
ἡ δὲ ὁδὸς βραδύνεται.
Ἀλλὰ ἕρπε.
ΑΙΓΙΣΘΟΣ. Ὑφηγοῦ.
ΟΡΕΣΤΗΣ.
Βαδιστέον σοι
πάρος.
ΑΙΓΙΣΘΟΣ. Ἦ
μὴ φύγω σε;
ΟΡΕΣΤΗΣ.
Μὴ θάνῃς μὲν οὖν
κατὰ ἡδονήν·
δεῖ με φυλάξαι σοι
τοῦτο πικρόν.
Χρῆν δὲ τήνδε δίκην
εἶναι εὐθὺς τοῖς πᾶσιν,

et n'es-tu pas prêt à tuer,
si cette action *est* belle ?
ORESTE.
Ne commande pas;
mais vas
là où tu as tué
le père mien,
afin que tu meures de-même
au même *endroit.*
ÉGISTHE. *C'est* donc
de toute nécessité
cette maison voir
les maux et qui-sont
et qui sont-à-venir
des Pélopides.
ORESTE.
Les tiens au moins;
moi je suis à toi
un devin supérieur de ces choses.
ÉGISTHE. Mais
tu ne t'es pas glorifié
d'un art de-*ton*-père.
ORESTE.
Tu réponds
beaucoup de choses,
mais la marche est retardée.
Mais marche.
ÉGISTHE. Précède-*moi.*
ORESTE.
Il faut toi marcher
devant.
ÉGISTHE. Peut-être
pour que je ne t'échappe pas ?
ORESTE.
Tu ne dois pas mourir en vérité donc
selon *ton* plaisir;
il faut moi garder à toi
ceci *comme* une chose amère.
Mais il faudrait cette peine
être sur-le-champ à tous,

ὅστις πέρα πράσσειν γε τῶν νόμων θέλει,
κτείνειν. Τὸ γὰρ πανοῦργον οὐκ ἂν ἦν πολύ.

ΧΟΡΟΣ.

Ὦ σπέρμ' Ἀτρέως, ὡς πολλὰ παθὸν
δι' ἐλευθερίας μόλις ἐξῆλθες,
τῇ νῦν ὁρμῇ [1] τελεωθέν.

trépas en sera plus amer Ainsi devrait périr sur-le-champ quiconque ose violer les lois. Les crimes seraient moins nombreux.

LE CHOEUR. O race d'Atrée! après combien de malheurs cette dernière catastrophe t'a enfin rendu la liberté !

ὅστις θέλει πράσσειν	quiconque veut agir
πέρα γε τῶν νόμων,	en dehors des lois;
κτείνειν.	*le* tuer.
Τὸ γὰρ πανοῦργον	Car la race-des-méchants
οὐκ ἦν ἂν πολύ.	ne serait pas nombreuse.
ΧΟΡΟΣ.	LE CHOEUR.
Ὦ σπέρμα Ἀτρέως,	O race d'Atrée,
ὡς πολλὰ	que de nombreuses choses
παθὸν	ayant souffertes
ἐξῆλθες μόλις	tu es sortie avec peine
τελεωθὲν	satisfaite
ὁρμῇ τῇ νῦν.	par le choc de maintenant!

NOTES

SUR L'ÉLECTRE DE SOPHOCLE.

Page 2.— 1. Ἄργος s'applique à la ville même, et non pas au pays. Ceux qui venaient de Corinthe en découvraient d'abord la partie appelée ἀγορὰ Λύκειος.

— 2. Οἰστροπλῆγος. c. à d. Ἰοῦς. Io était la fille d'Inachos. Cp. Æsch. Prom. 681 :

Οἰστροπλὴξ δ' ἐγὼ μάστιγι
Θείᾳ γῆν πρὸ γῆς ἐλαύνομαι.

Ἄλσος se dit de tout endroit consacré à une divinité, qu'il s'y trouve des arbres ou non. Schol. ad Pind. Olymp. II, 31. Il. β, 506, Ὀγχηστόν θ' ἱερὸν, Ποσιδήϊον ἀγλαὸν ἄλσος. Voici la remarque du scholiaste : οὐ γὰρ Ὀγχηστὸς δένδρεσι κομᾷ, ἀλλ' ἱερός ἐστιν.

— 3. Λυκοκτόνου θεοῦ, épithète d'Apollon, parce que c'était à lui qu'on devait l'extermination des loups dans le pays.

— 4. Ἀγορὰ Λύκειος, ainsi appelée à cause d'un temple célèbre d'Apollon. Paus. II, 19, 3. Ceux qui venaient de Corinthe découvraient le temple de Junon à gauche, à 10 stades de Mycènes.

Page 4.—1. Πολύφθορον. Tantale avait tué son fils Pélops, et l'avait servi aux dieux comme un mets. Atrée et Thyeste, fils de Pélops, tuèrent ensemble leur frère Chrysippe; Atrée fit périr les enfants de Thyeste, et le fils de Thyeste, Égisthe, assassina à son tour Atrée, et plus tard Agamemnon.

— 2. Ἤνεγκα. On dirait qu'Oreste ne pouvait pas encore marcher; et Hérodote, chez le schol. de Pindare, Pyth. XI, 25, prétend en effet qu'Oreste n'avait que 3 ans lorsque son père fut tué; et cependant il y avait 10 ans qu'Agamemnon n'avait revu ni son pays, ni sa femme. En même temps Homère (Od. γ. 305 sqq.) nous instruit qu'Oreste revint 7 ans après la mort d'Agamemnon; Oreste aurait eu 10 ans au moment où il arriva à Mycènes; mais ces difficultés de chronologie ne devaient pas arrêter notre poëte, qui savait combien cette chronologie était arbitraire.

— 3. Κινεῖ σαφῆ, c. à d κινεῖ ὥστε σαφῆ γίγνεσθαι.

— 4. Wunder a fort bien vu que μέλαινά τ' ἄστρων εὐφρόνη étaient opposés à λαμπρὸν ἡλίου σέλας, v. 17, et que le poëte dit la sombre nuit des étoiles, parce que ce sont ces dernières, et non pas le soleil, qui l'éclairent,

Page 6.—1. Quoi qu'en disent Porson et Wunder, la valeur du temps n'est pas indifférente—ἀπώλεσεν et — ἵστησιν. Il est évident pour moi que les mots θυμὸν οὐκ ἀπώλεσεν expriment quelque chose qui devait précéder οὖς ἵστησιν dans le temps. Il faudrait traduire : qui n'a pas perdu courage, mais dresse l'oreille. De même, Aj. 31, φράζει τε κἀδήλωσεν, *dicit et sic patefecit.*

— 2. Δίκας ἀρέσθαι, tournure poétique, pour δίκας λαμβάνειν. Le datif πατρί s'explique par ce vers de Térence, Heautont. I, 1, 86 : *Illi de me supplicium dabo.*

— 3. Αὐτόν, *ipsum.* Le dieu avait ordonné à Oreste de venger son père, lui-même, non par l'aide d'autrui, de le venger, non à force ouverte, mais par la ruse.

— 4. Κλέπτειν σφαγήν. Cp. Philoct. 55, 57; Aj. 188. Du reste, χειρός se rapporte à σφαγάς, et non pas à δόλοισι. Cp. le v. 206 de cette pièce.

Page 8. — 1. 'Ηνθισμένον. Bothe le premier a vu qu'il fallait expliquer : *couronné de fleurs.* En effet, le gouverneur devait annoncer une heureuse nouvelle au couple royal.

— 2. Phanoteus, roi de Panopéum, petite ville de la Phocide, et Crisus, roi de Crisa, ville située dans le pays où l'on avait porté Oreste enfant, étaient frères, mais ennemis mortels. Le fils de Crisus était Strophius, dont il sera question plus tard, et le fils de ce dernier, Pylade. L'inimitié qui existait entre Phanoteus et Crisus devait inspirer à Égisthe et Clytemnestre une grande confiance dans le messager.

— 3. Remarquez ce nouvel anachronisme. Les jeux Pythiques n'ont été fondés que dans la 48e olympiade.

— 4. Καρατόμοις. Triclin : ἔθος γὰρ ἦν αὐτοῖς τέμνειν τὰς κόμας καὶ ἐπιτιθέναι τῷ τάφῳ, ἵνα διὰ τούτου τοῦ πένθους ἵλεως αὐτοῖς ὁ νεκρὸς εἴη.

— 5. Τύπωμα, l'urne qui contenait les cendres d'Oreste.

Page 10.—1. Wunder traduit bien κακόν : *male ominatum.* Passer pour mort, était de mauvais augure.

— 2. Le poëte pense évidemment à Pythagore. Ce philosophe, s'étant enfermé dans un souterrain, ordonna à sa mère de répandre le bruit de sa mort; plus tard il en sortit, et proclama ses doctrines sur la métempsychose et sur la vie des âmes dans les enfers.

— 3. Δεδορκότα, *qui voit*, *qui est en vie*. On se sert du verbe βλέπειν dans le même sens.

— 4. Il faut suppléer dans ce vers un verbe, dont le sens se trouve dans ἀποστείλητε, comme κατασκευάσατε ou δέξασθε.

Page 12. — 1. Cp. à καιρὸς, Philoctet. 837 :

Καιρός τοι πάντων γνώμαν ἴσχων
πολὺ παρὰ πόδα κράτος ἄρνυται.

— 2. Hermann explique θυρῶν, *e foribus*, en le comparant à δόμων, v. 320. Nous sommes plutôt de l'avis du scholiaste, qui le rapporte à ἔνδον, pourvu qu'on veuille considérer ἔνδον comme une préposition rejetée derrière son verbe, absolument comme si ὑποστενούσης et ἔνδον ne formaient qu'un seul mot et une seule idée.

— 3. Κἀνακούσωμεν, de ἐνακούω, verbe dont Hippocrate se sert fréquemment.

— 4. Ἰσόμοιρ' ἀήρ. Cp. Hes. Theog. v. 126 :

Γαῖα δέ τοι πρῶτον μὲν ἐγείνατο ἶσον ἑαυτῇ
Οὐρανὸν ἀστερόενθ', ἵνα μιν περὶ πάντα καλύπτοι.

Wunder remarque avec justesse qu'on s'attendrait plutôt au datif γῇ qu'au génitif γῆς.

Page 14.—1. Ἤδη se rapporte à τὰ παννυχίδων, pour τὰς παννυχίδας. En sorte qu'Électre dit qu'elle pleure, non seulement le jour, mais aussi des nuits entières.

— 2. Ἐξένισεν. Le poëte fait allusion au meurtre accompli sur Agamemnon pendant le repas.

Page 16.— 1. Μὴ οὐ a le sens du latin *quin*, *quominus*. Cp. El. οὐκ ἐθέλω προλιπεῖν τόδε, μὴ οὐ, etc.

— 2. Le vers τοὺς τὰς εὐνὰς ὑποκλεπτομένους (réd. de Brunck) a paru à de savants critiques n'être pas de Sophocle. Cependant ce que dit Porson, que les Furies n'étaient pas chargées de la punition de l'adultère, n'a pas de valeur, parce qu'il ne s'agit pas de cette punition, mais bien de celle qui menaçait les meurtriers d'Agamemnon; seulement ces derniers sont désignés, pour jeter encore plus d'odieux sur eux, par les mots : τοὺς τὰς εὐνὰς ὑποκλ. Le sens de la phrase est donc évidemment : Furies, qui vengez ceux qui sont morts injustement, et punissez ceux qui les ont tués. C'est par cette raison, que nous avons intercalé la particule τέ entre τάς et εὐνάς.

— 3. Ἄγειν est un terme de pesage ; Électre dit qu'elle ne peut plus soulever le fardeau de douleur placé dans l'autre plateau de la balance.

— 4. Τάκεις — οἰμωγὰν — Ἀγαμέμνονα. Τήκειν οἰμωγάν est dit comme τήκειν δάκρυα, mot à mot, faire fondre, dissoudre des larmes, c. à d. *effundere lacrymas*. Τήκειν οἰμωγάν équivalant ainsi à οἰμώζειν, l'accusatif Ἀγαμέμνονα s'explique de lui-même.

Page 18. — 1. Ἀλύειν se dit de la folie, que ce soit la joie ou la douleur qui l'ait provoquée. C'est la première dans Homère (Od. σ, 332) :

Ἦ ἀλύεις ὅτι Ἶρον ἐνίκησας τὸν ἀλήτην ;

— 2. Τόν γ' ἐξ Ἀΐδα. . . λίμνας πατέρ' ἀνστάσεις n'est qu'une contraction violente et anormale de ἀναστάσεις τόν γε ἐν ᾅδου λίμνῃ ἐξ αὐτῆς. Cp. Herm. Vig. pg. 893.

— 3. Ἀπὸ τῶν μετρίων ἐπὶ ἀμήχανον ἄλγος — διόλλυσαι. On ne peut nier que ἀπό n'implique l'idée d'un point de départ, mais d'un autre côté, il paraît absurde d'adopter une version comme celle-ci : *A mediocribus doloribus ad insanum dolorem progrediens*. Ἀπὸ μετρίων veut dire : *neglecta omni in dolore temperantia*. Cp. Electr. v. 1116, ἀπὸ ἐλπίδων, *secus quam speraram*. Trach. 388, ἀπὸ γνώμης λέγω, c. à d., *secus quam sentio*. Cf. le passage semblable, El. 543, σῆς δίχα γνώμης λέγω.

Page 20. — 1. Ἄραρεν, de ἀραρίσκω, a ici la signification de *conciliare*. Hom. Od. ε, 95, ἦραρε θυμὸν ἐδωδῇ.

— 2. Il paraît que le rossignol est appelé le messager de Jupiter, parce que, envoyé par lui, il annonce le printemps. Hom. Od. τ, 518.

— 3. Ἐν τάφῳ πετραίῳ. Schol. : τουτέστιν, ἀπολιθωθεῖσα · καὶ Ὅμηρος (Il. ω, 615, coll. β, 783), ἐν Σιπύλῳ ὅθι φασὶ Τυφωέος ἔμμεναι εὐνάς.

— 4. Homère, au lieu d'Électre, nomme Léodice. Il. ι, 144 : Τρεῖς δέ μοί εἰσι θύγατρες ἐνὶ μεγάρῳ εὐπήκτῳ, Χρυσόθεμις καὶ Λαοδίκη καὶ Ἰφιάνασσα.

— 5. Ἀχέων est ainsi expliqué par le scholiaste : ὁ ἐν ἥβῃ κρυπτῇ λυπούμενος.

Page 22. — 1. Τὸν ἀνήνυτον οἶτον. L'article a ici presque la valeur du pronom démonstratif. Wunder. Cp. Aj. 1197, τὰν ἄπαυστον μόχθων ἄταν.

— 2. Ὧν τ' ἔπαθ' ὧν τ' ἐδάη. Ἔπαθε se rapporte aux bienfaits d'Électre, qui avait sauvé son frère des mains de Clytemnestre, le jour où Agamemnon fut tué ; ἐδάη, aux nombreux messages qu'elle lui envoyait, pour lui faire connaître la conduite de sa mère et d'Égisthe.

Page 24.—1. Crisa est une ville de la Phocide; elle tirait son nom de Crisus, son fondateur, père de Strophius et grand-père de Pylade. Les mots βουνόμον ἀκτάν sont une apposition à Κρῖσαν.

— 2. Ἀπερίτροπος, que le scholiaste explique par ἀνεπίστροφος, ἀνεπέλευστος, se rapporte en même temps à Pluton, avec une légère modification du sens : ἐπὶ τοῦ Πλούτωνος ἀνεπίστροφος τοῦ τοὺς ἐχθροὺς μετελθεῖν.

— 3. Neue remarque avec justesse : οἰκονόμου *est ministerium servile.*

—4. Hermann le premier a rétabli le sens et le texte de ce passage, en écrivant οἱ (αὐτῷ) pour σοί, et en rapportant ἐν à la fois à κοίταις et à νόστοις. Il explique αὐδάν par les lamentations du peuple, qui, connaissant les liaisons adultères d'Égisthe et de Clytemnestre, déplorait d'avance le sort qui lui était réservé, et dont le mécontentement éclata davantage, quand le meurtre infâme fut accompli. Κοίταις est *lectus convivalis.*

Page 26. — 1. Πλέον ἐχθίστα. Ce comparatif, devant le superlatif, n'est qu'une brachylogie; le poëte voulait dire que cette journée était plus odieuse à Électre (πλέον ἐχθρά) que toutes les autres; mais cette circonstance même est la cause qu'elle lui paraît ἐχθίστα.

— 2. Τοὺς, c. à d., ἃ δεῖπνα ἴδε ὄντα θανάτους, etc. Διδύμαιν χειροῖν désignent Clytemnestre et Égisthe; διδύμᾳ χερί aurait été des deux mains, ou bien : *manu reciproca.* Cp. nos notes sur Antig. p. 4, n. 4, et Electr. 1069, διδύμαν ἑλοῦσ' Ἐρινύν. Du reste, c'est χειροῖν qui explique θανάτους, *mortes.*

Page 28.—1. Τὰ δὲ exprime d'une manière plus vague et plus générale le mot πολέμους, qui lui-même équivaut à ἔριδας. La construction de la phrase est donc évidemment : αὗται δὲ αἱ ἔριδες τοῖς δυνατοῖς οὐκ ἐρισταί εἰσιν ὥστε πελάζειν αὐτοῖς.

— 2. Οὐ σχήσω ταύτας ἄτας, c. à d., τούτους γόους, que le chœur considérait comme ἄτας pour Électre.

— 3. Τίνι, c. à d., παρὰ τίνος. Hermann fait observer qu'ἀκούειν se construit ici avec le datif, parce qu'il contient l'idée de πείθεσθαι.

— 4. Ἀνάριθμος avec le génitif, comme OEd. Roi, v. 176 : Ὧν πόλις ἀνάριθμος ὄλλυται.

Page 30.—1. Comme on dit aussi bien ξύνεστί μοι κακόν et ξύνειμι κακῷ, de même on ne dit pas seulement πρόσκειταί τί μοι κακόν (Antig. v. 1243), mais chez les poëtes mêmes πρόσκειμαι κακῷ.

— 2. Πτέρυγας ἐκτίμους. L'image est empruntée aux oiseaux, qui arrêtent, quand ils le veulent, le mouvement de leurs ailes. Le poëte allait dire d'abord γονέων (genitivus objectivus) ὀξυτόνους γόους. Puis il développe cet accusatif ultérieurement.

— 3. Οὐδὲν ὤν est bien rendu par Jacobs : *pro nihilo habitus*.

Page 32.—1. Τὰ μητρός : *quæ ad matrem pertinent et mater ipsa*. Cp. notre note au v. 497 de Philoctète.

— 2. Ταὐτά ne sont pas les vêtements mêmes d'Agamemnon, mais les vêtements royaux, tels qu'Agamemnon les portait, et tels qu'il les porterait encore, s'il n'avait pas été tué.

Page 34. — 1. Τλήμων, on le sait, a souvent la signification de τολμηρά, ἀναιδής ; de même que ταλαίνης, v. 266.

— 2. Εὑροῦσα ne se dit pas ici du calcul, comme le croit Wunder, mais de l'empressement qu'on met naturellement à saisir une chose longtemps cherchée.

— 3. Ἔμμηνα ἱερά. Il paraîtrait que la reine aurait célébré tous les mois le jour où Agamemnon avait été assassiné. Les historiens, dans leur ridicule prétention de tout connaître, soutiennent que le jour de la mort d'Agamemnon est le 13 du mois de Gamélion.

— 4. Δαῖτα ἐπωνομασμένην. Cp. Eurip. Or. 999 : Τά τ' ἐπώνυμα δεῖπνα Θυέστου.

Page 36.—1. Κλεινός, ironiquement. Le datif αὐτῇ dépend de ταὐτά.

— 2. Ἡ πᾶσα βλάβη. Cp. Philoct. v. 622, où se trouvent les mêmes mots.

— 3. Τὰς μάχας : *quas pugnas facit, eas*. Si tel n'était pas le sens de la phrase, il n'aurait pas dû y avoir d'article.

Page 38. — 1. Τὰς οὔσας τε καὶ τὰς ἀπούσας ἐλπίδας. Comme il est évident que le sens de cette locution grecque ne peut être que *toutes mes espérances, spes omnes, quotquot erant*, ἀπούσας ne peut se rapporter ni à l'absence d'Oreste, comme le veut Hermann, ni à des espérances évanouies, comme le veut Wunder. Car, comment détruire des espérances déjà évanouies? Ἀπούσας, si l'on en veut absolument découvrir le sens intime, dont les Grecs du temps ne se rendaient peut-être pas non plus un compte exact, se rapporte à l'avenir : Oreste a détruit et les espérances que j'avais, et celles que j'aurais eues; il a tué jusqu'au germe de l'espérance. La locution τὰ ὄντα καὶ τὰ ἀπόντα se retrouve au propre, Antig. v. 1090, οἵ τε ὄντες οἵ τ' ἀπόντες, auquel passage il faut ajouter, Eurip. El. v. 564 (εὔχου θεοῖς) τί ; τῶν ἀπόντων ἤ τι τῶν ὄντων πέρι ; Wunder explique ἀπόντων du passé; mais tel ne pouvait être le point de vue d'Électre; τὰ ἀπόντα sont pour elle les choses qu'elle désire, et qu'elle a encore l'espérance de voir se réaliser.

— 2. Κακοῖς est *calamitates*, κακὰ dans le vers suivant, *peccata*. Cette figure est appelée πλοκή par les grammairiens.

Page 40. — 1. Ἐντάφια; on les appelle tour à tour ἔμπυρα (v. 401), et κτερίσματα (v. 430).

Page 42. — 1. Αὐτοῖς, Égisthe et Clytemnestre.

— 2. Εἴ με δεῖ est bien rendu par Neue, *si me vis vivere*. Cp. El. v. 1033. Banquet de Platon, p. 173, c.: εἰ δεῖ καὶ ὑμῖν διηγήσασθαι, etc.

— 3. Πατρὸς, οὗ σὺ παῖς ἔφυς. Πατρός est une prolepse; on s'attendait à ἀνδρός. Cp. Philoct. v. 3.

— 4. Τἀμὰ νουθετήματα. Schol. : οἷον, ἃ εἶπες, ἐμὲ νουθετοῦσα.

Page 44. — 1. Bothe a déjà vu que τὴν δρῶσαν est plus fort que ἐμὲ τὴν δρῶσαν. Ἡ δρῶσα est tout simplement : celle qui entreprend; or il n'y a qu'Électre qui entreprenne quelque chose; ἐμέ devient donc inutile.

— 2. Δῶρα sont des agréments en général, tels que Sophocle en nomme immédiatement après : τράπεζα πλουσία et βίος ὃς περιῤῥεῖ.

Page 46.—1. Τῶνδε. Électre parle des maux qu'elle endure actuellement.

Page 48.—1. Ἐν καλῷ, tournure connue, qui équivaut à εὔκαιρον. On dit aussi εἰς καλόν.

Page 50. — 1. Τιμωρούμενοι se rapporte à Électre seule. Il est à remarquer que les poëtes tragiques mettent toujours le participe au masculin, quand une femme parle d'elle au pluriel.

— 2. Πρὸς κακῶν, *malorum res, institutum est*. Cp. Aj. 317.

Page 52.—1. Ἔμπυρα. Il ne s'agit pas d'un sacrifice où le sang devait être versé, mais de libations composées de miel, de lait et de vin. Du reste, elles sont appelées χοάς au vers suivant et v. 436.

Page 54.— 1. Δευτέραν ὁμιλίαν. Schol. : ὡς αὖθις αὐτοῦ ἀναζήσαντος καὶ προςομιλήσαντος.

— 2. Ἡνίκα ἡλίῳ δείκνυσι τοὔναρ. Les anciens avaient coutume de raconter au soleil les songes dont ils redoutaient des suites fâcheuses. Iph. Taur. 42 : ἃ καινὰ δ' ἥκει νὺξ φέρουσα φάσματα, λέξω πρὸς αἰθέρ', etc. Nous rappellerons aussi ce que nous avons dit du participe παρών, qui est toujours au présent, même quand il s'agit d'un fait depuis longtemps passé, et qui ici étend son influence jusque sur le verbe δείκνυσι, qui est au présent, malgré ἡνίκα qui paraît exiger un prétérit.

Page 56. — 1. Dindorf déjà a remarqué qu'il faut suppléer δός à πνοαῖσιν, dont l'idée est impliquée par κρύψον.

— 2. Δέχεσθαί τί τινι s'explique exactement comme ἀκούειν τί τινι, v. 223.

Page 58.—1. Nous plaçons la virgule avec Hermann après ἄτιμος, et non pas avec Wunder après θανών, d'autant plus que ce dernier mot n'a pas ici le sens neutre, mais le sens passif de *interfectus;* ἄτιμος alors est l'explication de ἐμασχαλίσθη. Μασχαλίζειν exprime un genre de mutilation particulière. Quand on avait tué quelqu'un dans une guerre civile ou insidieusement, on lui coupait souvent les mains et les pieds, on les attachait aux aines du mort, et on essuyait le poignard sur sa tête, croyant ainsi infirmer la vengeance, et se purifier du crime commis.

— 2. Ἀλλὰ ταῦτα μὲν μέθες, σὺ δέ. Ce qui frappe au premier moment, c'est le pronom σύ placé ainsi en tête de la phrase; mais comme le sens de ἀ. τ. μὲν μέθες est, ta mère n'a pas le droit d'envoyer des offrandes au tombeau de ton père, mais toi, etc., tout le monde comprendra aisément l'antithèse et la position de μέν — δέ.

— 3. Ἐξ ὑπερτέρας χερός est bien rendu par Hermann : *victrici manu.* Pour ce sens de χείρ, comparez v. 1086, ζώης μοι καθύπερθεν χειρί, etc., et Philoct. v. 1212 : Ἀλλ' οὐδέ τοι σῇ χειρὶ πείθομαι τὸ δρᾶν.

Page 60 —1. Τὸ γὰρ δίκαιον, etc. Nous ne pouvons approuver ni le scholiaste, auquel se joint Neue, et qui explique le passage : οὐκ ἔχει λόγον τὸ φιλονεικεῖν περὶ τοῦ δικαίου ὥστε περὶ αὐτοῦ δύο ὄντας ἐρίζειν· δεῖ γὰρ τὸν ἕτερον τῷ ἑτέρῳ πείθεσθαι ; ni Hermann qui traduit : *quod justum est, non habet rationem, quare quis cum duobus contendat.* Car une chose injuste ne doit être défendue ni contre deux, ni contre personne. Aussi n'est-ce pas à la justice, mais à la majorité que Chrysothémis cède. Τὸ γὰρ δίκαιον est un nominatif absolu, comme τὸ δὲ ἔσχατον, τὸ δὲ δεινότατον, τὸ λεγόμενον et autres (cf. Gr. Matthiæ, § 534) ; γάρ est une prolepse, et équivaut presque à δέ. Nous mettons par conséquent une virgule après δίκαιον, et nous traduisons : *je le ferai ; c'est juste en effet ; cela n'a pas le sens commun de lutter contre deux.* Pour le nom. absolu, cp. encore Philoct. v. 863, 864.

— 2. Ἔτι se dit ici d'un avenir incertain et éloigné ; il répond dans ce sens, moins au français, *encore,* qu'à l'allemand, *noch.* « So glaub' ich, dass das Wagstück mir noch schlecht bekommen wird. » Cf. El. 66, ἐχθροῖς ἄστρον ὣς λάμψειν ἔτι.

Page 62. — 1. Κλύουσαν, on attend κλυούσῃ. Voy. une semblable anacoluthe citée par Brunck, Æsch. Choeph. 402. Antig.853, où ψαύω gouverne d'abord le génitif, puis l'accusatif, qui se rapporte à l'idée de λέγειν, cachée dans ψαύειν. Ἀδυπνόων se rapproche par son sens de εὐαής, épithète du sommeil. Philoct. v. 828.

— 2. Ἄλεκτρ' ἄνυμφα, etc. Sans entrer trop dans les détails, je dirai seulement que la particule γάρ empêche de prendre pour sujet ou Clytemnestre, ou ἁμιλλήματα. Car puisque nous savons déjà que la Furie arrive, et pourquoi elle arrive, cette phrase introduite par γάρ a l'air d'avoir été d'abord oubliée par le poëte. Ἐπέβα, selon nous, se rapporte à la furie, et l'aoriste s'explique parfaitement par le rêve de Clytemnestre, auquel le chœur fait allusion, et dans lequel il croit reconnaître l'approche de la vengeance divine. Ἁμιλλήματα est dit de la cohabitation, et explique ainsi ἄλεκτρα, ἄνυμφα. Les mots οἷσιν οὐ θέμις se rapportent à ἁμιλλήματα, et la construction est celle-ci : ἁμιλλήματα (τούτοις), οἷς (ἁμιλλᾶν αὐτὰ) οὐ θέμις. C'est Clytemnestre que le chœur accuse de préférence de ces embrassements incestueux, comme étant la plus coupable ; par le pluriel οἷσιν, Égisthe seul est désigné. Il y a dans ce passage une obscurité préméditée, et destinée à voiler l'horreur de la chose. Le pluriel est souvent ainsi employé pour jeter plus d'incertitude et de vague sur quelque crime affreux. Cp. OEd. R. v. 466 et ailleurs.

— 3. M' ἔχει, c. à d., θράσος ou ἐλπίς, qu'on trouve même dans quelques manuscrits. On a comparé Plat. Phæd. p. 58, E : Ὥστε μοι παρίστασθαι ἐκεῖνον μηδ' ἐς Ἅδου ἰόντα ἄνευ θείας μοίρας ἰέναι. Le datif ἡμῖν dépend de πελᾶν, qui est un inf. fut. ; les datifs τοῖς δρῶσι καὶ συνδρῶσι dépendent de ἀψεγές. Ce mot joint à μήποτε forme une litote.

Page 64. — 1. Τόδε φάσμα νυκτός. L'article s'explique, si nous considérons que φάσμα et νυκτός ne forment pour ainsi dire qu'un seul mot. Cp. v. 678, τὸ κλεινὸν Ἑλλάδος πρόσχημ' ἀγῶνος.

— 2. Εὖ κατασχήσει, métaphore empruntée à un vaisseau qui aborde heureusement au port.

— 3. Ὦ Πέλοπος ἁ πρόσθεν. Le vocatif est ici remplacé par le nominatif, comme cela arrive souvent. Plat. Symp. p. 165 : ὁ Φαληρεὺς οὗτος ὁ Ἀπολλόδωρος, οὐ περιμενεῖς. El. v. 630, etc. Ce cas est surtout fréquent dans les appositions. En français : *Eh, l'abbé!* ou quand un véritable vocatif a précédé, et qu'on y ajoute un autre substantif au nominatif, comme dans ce passage de l'Iliade, γ', 277 : Ζεῦ πάτερ— Ἠέλιός θ' ὃς πάντ' ἐφορᾷς.

— 4. Ἱππεία. Le scholiaste cite les mots de Phérécyde : Πέλοψ νικήσας τὸν ἀγῶνα καὶ λαβὼν τὴν Ἱπποδάμειαν, ὑπέστρεφεν ἐπὶ τὴν Πελοπόννησον μετὰ τῶν ὑποπτέρων ἵππων καὶ τοῦ Μυρτίλου· καθ' ὁδὸν δὲ καταλαβὼν αὐτὸν προϊόντα πρὸς τὸ φιλῆσαι αὐτήν, ἔῤῥιψεν εἰς θάλασσαν.

— 5. Αἰκίαις (v. 507) est répété avec intention au v. 512; la pensée devient ainsi plus énergique. Le poëte veut nous faire comprendre qu'un crime en engendre toujours nécessairement un autre; que c'est ainsi que depuis la mort de Myrtile, les dieux, et surtout Mercure, père de Myrtile, n'ont pas cessé d'accabler la maison des Pélopides.

—6. Φίλους. Wunder fait très-bien remarquer que οἱ φίλοι sont ici : *ii quos non amare impium est.*

Page 66. — 1. Il ne faut pas mettre de virgule après θρασεῖα, et suppléer εἰμί; le poëte, si telle avait été sa pensée, aurait mis θρασεῖαν. Il faut donc rapporter θρασεῖα immédiatement à ἄρχω, en suppléant οὖσα, si toutefois cela est nécessaire.

— 2. Nous ferons remarquer aux élèves que, dans la phrase ἐγὼ δ' ὕβριν μὲν οὐκ ἔχω, δέ se rapporte à ce qui précède, μὲν, auquel répond κακῶς δέ σε λέγω, à ce qui suit. Cette phrase fait donc face, pour ainsi dire, de deux côtés, et c'est à cet égard que nous rappelons notre note à Œdipe à Colone, v. 514.

— 3. Les mots ὡς ἐξ ἐμοῦ τέθν. se rapportent par attraction à πρόσχημα.

— 4. La tautologie apparente, dans les mots οὐκ ἴσον καμὼν ἐμοὶ λύπης — ὥσπερ ἡ τίκτουσ' ἐγώ, a été bien expliquée par Hermann, qui complète ainsi le sens du poëte : οὐκ ἴσον καμὼν ἐμοί, ὅτε ἔσπειρεν, ὥσπερ ἐγὼ (ἡ τίκτουσα) ὅτ' ἔτικτον. Malgré cela, il faudra toujours supposer que le poëte, arrivé à ὥσπερ, a oublié qu'il a mis ἐμοί, ou même ἴσον ἐμοί.

Page 68. — 1. Παῖδες διπλοῖ. Sophocle ne suit pas ici la tradition d'Homère, qui ne donne qu'un seul enfant à Ménélas, Hermione, mais celle d'Hésiode :

Ἡ τέκεθ' Ἑρμιόνην δουρικλειτῷ Μενελάῳ
ὁπλότατον δ' ἔτεκεν Νικόστρατον, ὄζον Ἄρηος

— 2. Ἧς. On s'attendrait d'autant plus à ὧν, que πατρός, sans cela, reste trop isolé, et tout à fait hors de la construction. Mais le poëte se rappelle tout à coup que c'est surtout à cause d'Hélène qu'on a entrepris l'expédition contre Troie, et de là l'anacoluthe dans laquelle il tombe.

— 3. Nous ferons remarquer aux élèves, que la particule ἤ trois fois répétée pourrait embarrasser, que le second ἤ n'est coordonné ni avec celui qui précède ni avec celui qui suit, mais qu'il dépend de πλέον. Δαίσασθαι est un infinitif explicatif.

— 4. Ce qui nous empêchera toujours de nous ranger à l'avis de Wunder et Giacomelli, qui rapportent les mots δικαίαν γνώμην σχοῦσα à Clytemnestre, c'est le participe σχοῦσα. On ne comprend pas l'aoriste, à moins qu'on ne veuille se reporter au moment où Clytemnestre tua Agamemnon, *en suivant un bon raisonnement*, ou bien qu'on ne veuille trouver dans ces mots le sens de : quoique je vienne d'exposer un raisonnement juste; mais tout cela nous paraît aussi pénible que faible. Ajoutez encore le peu d'harmonie dans la phrase qui se terminerait d'une manière trop brève et trop peu gracieuse. Tout au contraire s'aplanit, si nous rapportons σχοῦσα à Électre. Si je te parais avoir tort, raisonne *d'abord* avec moins de partialité, et tu blâmeras Agamemnon (τοὺς πέλας). Si donc d'un côté il avait fallu ἔχουσα pour Clytemnestre, σχοῦσα ne peut s'appliquer qu'à Électre, que Clytemnestre suppose éloignée de la justice et du bon sens.

Page 70. — 1. Λόγους. La véritable leçon a été rétablie par Wunder, qui le premier a vu que λόγοις n'était pas grec. Il compare Eurip. Troad. v. 149 : μολπὰν ἐξῆρχον θεούς.

— 2. Τὰ πολλὰ πνεύματα, bien rendu par Hermann : *Multos illos ventos, qui in Euripo flare solent.*

Page 72. — 1. Παίζων, *s'amusant*, se dit ici du plaisir de la chasse. Παίζειν se disait de tous les plaisirs élevés et nobles, de la danse, de la musique, de la poésie même chez Pindare.

— 2. Ποδοῖν est peu clair; ἐκκινεῖν, qui ici veut dire lancer la bête, nous engage à traduire : *par le bruit de ses pas.* La version : *le suivant à la piste* serait trop forcée.

— 3. Ἔπος τι. Électre, par respect pour les dieux, ne veut pas répéter les paroles d'Agamemnon. Le scholiaste explique le pronom indéfini : εἰπών, ὡς οὐδ' ἂν αὐτὴ ἡ Ἄρτεμις οὕτως ἔβαλεν.

— 4. Λύσις continue la métaphore qui commence dans le vers κατεῖχεν.

—5. Nous mettons la virgule après βιασθείς, et nous joignons πολλὰ κἀντιβάς. Et d'abord, nous ne saurions bien nous rendre compte du pronom πολλά placé à côté de βιασθείς, car on ne veut violenter Agamemnon que pour une seule chose. Puis βιασθεὶς πολλά a quelque chose de bien plus faible que κἀντιβάς, qui, réuni à πολλά, devient presque verbe transitif, et exprime la résistance énergique d'Agamemnon. Ἀνθ' ὧν se rapporte à ce qui précède (afin que l'armée pût mettre à la voile). Cp. v. 581, ἀνθ' ὅτου.

Page 74. — 1. Πρόσθεν, qui par suite d'une inversion se trouve devant εὐσεβεῖς, doit être rapporté à βλαστόντας ; il faut aussi suppléer ὄντες à εὐσεβεῖς κἀξ εὐσεβῶν. Παιδοποιεῖς. Tzetzes nous nomme une Érigone, fille d'Égisthe et de Clytemnestre. Cp. Eurip. El. v. 62. Εὐσεβεῖς ici est : *légitime*.

Page 76. — 1. Τὴν σὴν φύσιν pour τὴν ἀπὸ σοῦ φύσιν. Σχεδόν τι ironiquement, comme Antig. v. 470, σχεδόν τι μώρῳ μωρίαν ὀφλισκάνω.

— 2. Le chœur parle à Clytemnestre, qui lui répond dans le même sens. Εἰ δὲ σὺν δίκῃ ξύνεστι, c. à d., μένει.

— 3. Τηλικοῦτος. Électre devait avoir à peu près 30 ans. Cp. ἔξωρα πράσσω, v. 614, où elle parle de l'inconvenance de sa conduite.

Page 78. — 1. Θράσους τοῦδ' οὐκ ἀλύξεις, tout à fait comme Antig. v. 486 : Οὐκ ἀλύξετον μόρου κακίστου. Le v. ἀλύττειν est construit comme ἀπαλλάττεσθαι, dont il renferme l'idée.

Page 80. — 1. Ἔπαιρε δὴ σύ. Clytemnestre parle à une suivante.

— 2. Προστατήριος. Apollon Tutélaire, qui avait un temple à Mégare (Paus. I, 44, 2). Wunder prétend que plus tard il s'est identifié avec Apollon Ἀγυιεύς, dont on plaçait les statues devant les portes des maisons.

— 3. Βάξις κεκρυμμένη, *paroles obscures*. Ce sens est le seul bon, à cause du v. 635, οὐδὲ πᾶν ἀναπτύξαι πρὸς φῶς πρέπει.

— 4. Παρούσης, etc. Il y a une espèce de tautologie dans ces mots. On s'attendrait avec une légère nuance à παρούσης τῆσδε πλησίον ἐμοί, ou à τῆσδε πλησίον ἐμοὶ οὔσης. Telle que la phrase est maintenant, il faudra encore suppléer οὔσης à πλησίας.

— 5. Remarquez l'inversion assez fréquente de la particule καί, qui se rapporte à τῇδε.

— 6. Λύκει' ἄναξ. C'est ainsi qu'on invoquait Apollon comme *Deus averruncus*.

— 7. Il faut suppléer à ἀμφέπειν l'impératif δός, contenu implicitement dans ἐφῆς.

Page 82. — 1. Εὐημεροῦσαν se rapporte directement à ἀμφέπειν ; le participe ξυνοῦσαν se rapporte à son tour à εὐημ. Καί se rapporte à τέ dans la phrase précédente.

— 2. Ἥδε σοι κείνη πάρα, abrégé de ἥδε, ἥ σοι πάρεστι, κείνη ἐστίν.

Page 84. — 1. Ὦ χαῖρ', ἄνασσα. Ces transpositions de l'interjection ὦ sont assez fréquentes. Aj. v. 91, ὦ χαῖρ', Ἀθάνα. Phil. 799, ὦ τέκνον, ὦ γενναῖον, et ailleurs.

— 2. Ἐδεξάμην τὸ ῥηθέν. Cp. Philoct. v. 1289, ἀπώμοσα, 1314, ἥσθην. Cet emploi de l'aoriste pour le présent est surtout fréquent chez les poëtes tragiques. Cet aoriste représente l'action comme plus isolée de tout ce qui l'entoure, plus déterminée, plus indépendante, plus immuable, et surtout comme plus énergique.

— 3. Νῦν τε καὶ τότ' ἐννέπω. Cp. Antig. 181 : κάκιστος εἶναι νῦν τε καὶ πάλαι δοκεῖ; El. v. 903, καὶ νῦν θ' ὁμοίως καὶ τότ' ἐξεπίσταμαι. Il y a une espèce de zeugma dans ces mots, puisque les règles de la grammaire auraient exigé τότε τ' εἴρηκα καὶ νῦν ἐννέπω. Mais τότε ou bien πάλαι se disent souvent de choses qui viennent seulement de se passer, et dont l'influence n'a pas encore cessé de se faire sentir.

Page 86. — 1. Πρόσχημα se construit avec deux génitifs (Ἑλλάδος et ἀγῶνος); ἀγῶνος est un génitif explicatif. Ἄθλων χάριν, parce qu'Oreste n'était pas venu en simple spectateur, mais pour lutter.

— 2. Δελφ. ἄθλων. Il va sans dire que du temps d'Oreste les jeux Pythiques n'avaient pas encore été établis.

— 3. Hermann pense, avec Triclin, que la course était toujours la première lutte aux jeux Olympiques aussi bien qu'aux jeux Pythiques. La course à pied (στάδιον) était le jeu le plus ancien; celui qui y avait été vainqueur donnait son nom à l'olympiade.

— 4. Ἰσώσας τῇ φύσει τὰ τέρματα, très-bien rendu par Wunder: *quum cursus convenienter egregiæ staturæ suæ peregisset*, en s'appuyant sur la scholie : τῇ φύσει ἴσα τέρματα τοῦ δρόμου ἐποιήσατο. Le mot φύσις, qui est justifié par le passage, OEd. R. v. 740 : (τὸν δὲ Λάϊον φύσιν τίν' εἶχε φράζε), s'explique mieux ici par les mots εἰςῆλθε λαμπρὸς πᾶσι τοῖς ἐκεῖ σέβας, qui précèdent immédiatement.

— 5. Τοιάδ' ἀνδρὸς ἔργα pour ἔργα τοιοῦδε ἀνδρός, d'après une hypallage connue.

— 6. J'ai corrigé πέντ' ἄεθλ', qui n'a pas de sens, en πάντ' ἆθλ', qui présente quelques difficultés sans doute, mais qui peut s'expliquer. Πάντα se rapporte d'un côté à ὅσων, et alors on s'attendrait à δρόμων, διαύλων, πάντων ἃ νομίζεται, ἄθλων. On dira sans doute que les Grecs ne parlaient pas ainsi; que πάντων doit précéder ὅσων, que sans cela πάντων présente à la fois une tautologie et un non sens; mais on oublie alors le mouvement que le poëte a voulu imprimer à sa phrase. Elle commence comme si le gouverneur avait voulu énumérer toutes les sortes de jeux dont Oreste est sorti vainqueur, mais après en avoir cité seulement deux, au lieu de dire « et cætera », il ajoute : « enfin tous les jeux qui sont en usage », sans se soucier de l'anacoluthe qu'il amène ainsi. Mais cette anacoluthe elle-même est de beaucoup mitigée par l'attraction au moyen de laquelle le poëte rapporte πάντα ἆθλα ἃ ἃ νομίζεται (*tout ce qui s'appelle jeu*), et ces mots se présentent de cette façon comme une parenthèse très-naturellement amenée.

Page 88. — 1. Λίβυες. On sait que des nations étrangères étaient admises aux jeux de la Grèce; les Libyens étaient du nombre. Plus bas, le poëte les appelle Βαρκαῖοι; ils étaient célèbres par leur adresse à conduire les chevaux, aussi bien que les Thessaliens.

— 2. Αἰνιάν. Schol. : οἱ Αἰνιᾶνες τῶν Θεσπρωτῶν ἢ Θρακῶν. Homère les appelle Ἐνιῆνες (Il. β, 749).

— 3. Ἐκπληρῶν δέκ. ὄχ., brachylogie remarquable. Le sens est : occupant le dixième char, de manière qu'il complétait le nombre de dix chars. Cp. l'expression semblable : ὑστέρας πώλους, v. 730.

— 4. Les mots ὅθ' αὐτούς dépendent, non pas de κλήρους ἔπηλαν, mais proprement de κατέστησαν, justement comme s'il y avait κλήρους πήλαντες. Wunder compare Eur. Hec. v. 102 : τὰς δεσποσύνους σκηνὰς προλιποῦσ', ἵν' ἐκληρώθην καὶ προσετάχθην δούλη, etc. Le double accusatif αὐτούς et δίφρους n'étonnera pas ceux qui connaissent l'usage des poëtes tragiques. Cp. Antig. v. 239-241, et notre note.

—5. Ἅμα, c. à d., aussitôt que le signal était donné (ὑπαὶ σάλπιγγος ᾖξαν).

Page 90. — 1. Ἐν δέ. Nous ne nions pas absolument que ἐν soit adverbe ici, et ailleurs; ce que nous nions, c'est que sa signification puisse être : *simul.* Ἐν se rapporte toujours au verbe, ou d'une manière absolue, comme dans Aj. v. 674, ou avec la signification *in medio*, comme ici. Dans ce cas l'idée du poëte exclut le point du départ, aussi bien que le but, pour ne voir que l'espace entre les deux. El. v. 729, expliquera la valeur de ἐν, v. 709 : Παρεὶς κλύδων' ἔφιππον ἐν μέσῳ κυκώμενον, à quoi il faut ajouter Antig. v. 476, et notre note. Cp. aussi v. 744.

— 2. Wunder compare au v. 715, Virg. Georg. III, 111 :

Humescunt spumis flatuque sequentum.

— 3. Ἔχων ὑπ' αὐτὴν ἐσχάτην στήλην. Ἔχειν est le terme technique pour la conduite du char. Ἐσχάτη στήλη est la dernière de plusieurs bornes qui se trouvent dans l'hippodrome, celle qu'il fallait tourner. Plus on la serrait de près en la tournant, plus on gagnait de terrain et de temps. Puis, comme on tournait ordinairement de droite à gauche, on lâchait la bride au cheval de droite, en retenant celui de gauche. Les deux chevaux sont aux yeux d'Hermann des chevaux de trait, parce que du temps où la tragédie fut écrite, on ne connaissait encore que des courses de quadriges. On ne vit des « bigæ » à Olympie que dans la 93e olympiade, et aux jeux Pythiques, dans la 95e. Dans les mots ὑπ' αὐτὴν στήλην, αὐτὴν a la valeur de l'anglais *very*.

— 4. Ἕκτον ἕβδομόν τε, c. à d., vers le milieu de la course; car il fallait parcourir douze fois le *stadion*. Avec des poulains (πῶλοι, *equi non adulti*), c'était huit fois qu'il fallait le parcourir. Sur la valeur de τέ cp. Aj. v. 295. Τελοῦντες, quoique masculin, se rapporte à πῶλοι, féminin.

— 5. Βαρκαίοις. Encore un anachronisme. Barca n'a été fondée que beaucoup plus tard (Herod. VI, 160).

Page 92. — 1. Παρείς, *prætervehi passus*.

— 2. Ὑστέρας πώλους doit être pris ici dans un sens spécial. Ce sont des chevaux que le conducteur a forcés de courir moins vite, et qui pour cela viennent plus tard (ὑστεροῦσι). Cp. Cic. Acad. Prior. II, c. 24, § 94: *Ego enim, ut agitator callidus, prius quam ad finem veniam, equos sustinebo.*

— 3. Ὁ δὲ est l'Athénien, νίν est Oreste. Νίν *enim de eo dici necesse est, de quo potissimum sermo est.* Hermann.

— 4. Neue compare fort bien la locution ὀρθοῦσθαι ἐκ δίφρων à celle-ci, Antig. 411, καθήμεθ' ἄκρων ἐκ πάγων.

Page 94. — 1. Le génitif σποδοῦ dépend de σῶμα, « un corps consistant en cendres. » C'est ainsi qu'on dit στέφανος ποίας.

Page 96. — 1. Τί ταῦτα, c. à d., λέγω, πότερον εὐτυχῆ, etc.

— 2. Πάσχοντι, le masculin, parce que Clytemnestre énonce une dée générale, qui ne se rapporte pas à elle seule.

Page 98. — 1. Ἐξ ἡμέρας, mot à mot : dès le jour, dès la pointe du jour, ce qui ici revient à peu près à toute la journée. Dans ce qui suit ὕπνον est sujet, et στεγάζειν équivaut à ἔχειν, *occupatum tenere.*

— 2. Προστατῶν. On s'attendrait plutôt à une tournure comme celle-ci : Διῆγον αἰὲν (βίον) ὡς θανουμένη ὑπὸ τοῦ προστατοῦντος χρόνου. Maintenant c'est χρόνος qui est sujet, et c'est lui qui conduit, entraîne (διάγει), quoique ce soit encore une manière de parler impropre de dire que « le temps à venir nous conduit. » Ce serait plutôt le présent. Cependant le poëte est dans son droit. Les personnes vivement préoccupées appartiennent rarement au présent, et c'est d'elles qu'on peut dire que leur vie est absorbée, tantôt par le passé, tantôt par l'avenir.

— 3. Ψυχῆς αἷμα doivent être regardés comme un seul mot.

Cp. v. 678, et pour le sens Antig. v. 531 : ἢ ὡς ἔχιδν' ὑφειμένη μ' ἐξέπινες.

— 4. Ἀρ' ἔχει καλῶς, ironie amère.

— 5. Νέμεσι τοῦ θανόντος, déesse vengeresse de mon frère mort. Le génitif ne peut pas dépendre de ἄκουε.

Page 102. — 1. Πρὸς ταῦτα indique la conséquence de ce qui précède : *Quapropter*.

— 2. Κεραυνοὶ Διός, les foudres de Jupiter punissaient les criminels. Ἥλιος, parce que lui, mieux que les autres dieux, devait voir ce qui se passait sur la terre.

Page 104. — 1. Μηδὲν μέγ' ἀΰσῃς. Schol. : μηδὲν ἀπρεπὲς εἰς τοὺς θεοὺς εἴπῃς.

— 2. Γάρ se rapporte à une phrase comme celle-ci : Non je ne t'insulte pas, je veux te consoler au contraire ; car, etc. Amphiaraüs le devin, prévoyant sa mort devant Thèbes, ne voulut pas prendre part à l'expédition que Polynice préparait contre cette ville. Mais Polynice ayant corrompu Ériphyle, femme d'Amphiaraüs, par un collier d'or dont il lui avait fait cadeau, elle lui indiqua la retraite de son mari, qui fut forcé ainsi de suivre l'armée de Polynice. Alcméon, fils d'Ériphyle et d'Amphiaraüs, vengea plus tard la mort de son père sur sa mère. Ἕρκη est une équivoque. Il signifie à la fois *collier* et *piége*.

— 3. Πάμψυχος, *integra mente præditus*. Car les autres mânes sont ἀφραδέες, ἀμενηνὰ κάρηνα, βροτῶν εἴδωλα καμόντων. Tirésias le devin eut aussi la faveur de garder toutes ses facultés aux enfers (Od. κ, 492).

Page 106. — 1. Μελέτωρ ἀμφί τινα est dit à peu près comme ἀμελεῖν ἐπί τινι, v. 237. Ὁ ἐν πένθει, c'est Amphiaraüs, car lui, comme tous les morts, était censé plongé dans la tristesse, tant qu'il n'était pas vengé.

— 2. Παμμήνῳ équivaut à πολυχρονίῳ ; le génitif ἀχέων ne dépend pas de αἰῶνι, mais de l'adj. πανσύρτῳ.

— 3. Ἐλπίδων κοινοτόκων, les espérances nées des mêmes parents, c. à d., le frère dans lequel j'espérais.

Page 108. — 1. Οἷς est le *dativus commodi*, qui se rapporte à ἴασιν. Wunder : *quæ, qui sanari possint, non licet intelligere*.

Page 112. — 1. Ἀρχαῖον ne peut se rapporter à la mort et à l'ensevelissement d'Agamemnon seul, qui n'était pas encore bien éloigné, mais à la sépulture de la famille des Pélopides.

— 2. Les mots ἐσχάτης πυρᾶς se rapportent à ὁρῶ, *je vois du haut de la colline une boucle*. Cp. v. 890, ὁρῶ κολώνης ἐξ ἄκρας. Hermann ajoute : *Solent Græci spatia non a vidente et audiente ad id, quod ille videt vel audit, sed ab isto ad hunc metiri.*

— 3. Τάλαινα est ici une exclamation de joie, comme dans Œd. Col. v. 309. Nous avons déjà fait remarquer dans notre Philoctète que φεῦ aussi a quelquefois cette valeur, Philoct. v. 234, et dans le fragment de Triptolème.

— 4. Ξύνηθες ὄμμα ont le même sens à peu près que Aj. 977, ὦ ξύναιμον ὄμμ' ἐμοί. Du reste μοὶ ψυχῇ est une construction allemande : *mir in die Seele.*

Page 114. — 1. Τῷ γὰρ προςήκει, car du devoir de qui peut-il être, c. à d., d'offrir une boucle aux mânes d'Agamemnon.

— 2. Ἐπιτίμια, que le scholiaste explique très-bien ἀγλαΐσματα (v. 704, ἀγλάϊσμα), est la véritable leçon, et non pas ἐπιτύμβια, conjecture du reste ingénieuse de Dindorf. Chrysothémis, qui a été remplie de joie à la vue de la boucle, veut dire en propres termes, que par cette offrande Oreste a voulu honorer le tombeau de son père.

Page 116. — 1. Au lieu du premier ὅποι, on s'attendrait à ὅπου (γῆς). C'est par attraction que le poëte dit ὅποι γῆς οὐδ' ὅποι γνώμης.

— 2. Wunder écrit τἀκείνου τε pour τἀκείνου δέ. Δέ s'explique, quand on pense qu'Électre oppose l'état actuel de leurs affaires aux espérances de Chrysothémis. Ce δέ n'est pas placé après τέθνηκεν, parce que ce mot constatait seulement le fait dont Électre devait tirer la conclusion qui suit.

Page 120. — 1. Αἴγισθον. Hermann prétend que si Électre ne veut pas tuer sa mère, c'est que cette dernière lui paraît moins à craindre, quand une fois Égisthe ne sera plus ; qu'elle désire sans doute sa mort, mais qu'elle recule cependant devant le parricide. Wunder pense que si Électre ne propose pas à Chrysothémis d'assassiner sa mère, c'est qu'elle désespère de l'y pouvoir jamais engager. Le poëte, il nous semble, peut avoir senti tout cela ; mais comme nous ne connaissons que son œuvre, et non pas ses pensées, nous sommes d'avis qu'il a voulu éloigner de l'imagination des spectateurs l'horreur que leur devait inspirer un pareil projet, conçu par une femme. Oreste lui-même ne tue sa mère que parce qu'un dieu le lui ordonne.

— 2. Ποῖ μενεῖς εἰς τίνα ἐλπ. ἐμβλέψασα. Ποῖ se rapporte d'abord à ἐμβλέψασα, et par une espèce d'attraction à μενεῖς, et c'est pour cela que sa signification ordinaire : *jusqu'où ?* devient naturellement celle de : *jusqu'à quand ?* (ἐς τίνα χρόνον).

Page 122. — 1. Εὐσέβειαν, que le scholiaste explique bien : δόξαν εὐσεβείας. Il y a brachylogie dans les mots πατρὸς κάτω θανόντος, qui sont pour πατρὸς θανόντος, ὄντος κάτω. En allemand: « Der todte Vater drunten. »

— 2. Λόγων, pour λόγῳ, est plus facile, mais plus faible. Électre vient de parler des avantages positifs (ἔργῳ) que la mort d'Égisthe leur apporterait. Λόγῳ alors est *rumore, famâ;* cette renommée, elle l'expose trois vers plus bas.

Page 124. — 1. Le sens des vers 986-987 est : *Quæ cum ita sint, prudentia et ei qui dicit, et ei qui audit, socia erit,* c. à d., *si prudentiam habet, ea nunc ei socia erit, utilitatem afferet.*

Page 126. — 1. Ἄλυπος ἄτης ἐξαπαλλαχθ. Il n'y a pas de tautologie ici, comme les commentateurs l'ont cru. Il faut traduire comme s'il y avait : ἐξαπαλλαχθήσεται ὥστε μὴ λυπεῖσθαι ἄτῃ.

— 2. Λύει γὰρ ἡμᾶς οὐδὲν οὐδ' ἐπωφελεῖ. Ces mots n'ont pas été compris jusqu'à présent par les commentateurs, qui tous ont été choqués par la construction de λύει (p. λυσιτελεῖ) avec l'accusatif. Le fait est que les deux verbes contiennent une antithèse, qui cependant a pour base une pensée commune. Λύειν veut dire : être utile en *ôtant;* ἐπωφελεῖν, être utile en *ajoutant* quelque chose. La préposition ἐπί devant ὠφελεῖν prouve jusqu'à l'évidence la justesse de la remarque. Qu'on compare le passage très-analogue d'Antig. v. 40 : λύουσ' ἂν ἢ 'φάπτουσα, et Philoct. v. 684.

— 3. Μηδὲ τοῦτ' ἔχῃ λαβεῖν. Chrysothémis entend sans doute la prison et les tortures.

— 4. Τὸ πᾶν paraît être adverbe, *penitus.* On peut cependant supposer que τὸ πᾶν se rapporte à γένος, et que le poëte a hasardé cette inversion insolite, pour amener l'allitération πανωλέθρους τὸ πᾶν.

Page 128. — 1. Πάντα γὰρ κατειργάσω. Si l'on voulait adopter cette leçon, il faudrait admettre que le poëte a omis la particule ῥητορικῶς, comme dit Hermann. Ceci n'est pas sans exemple, en poésie surtout. Cp. El. v. 910, οὔτε δρῶσ' ἐλάνθανεν, et OEd. Col. v. 43, et notre note.

— 2. Κακῶς se rapporte et à ἐγχειροῦντα et à πράσσειν.

— 3. Ἀνέξομαι κλύουσα. Schol. : ἔσται καιρὸς ὅτε με εὐφημήσεις. Il y a encore ici un exemple de brachylogie. On s'attend à ἀνέξομαι κλύουσα, κλύσουσα χὤταν εὖ λέγῃς. Κλύουσα se rapporte donc à la fois à ἀνέξομαι et à ce qui suit. Cp. du reste v. 1040, et v. 1051, 1052.

— 4. Τὸ κρῖναι se rapporte à μακρός. Καὶ dans χὠ λοιπὸς χρόνος ne se rapporte pas à ταῦτα, comme le pense Wunder, mais sert à opposer τὸν λοιπὸν χρόνον au temps passé, pendant lequel Électre avait blâmé la conduite de Chrysothémis.

Page 130. — 1. Wunder fait ressortir l'ironie amère avec laquelle le poëte fait dire a Électre : μητρὶ σῇ.

— 2. Ἀλλ' οὖν ἐπίστω γ'. Suppléez τοσοῦτον ἔχθος ἐχθαίρουσά με, sache que tu me hais, en ce que tu me couvres de honte.

— 3. Le sens du v. 1035 est : C'est vraiment déplorable, que toi, qui prétends qu'on doit faire ce qui est juste, ne fasses pas ce qui est juste. Chrysothémis venait d'expliquer ce qui lui avait paru tel, et ce qu'Électre, en lui adressant la parole, avait appelé τὸ σὸν δίκαιον, v. 1033.

Page 132.—1. Ἐπαινέσεις ἐμέ, c'est-à-dire, quand par suite de tes actions imprudentes, tu seras accablée par l'infortune. Cp. v. 1024.

— 2. Φρονεῖν, *curare.*

— 3. Κενά est dit du caractère de Chrysothémis. Καί répond ici à l'allemand *auch*, et se rapporte à la phrase entière : « denn es ist *ja auch* thœricht, etc. » ; en français : « puisque *enfin* c'est absurde, etc. »

Page 134.— 1. Les oiseaux en question sont surtout les cigognes (πελαργοί) et les cygnes. Cp. Arist. Av. 1553, et Ælian. Nat. An. III, 23. Φρονιμωτάτους, parce que tous les oiseaux n'ont pas les mêmes habitudes de piété.

— 2. Τελοῦμεν est dit comme si le chœur voulait établir une règle générale, qu'il s'applique à lui-même le premier, mais l'adjectif ἀπόνητοι (c. à d., ἐσόμενοι), qui se rapporte à τελοῦμεν, prouve qu'il applique ces paroles à Chrysothémis, qui ne veut pas s'associer aux projets de vengeance de sa sœur.

— 3. Χθονία βροτ. φάμα est le bruit des choses humaines qui descend aux enfers.

— 4. Οἱ ἔνερθεν Ἀτρεῖδαι paraît se rapporter à Agamemnon seul, à moins que le chœur ne pense en même temps à Iphigénie, qu'il croyait morte.

— 5. Τὰ ἐκ δόμων a la même valeur que τὰ δόμων. C'est de la nouvelle de la mort d'Oreste, que le chœur veut parler. Πρός avec le génitif : *quod attinet ad*.

Page 136.— 1. Τὸν ἀεί, c. à d., χρόνον. Cp. OEd. Col. v, 1575. Trach. v. 80 : εἰς τὸν ὕστερον. Πατρός est régi par στενάχουσα. Cp. v. 1113, et δακρύειν τινός, Eurip. Herc. fur. v. 528.

— 2. Ἑτοίμα τὸ μὴ βλέπειν est dit comme μακρὸς τὸ κρῖναι, v. 1326.

— 3. Ἑλοῦσ', *pourvu qu'elle ait tué.* Διδύμαν Ἐρίνυν, Clytemnestre et Égisthe.

— 4. Εὔπατρις, au propre : né d'un bon, d'un noble père, puis, au figuré, digne d'un tel père, comme on dit καλῶς, et εὐγενῆ πεφυκέναι. Dans ce qui suit, εὔκλειαν répond au français : *gloire*, chez Racine, dans le sens de : renommée sans tache. Ζῶν κακῶς, *vita utens miserabili.*

— 5. Παγκλ. κοινὸν αἰῶνα se dit de la mort, ou plutôt des enfers.

— 6. Καθοπλίσασα τὸ μὴ καλόν. Je traduis avec Ellendt : *Scelus i. e. Ægisthum et Clytemnestram armans*, c. à d., au lieu de leur céder, les bravant, et faisant tout ce qui peut provoquer leur colère.

— 7. Sur la signification de καθύπερθεν χερί et ὑπόχειρ, voyez notre note à Philoct. v. 1252.

Page 138. — 1. Ὀρθά τε — ὀρθῶς δέ s'expliquent par un changement de construction. Le poëte met δέ, au second membre de la phrase, comme s'il avait mis μέν au premier.

— 2. Ὤκηκεν, à proprement dire, « sedem posuit » a choisi sa résidence, *demeure*. Ce parfait a donc fini par prendre la signification d'un présent, absolument comme κέκτημαι.

Page 140. — 1. Φέρειν λείψανα se dit de celui qui tient l'urne entre ses mains, κομίζειν λ. de celui qui l'apporte pour la remettre à la personne chez qui il est allé.

— 2. Τί ne se rapporte pas immédiatement à κλαίεις. Il faut traduire : Si tu pleures *en quelque chose* les malheurs d'Oreste.

Page 142. — 1. Προσφέροντες. Oreste s'adresse à quelques esclaves qui les uivent. Ἥτις pour ἡτιςοῦν, *quæcunque.*

— 2. Πρὸς αἵματος, il faut suppléer τίς, qui précède. Φύσιν est l'accusatif grec, et forme ici une espèce de pléonasme.

— 3. Ἀπὸ ἐλπίδων. Cp. notre note au v. 139. Οὐχ ὧνπερ, par attraction pour οὐχ αἷσπερ. Du reste, tout le monde sait que les négations multipliées ne s'entredétruisent pas en grec. Οὐχ, qui a l'apparence d'un pléonasme, s'explique donc par la pensée négative renfermée dans les mots ἀπὸ ἐλπίδων. Neue compare, et ce n'est pas très-heureusement, à ce qu'il me semble, la tournure μᾶλλον ou οὐ μᾶλλον ἢ οὐ.

Page 144. — 1. Φροῦδος αὐτός, c. à d., même lui, sur qui je comptais pour venger son père, et pour rendre à notre maison son ancienne splendeur. Αὐτός, v. 1152, veut dire *en personne.*

Page 150. — 1. Ἐμπρέπουσαν, *insignem.* Cp. Æsch. Choeph. 10 :

Ὁμήγυρις φάρεσι μελαγχίμοις πρέπουσα,

et v. 15 :

Πένθει λυγρῷ πρέπουσαν.

— 2. Πόθεν τοῦτο κακὸν ἐξεσ. pour πόθεν ὄν, etc. Le sens est: *Unde ortum (hoc est quod) significasti malum?*

Page 152. — 1. Μέθες τόδ' ἄγγος. Oreste ne veut pas que, pendant qu'il se fera connaître à sa sœur, celle-ci tienne entre ses mains l'urne qu'elle supposait contenir les cendres d'Oreste. Cela aurait été de mauvais augure. Cp. v. 1205, εὔφημα φώνει.

— 2. Κοὐχ. ἁμ. ποτέ : *neque non consequere quod volueris.* Wunder.

Page 154. — 1. Électre en s'écriant : πῶς εἶπας, ὦ παῖ, abandonne enfin l'urne.

Page 156. — 1. Ὦ φθέγμ'. Comme Électre pousse toutes ces exclamations avec rapidité et sans s'interrompre, le scholiaste a évidemment raison de rapporter φίλτατον, du vers précédent, à φθέγμα. Μηκέτ' ἄλλοθεν πύθῃ, tu n'as plus besoin d'interroger des messagers sur mon arrivée; moi-même je te l'annonce.

— 2. Μοὶ — ἕρπει δάκρυον ὀμμάτων ἄπο, construction allemande : *mir vom Auge.* Cp. v. 898, 899. On s'attendrait à ἐμῶν ὀμμάτων.

Page 158. — 1. Ποῦ est dit avec amertume.

Page 160. — 1. Λησόμενον, partic. fut. moyen pour le fut. passif.

— 2. Παρουσία, *res præsens*, paraît vouloir dire la présence de Clytemnestre.

— 3. Τόδε. Schol. : τὸ ἐλευθεροστομεῖν.

Page 162. — 1. Ἡδονὰν est régi par ἀποστερήσῃς, et μεθέσθαι est un infinitif explicatif.

Page 164. — 1. Ἐλπίζω a ici le sens de *s'attendre à quelque chose.* V. Vig. 244, 6. — Αὐδάν : la nouvelle de la mort d'Oreste. Du reste, rien ne manque, et il me paraît au moins douteux que le passage soit si corrompu. Électre, avec l'impétuosité de son tempérament, ne s'explique pas clairement ; elle suppose que tout le monde la comprend ; d'un autre côté, il lui répugne, dans la joie du moment, de revenir sur le triste récit du gouverneur. Du reste, ἄναυδον est ici un adverbe, comme le prouvent les mots οὐδὲ σὺν βοᾷ. Tout le monde a lu des locutions semblables. OEd. C. v. 932, βίᾳ κοὐχ ἑκών. Rhes. v. 964, ὡς θανών τε κοὐ λεύσσων φάος. Ὀργά n'est pas *colère*, mais *vive agitation.* Νῦν δέ. Elle oppose son bonheur actuel à son infortune d'autrefois. Cp. v. 1333.

— 2. Τὰ μὲν correspond à ἃ δέ, v. 1292.

— 3. Τὰ δ' ἐκχεῖ, τὰ δὲ διασπείρει μάτην. Τὰ δέ, mis deux fois, exclut l'idée d'une antithèse, et ne fait que juxtaposer pour ainsi dire numériquement des choses qui ont à peu près la même destination. Il est impossible de suppléer μὲν à ἀντλεῖ, parce que ἀντλ. πατρ. κτῆσιν renferment l'idée générale spécialisée par τὰ δέ — τὰ δέ, etc. Μάτην se rapporte à ἐκχεῖ et à διασπείρει.

— 4. Χρόνου καιρόν, c. à d., τὸ καίριον τοῦ χρόνου, ce qui équivaut à ἀκμή.

— 5. Il faut suppléer un verbe : ποίει, σκόπει après οὕτως. Νῷν ἐπελθόντοιν ne se rapporte pas seulement à Oreste et Pylade, mais aussi à Électre, comme le sens du passage le prouve jusqu'à l'évidence.

Page 166.—1. Une tautologie énergique est renfermée dans la phrase: ὧδ' ὅπως καὶ σοὶ φίλον, καὶ τῇδε. D'abord on aurait pu se passer de τῇδε, puis de la partic. καί dans le premier membre de phrase. Nous considérons la dernière comme une espèce de prolepse, qui sert à exprimer plus fortement l'identité des intérêts du frère et de la sœur.

— 2. Nous avons accentué σέ, parce qu'il forme évidemment une antithèse avec αὐτῇ dans le vers suivant.

— 3. Ἐντέτηκε, *velut de infusa cera*. Brunck.

Page 168. — 1. Ὅτε pour νῦν ὅτε a presque la valeur de ὅτι. Dem. Olynth. I : ὅτε τοίνυν τοῦθ' οὕτως ἔχει, προσήκει προθύμως ἐθέλειν ἀκούειν. Τοιαύτην ὁδόν, *jussu deorum*.

— 2. Σιγᾶν ἐπῄνεσ'. Cp. notre note au v. 664.

— 3. Εἴσιτ', ὦ ξένοι. Électre, en ouvrant la porte à Oreste et Pylade, fait semblant, devant les domestiques, de ne pas les connaître, et de les prendre pour des étrangers qui ont apporté les cendres d'Oreste.

— 4. Οἷα, *les cendres d'Oreste*, comme ceux de la maison devaient croire. Elle-même parle de la mort que Clytemnestre et Égisthe ne pourraient pas éviter, et qu'ils n'aimeraient pas à recevoir de la main de son frère.

Page 170.— 1. La conj. de Wunder, ἔοικέ μ' pour ἔοικεν, est inutile. Il est très-facile de suppléer le pronom de la première personne, à cause de celui de la deuxième contenu dans le vers précédent, d'autant plus qu'il était adressé à Oreste.

— 2. Καὶ τὰ μὴ καλῶς. La joie infâme que Clytemnestre éprouve à la nouvelle de la mort de son fils, et la sécurité dont par conséquent elle doit se bercer.

Page 172. — 1. Φίλταται χεῖρες, parce qu'elles ont reçu le jeune Oreste; ποδῶν ὑπηρέτημα, parce qu'ils l'ont emporté en Phocide.

Page 174. — 1. Τοὺς ἐν μέσῳ λόγους, les choses qui se sont passées entre le départ du gouverneur et son arrivée récente. Ἐν μέσῳ, appliqué au temps, se trouve encore, OEd. Col. v. 589 : τὰ δ' ἐν μέσῳ ἢ λῆστιν ἴσχεις. Du reste, il faut prendre garde de rapporter τοὺς — λόγους à κυκλοῦσι, qui est intransitif (schol. : κατὰ κύκλον στρέφονται) ; λόγους est régi par δείξουσι ; l'autre accusatif ταῦτα n'est qu'un pléonasme.

— 2. Τόδε εἴη τοὔργον se rapportent aussi bien au génitif μακρῶν λόγων, qu'à l'infinitif χωρεῖν εἴσω. Οὐδέν, *en rien*, se rapporte à ἔργον, non comme adjectif, mais comme adverbe.

— 3. Ἕδη πατρῷα, les statues des dieux paternels, surtout celle d'Apollon, auquel s'adresse Électre immédiatement, tandis que Pylade et Oreste font leur prière à voix basse.

Page 176. — 1. Ἐξ οἵων ἔχω. *Solis verbis. Non enim sacra tum in promptu erant.* Wunder.

— 2. Αἷμα δυσέριστον, *cædes cum exitio controversa.*

— 3. Ἄφυκτοι κύνες, les furies, qui souvent ont été appelées *chiennes* par les anciens. Cependant il me paraît évident que c'est Oreste et Pylade eux-mêmes qui les représentent aux yeux du chœur. Mais dans l'antistrophe l'image cesse, et c'est Oreste seul qui est désigné.

Page 178. — 1. Νεακόνητον αἷμα. Dans νεακ. il faut considérer avec Neue la seconde syllabe comme incertaine, en général, et comme brève ici. Quant à l'explication du passage dont Hermann désespère, parce qu'il écrit νεοκότητον, Wunder a fini par se ranger de l'avis du scholiaste, qui explique : ξίφος τὸ ἠκονημένον εἰς αἷμα καὶ φόνον. Ceci cependant n'est pas entièrement exact ; car rien ne serait plus plat que de nous présenter Oreste, entrant sous le toit paternel, armé d'une épée nouvellement aiguisée. Tout le monde lui suppose une épée, mais pourquoi une épée nouvellement aiguisée ? Pour achever plus vite sa mère ? Il est évident, pour nous, que deux idées, deux images se confondent dans l'esprit du poëte, l'idée du sang d'Agamemnon versé criminellement par la main de sa femme et d'Égisthe, et qui retombe enfin sur la tête des malfaiteurs (Cp. v. 1419, corrigé par Bothe : παλίρρυτον γὰρ αἷμ' ὑπεξαιροῦσι τῶν κτανόντων οἱ πάλαι θανόντες), et l'image de l'instrument de cette vengeance. Dans les mains d'Oreste, le sang d'Agamemnon devient une épée, qui frappe et qui tue. Suivant un ancien mythe, auquel Sophocle pensait peut-être vaguement, on avait conservé, dans la famille d'Agamemnon, la vieille lance avec laquelle Pélops avait tué OEnomaüs (Eur. Iphig. en Taurid. v. 808). C'est ainsi qu'Ajax meurt sur l'épée d'Hector déjà mort (Aj. v. 1012). Νεακόνητον a donc à peu près le sens de παλίῤῥυτον, *sanguis recens excitatus, antiqua scelera ulturus*. Les mots χειροῖν ἔχων nous rappellent l'idée d'une épée ou d'un poignard. Pour l'usage singulier de αἷμα, nous citerons Virg. Æneid. II, 527 (passage qui nous a été fourni par M. Sivanne, professeur de rhétorique à Nantes) : « quem *infesto vulnere* Pyrrhus Persequitur. » Comparez, en outre, OEd. Col. v. 680, ἀκηράτῳ ξὺν ὄμβρῳ, avec notre note, et Æsch. Choeph. v. 151, 152 (édit. Clausen) :

Παλίντονα βέλη 'πιπάλλων Ἄρης
σχέδιά τ' αὐτόκωπα νωμῶν βέλη.

où les mots σχέδια — βέλη ne sont qu'une périphrase hardie de ξίφη, que Clausen et d'autres commentateurs, ne comprenant pas la beauté de la métaphore, ont voulu mettre dans le texte.

— 2. Λέβητα, l'urne qu'on supposait contenir les cendres d'Oreste.

Page 180. — 1. Οὐ — οὔτε est plus énergique que οὔτε, — οὔτε, et donne à la phrase le sens : ἀλλ' οὐκ ἐκ σέθεν ᾠκτείρετο οὔθ' οὗτος οὔθ' ὁ γεννήσας πατήρ. Il faut s'arrêter en lisant après ᾠκτ., comme si le poëte n'avait pas songé d'abord à ajouter le second membre de phrase. Ὁ γεννήσας πατήρ n'est pas un pléonasme, mais est dit pour ὁ γεννήσας με, πατήρ μου ὤν.

— 2. Ἁ καθαμερία φθίνει. Wunder compare la locution χθιζὸς ἔθη, et d'autres semblables.

— 3. Διπλῆν, c. à d., πληγήν, ellipse connue.

— 4. Le génitif κτανόντων n'est pas régi par αἷμα, mais par ὑπεξαιροῦσι, *ils ravissent furtivement aux meurtriers*.

Page 182. — 1. Στάζει θυηλῆς Ἄρεος. Schol. : Στάζει αἵματος, Ἀττικῶς, ὡς ἐπὶ τοῦ ὕδατος. Σταλάζει σταλαγμοὺς φόνου αἵματος, ἤγουν ὃ εἰργάσατο ὁ φόνος. Οὐδ' ἔχω λέγειν, *je ne puis dire, l'horreur me ferme la bouche*.

— 2. Παύσασθε. Le chœur dit à Oreste et Pylade de se taire, tandis qu'Électre, qui voit déjà arriver Égisthe, leur dit de s'en aller. C'est alors qu'Oreste, qui ne sait pas de quel côté il faut se cacher, lui demande où elle voit Égisthe.

— 3. Ἀντίθυρον, espace dans l'intérieur de la maison, vis-à-vis de la porte, vestibule, corridor.

Page 184. — 1. Ὡς ἠπίως est comme, v. 1452, ὡς ἐτητύμως. On trouve encore ὡς devant le positif des adv. ἀληθῶς, ἀτεχνῶς, ἑτέρως, καλῶς, et autres.

— 2. Συμφορᾶς τῆς φιλτάτης. Tout le monde sent que συμφ. est ici un mot à double entente. Égisthe croit qu'Électre parle de son malheur le plus cher, c. à d., du malheur de son plus proche parent, mais Électre pense à l'heureuse arrivée d'Oreste.

— 3. Égisthe croit qu'Électre veut dire : ils ont achevé leur route, et ils sont chez l'hôtesse, qui les accueille. Mais la pensée d'Électre est, qu'ils ont tué l'hôtesse (κατανύω, tout à fait comme le français, *achever*, et le latin *conficere*). Κατανύω veut dire *arriver*, avec ou sans ὁδόν. L'endroit où l'on arrive est à l'accusatif; le génitif s'explique ici par l'omission de δόμον.

Page 186. — 1. Οὐ λόγῳ μόνον, c. à d., ἤγγειλον, dont l'idée est renfermée dans ἐπέδειξαν.

— 2. Πάρεστι, *licetne nobis*. Cependant la signification *être présent* prédomine, et c'est elle qui explique la particule ὥστε.

— 3. Χαίροις ἄν. Nouvelle ironie d'Électre.

— 4. On dit ἀναδεικνύναι δόμον (Arist. Nub. 304). Ἀναδεικνύναι πύλας est donc dit pour ἀνεῳγμένων πυλῶν δεικνύναι τὰ ἐντός. *Wunder*.

— 5. Φύσῃ φρένας, métaphore empruntée aux dents, aux ailes. On dit surtout φύειν ὀδόντας, πτερά.

— 6. Égisthe croit qu'Électre dit : Je fais ce que tu m'ordonnes, j'ouvre les portes; j'ai fini par comprendre qu'il faut céder aux plus forts. Mais Électre veut dire qu'elle a fait ce qu'elle pouvait (τἀπ' ἐμοῦ) pour entraîner Égisthe dans les embûches qu'on lui tend; et son langage est équivoque et perfide jusqu'au mot κρείσσοσιν, qu'elle entend d'Oreste et Pylade. Νοῦν ἔχειν, ici avec ὥστε, se trouve avec le simple infinitif, au v. 1010.

Page 188. — 1. Εὖ au lieu de οὐ, conjecture aussi ingénieuse que nécessaire de Brunck et Tyrwhitt, aujourd'hui adoptée par M. Wunder et moi. Οὐ, qui est dans les manuscrits, paraît absurde, à cause des mots : εἰ δ' ἔπι Νέμ. οὐ λέγω.

— 2. Αὕτη est dit comme οὗτος, v. 1431. *La voici qui*, etc. Du reste, c'est toujours la même ironie amère, dont les paroles d'Oreste et d'Électre sont empreintes dans ce discours.

— 3. Ἀρκύστατον, rets, filets, est ici employé au figuré pour *embûches*. Par la forme, c'est un superlatif de ἄρκυς, qui a la même signification. On dit aussi ἀρκυστάσιον.

Page 190. — 1. Καὶ μάντις ὢν, etc. Wunder explique bien : *Quod nunc demum acute vides, dudum debebas prævidere, te sceleris tui pœnas mihi soluturum esse, i. e. sero tu vates factus es.*

— 2. Βροτῶν, etc. C'est un génitif absolu. Le sens du passage entier me paraît être celui-ci : Puisque les hommes sont accablés de toute sorte de misères, et que la mort devrait leur paraître le premier des biens, il est inutile, à plus forte raison, de prolonger la vie d'un malheureux, qui a une mort inévitable devant ses yeux.

— 3. Ταφεῦσιν, ὧν, etc. Schol. οἰωνοῖς καὶ κυσὶ πρόθες αὐτόν. Eurip. Electr. v. 894.

— 4. Χωροῖς ἄν avec la signification de l'impératif, comme au vers 1457, χαίροις ἄν. Il faut ajouter que, comme c'est une forme plus douce de l'impératif, elle se prête très-bien à l'ironie.

Page 192. — 1. Comme toutes les conjectures essayées jusqu'à présent ont échoué, comme ἄν est ridicule, ἐν αὐταύτῳ, peu digne d'un poëte tragique, sans mentionner les autres, nous avons proposé αὖθ' ἵν' ἐν ταὐτῷ θανῇς. Ὡς nous paraît une très-ancienne corruption de αὖθ'; ὡς une fois adopté, ἵν' qui, par sa forme, ressemble beaucoup à ἐν, a été omis comme inutile; la ressemblance de αὖθ' et de ταὐτῷ a pu aussi être une occasion d'altération. Αὖθ' se trouve encore, Trach. v. 1006, ἧδ' αὖθ' ἕρπει. On peut donc douter si Sophocle a voulu se servir de la forme homérique αὖτε, ou de la forme usitée à Athènes, αὖθι.

— 2. Μέλλοντα. Égisthe veut effrayer Oreste par les malheurs dont le meurtre serait suivi. Mais Oreste répond qu'il ne dit vrai que sur lui-même ; que la maison des Pélopides ne tardera pas à voir le trépas d'Égisthe. Là-dessus, Égisthe dit avec une grande aigreur : Tu joues le devin ; cependant cet art n'était pas celui de ton père, c. à d., ton père n'a pas prévu sa mort, sans cela, il aurait tâché de la prévenir, et d'abord, il n'aurait pas immolé sa fille Iphigénie.

Page 194. — 1. Ὁρμή n'est ici ni *impetus*, comme le traduit Wunder, ni *iter*, comme le traduit mal Brunck. C'est *eventus cum impetu quodam irruens*, en français, *catastrophe*. Cp. Trach. v. 717 : κεῖνος εἰ σφαλήσεται, ταύτῃ σὺν ὁρμῇ κἀμὲ συνθανεῖν ἅμα.

www.ingramcontent.com/pod-product-compliance
Lightning Source LLC
LaVergne TN
LVHW020601230826
846091LV00002B/567

* 9 7 8 2 0 1 9 7 1 3 4 8 5 *